Cómo Dejar de Pensar Demasiado:

Cómo Manejar Tus Emociones y Superar los Retos de la Vida. Inteligencia Emocional y Resiliencia: 27 Técnicas Poderosas Incluidas.

Table of Contents

Table of Contents 2
Introducción: Tomando el Control en un Mundo por Ti 12
Capítulo 1: Estoicismo 16
   Una forma de vida 16
      Definiendo los Términos 21
      Lo que el Estoicismo no es 23
Capítulo 2: Historia del Estoicismo 29
   Orígenes Antiguos 30
      Marcus Aurelius 32
      Estoicismo moderno 36
Capítulo 3: Percepción 40
   La Distancia Entre el Mundo y Nuestra Percepción 40
      Un Cambio en la Percepción 44
      Separando la Aceptación del Acuerdo 46
Capítulo 4: Pasiones 51
   Examinando las Pasiones 52
      El Problema Único del Dolor 57
      Encontrando un Equilibrio 60
Capítulo 5: Toma Acción 64
   No más filósofos de sillón. 64
      Superando la Parálisis por Análisis 68
      Moviendo Rápidamente y con Valentía 72
Capítulo 6: Lente Estoica 77
   Ni pesimismo ni optimismo 78
      Leyendo más allá de los titulares 80

Memento Mori 85
Capítulo 7: Vivir de acuerdo con la naturaleza 89
  El mundo natural, por dentro y por fuera 89
    El Estado No Natural de la Vida Moderna 93
    Cortando el Desorden y Encontrando el Control 95
Capítulo 8: Estoicismo y Psicología 100
  La Filosofía Antigua se Encuentra con la Ciencia Moderna
  101
    Terapia Cognitivo-Conductual 104
    Trabajando con la Química Única de Tu Cerebro 108
Capítulo 9: Aceptando lo Inaceptable 112
  Enfrentando el dolor y el sufrimiento 112
    Procesando el duelo 115
    Interacción con los demás 118
Capítulo 10: Estoicismo en la Práctica 123
  Separando la Entrada y la Acción 124
    Abrazando la incomodidad/Practicando la desgracia
    126
    Movimiento Constante Hacia Adelante 130
Conclusión: Una filosofía para la vida 134
Copyright 2024 de Robert Clear - Todos los derechos reservados. 139
Introducción 141
Capítulo Uno: ¿Qué es la Autodisciplina? 144
Capítulo Dos: Maneras Poderosas de Comenzar a Apilar Hábitos 146
Capítulo Tres: Estrategias Probadas y Comprobadas para Construir y Mantener Hábitos Poderosos 158

3

Capítulo Cuatro: Ganando el Juego de la Gestión del Tiempo 167

Capítulo Cinco: Dominando Hábitos Positivos 185

Capítulo Seis: Construye tu red y relaciones 196

Capítulo Siete: ¿Obstáculos u Oportunidades? 201

Capítulo Ocho: Ejercicio Diario y Salud 206

Capítulo Nueve: ¿Por qué reinventar la rueda? 212

Capítulo Diez: Consigue un Mentor 222

Capítulo Once: Mantén un Enfoque Proactivo, No Reactivo 238

Capítulo Doce: Desarrolla tu Músculo de Perseverancia . 249

Conclusión 257

Introducción 262

Capítulo 1: ¿Qué es el exceso de pensamiento? 264

¿Por qué pensamos demasiado? 265

El Cerebro que Sobrepiensa 266

Síntomas de sobrepensar 268

Peligros de ser un pensador excesivo 270

Tres tipos de sobrepensar 272

Capítulo 2: Ansiedad y Sobrepensamiento. 274

Formas en que la ansiedad causa pensamiento excesivo 274

Resultado de la Ansiedad y el Sobrepensar 276

Lo que no es la sobrepensación 278

Cómo Dejar de Sobrepensar Todo 279

Capítulo 3: Intenta detenerlo antes de que comience 280

Creencias Limitantes 280

Estrategias de afrontamiento no útiles 283

Prepárate para entrenar tu mente para establecer una relación saludable con tus pensamientos. 284

Capítulo 4: Enfoque en la Resolución Activa de Problemas. 287

¿Qué es la resolución activa de problemas? 288

Preguntas que hacerse a uno mismo 289

¿Cuándo es efectiva la resolución activa de problemas? 290

Cómo Utilizar la Resolución Activa de Problemas 291

Capítulo 5: Considera el Peor Escenario. 293

Qué hacer al considerar el peor de los escenarios 295

¿Por qué deberías considerar el peor de los casos? 296

Capítulo 6: Programar Tiempo de Reflexión. 298

Los pasos de "Programar Tiempo para Pensar" 299

Capítulo 7: Piensa Útilmente. 303

Capítulo 8: Establecer límites de tiempo para tomar decisiones. 308

Cómo Establecer Límites de Tiempo para Sus Decisiones 309

Establece un límite en la cantidad de decisiones que tomas por día. 311

Capítulo 9: Considera el panorama general. 313

Capítulo 10: Vive el momento. 318

¿Por qué es importante estar presente? 319

Pasos prácticos para vivir en el presente. 320

Capítulo 11: Meditar 323

4 Maneras en las que la meditación ayuda a detener el exceso de pensamiento 324

Cómo meditar en 9 sencillos pasos 325

Capítulo 12: Crea una lista de tareas. ... 328

Capítulo 13: Abraza la Positividad. ... 333

Capítulo 14: Usando Afirmaciones para Aprovechar el Pensamiento Positivo. ... 337

¿Qué son las afirmaciones y funcionan? ... 338

Cómo usar afirmaciones positivas ... 339

Cómo Escribir una Declaración de Afirmación ... 340

Ejemplos de Afirmaciones ... 342

Capítulo 15: Conviértete en Orientado a la Acción ... 344

Consejos para tomar acción y superar el exceso de pensamiento ... 345

Capítulo 16: Superando Tu Miedo. ... 348

Capítulo 17: Confía en ti mismo. ... 351

Capítulo 18: Deja de esperar el momento perfecto ... 356

Capítulo 19: Deja de preparar tu día para el estrés y la sobrepensación. ... 361

Capítulo 20: Aceptando Todo lo que Sucede. ... 364

Maneras de Dejar Ir los Dolores del Pasado ... 365

Capítulo 21: Da lo Mejor de Ti y Olvida el Resto. ... 369

No tiene que ser difícil. ... 372

Capítulo 22: No te presiones para manejarlo. ... 373

Capítulo 23: Diario para sacar los pensamientos de tu cabeza. ... 377

Cómo Empezar ... 378

Escribiendo un diario para mejorar tu estado de ánimo ... 379

Capítulo 24: Cambia de canal. ... 381

Capítulo 25: Tómate un descanso. ... 384

Descanso para Resultados ... 384

Capítulo 26: Hacer ejercicio. 387
   Cómo el ejercicio promueve el bienestar positivo 388
   Tipos de ejercicios para superar el exceso de pensamiento 390
Capítulo 27: Consigue un pasatiempo. 392
Capítulo 28: No seas demasiado duro contigo mismo. 395
   Cómo dejar de ser demasiado duro contigo mismo. 396
Capítulo 29: Duerme Mucho y de Buena Calidad. 398
   Beneficios de Dormir 399
   Cómo aprovechar al máximo tu sueño 401
Conclusión. 405

ESTOICISMO

LA GUÍA PARA PRINCIPIANTES

SOBRE RESILIENCIA EMOCIONAL Y POSITIVIDAD. PIENSA COMO UN EMPERADOR ROMANO

Copyright 2024 Robert Clear - Todos los derechos reservados.

El contenido de este libro no puede ser reproducido, duplicado ni transmitido sin el permiso escrito directo del autor o del editor.

Bajo ninguna circunstancia se responsabilizará al editor o al autor por cualquier daño, reparación o pérdida monetaria debido a la información contenida en este libro, ya sea directa o indirectamente.

Aviso Legal:

Este libro está protegido por derechos de autor. Es solo para uso personal. No puedes enmendar, distribuir, vender, usar, citar o parafrasear ninguna parte, o el contenido dentro de este libro, sin el consentimiento del autor o del editor.

Aviso de Exención de Responsabilidad:

Por favor, tenga en cuenta que la información contenida en este documento es solo para fines educativos y de entretenimiento. Se ha hecho todo lo posible para presentar información precisa, actualizada, confiable y completa. No se declaran ni se implican garantías de ningún tipo. Los lectores reconocen que el autor no está ofreciendo asesoría legal, financiera, médica ni profesional. El contenido de este libro se ha derivado de diversas fuentes. Por favor, consulte a un profesional licenciado antes de intentar cualquier técnica descrita en este libro.

Al leer este documento, el lector acepta que bajo ninguna circunstancia el autor es responsable de cualquier pérdida, directa o indirecta, que se incurra como resultado del uso de la información contenida en este documento, incluyendo, pero no limitado a, errores, omisiones o inexactitudes.

Introducción: Tomando el Control en un Mundo por Ti

Deberíamos estar en control.

Estamos viviendo en una era donde los humanos han aprendido a aprovechar y dominar las fuerzas de la naturaleza de maneras que nos harían parecer divinos ante los hombres antiguos. Podemos volar a través del cielo como Apolo, podemos enviar mensajes más rápido de lo que Hermes jamás podría haber soñando, y nuestras plantas de energía nuclear pueden hacer que Zeus y sus rayos se sientan avergonzados.

Entonces, ¿por qué es que la persona promedio siente que está perdiendo el control en lugar de ganarlo?

La humanidad ha podido transformar tantas cosas desde los antiguos griegos, pero una de las pocas cosas que no ha cambiado es la naturaleza humana misma. La tecnología ha crecido a pasos agigantados mientras que la evolución humana continúa avanzando a paso de tortuga.

Nosotros, como especie, hemos estado tan atrapados tratando de controlar el mundo exterior que muchos de nosotros nunca encontramos el tiempo para mirar hacia adentro. Es tan fácil pensar que si ganamos un poco más de dinero, convencemos a más personas para que les agrademos, o perdemos un poco de grasa abdominal, entonces finalmente lograremos la felicidad y el control.

Tómate un momento para pensar en todos los grandes y poderosos hombres y mujeres que parecían tenerlo todo, pero terminaron perdiéndolo todo debido a malas decisiones o problemas emocionales.

Probablemente no necesites pensar mucho para generar una lista impresionante. La historia está llena de tales cuentos trágicos. Pero lo que es aún peor son todas las historias no contadas de tragedias personales sufridas por individuos que no llegaron a los libros de historia. Todos tenemos nuestros demonios personales, pero demasiadas personas caen víctimas de ellos sin jamás enfrentarlos.

Si quieres lograr confianza real, serenidad y control en tu vida, entonces necesitas dejar de intentar controlar el mundo que te rodea y empezar a tener control sobre ti mismo.

Eso es de lo que se trata el estoicismo. Puede que sea una filosofía antigua, pero las necesidades que aborda son tan reales como siempre lo han sido. Un soldado romano con un gladio en sus manos puede parecer completamente diferente de un soldado moderno con un rifle en sus manos, pero los pensamientos y emociones que pasan por sus mentes serían similares.

Es fácil pensar que debido a que el mundo de hoy está cambiando tan rápido, necesitamos ideas que sean tan modernas como nuestros gadgets. Pero hasta ahora, no se ha inventado ninguna tecnología que haya cambiado fundamentalmente la naturaleza humana o la mente humana. Puedes tener un teléfono inteligente, un coche y un robot que aspira tu casa, pero tu cerebro se vería exactamente igual que el cerebro de un antiguo emperador romano.

Por eso, muchas personas modernas están mirando hacia la sabiduría de los antiguos. Quieren descubrir las soluciones a estos problemas eternos que fueron ideados por personas que no estaban distraídas por la tecnología moderna. Los antiguos estoicos no podían contar con una aplicación para resolver sus problemas, no podían buscar un químico para reprogramar su cerebro, y definitivamente no podían esperar lograr la vida eterna utilizando la suspensión criogénica. Tenían que utilizar sus habilidades y capacidades humanas innatas para tomar el control de sí mismos.

Esto no significa que los estoicos modernos tengan que ser luditas que renuncian a toda tecnología. La ciencia moderna y la medicina son cosas maravillosas. No pienses ni por un segundo que alguna filosofía puede reemplazar un viaje al médico. Pero cualquier científico o médico te dirá que también hay límites en sus profesiones. La ciencia puede explicar cómo funciona la vida y los médicos pueden ayudarte a vivir una vida saludable, pero ni la ciencia ni la medicina pueden explicar el significado de la vida. Esa es una cuestión filosófica.

Aunque la ciencia nos ha ayudado a lograr muchas cosas maravillosas, aún tiene sus limitaciones. La verdad es que, incluso con todos los avances en la tecnología moderna, todavía estamos a años luz de lograr algo cercano al control completo del mundo que nos rodea. Y, aunque pudiéramos controlar la materia y la energía, eso no cambiaría nuestras emociones y patrones de pensamiento básicos.

Tantas cosas en esta vida nunca estarán bajo tu control. La única cosa que realmente puedes dominar en este mundo eres tú mismo. En este libro te mostraremos cómo tomar el control de tu mente, y una vez que tengas ese control, podrás comenzar a tomar el control de tu vida.

El estoicismo no puede prometerte una vida perfecta. No puede prometerte una vida saludable. Pero si te tomas el tiempo para estudiarlo cuidadosamente y poner sus conceptos en práctica, entonces puedes enfrentar los altibajos de la vida con sabiduría y perspectiva. En lugar de ser arrastrado por la vida como un tronco en un río caudaloso, puedes tomar el control y trazar tu propio camino hacia adelante.

El poder de cambiar está dentro de ti. El camino hacia la iluminación ha estado escrito para ti durante miles de años. Solo es cuestión de incorporar esa sabiduría antigua y ponerla en práctica. Si puedes dar esos pasos, entonces podrás ver cómo tu vida se transforma desde adentro hacia afuera.

Capítulo 1: Estoicismo

El hombre conquista el mundo al conquistar a sí mismo.

—Zenón de Citio

Antes de profundizar en los detalles del estoicismo, será útil echar un vistazo a la imagen general. Piénsalo como mirar un mapa de una ciudad antes de decidir empezar a conducir por las calles individuales.

En este capítulo, examinaremos qué es y qué no es el estoicismo en términos amplios. Una vez que hayamos terminado con este paso, estarás listo para sumergirte en los detalles más específicos de este sistema filosófico y en las formas prácticas en que puedes aplicarlo en tu vida.

Comencemos tu viaje estoico.

Una forma de vida

El estoicismo es una filosofía. Esto puede sonar dolorosamente obvio, pero la verdad es que la mayoría de las personas modernas tienen una comprensión muy vaga de lo que es una filosofía. La mayoría de las personas diría que es un sistema para pensar sobre el mundo que les rodea, cuando la realidad es que es mucho más.

Los filósofos siempre han sido definidos por la manera en que piensan sobre el mundo. Están obsesionados con considerar cuidadosamente y de manera sistemática sus creencias. Pero este proceso no es solo pensar por el simple hecho de pensar. Sócrates, el padre de la filosofía occidental, dejó claro que el objetivo último de la filosofía era vivir una buena vida. La idea era que reflexionaras sobre preguntas de ética, lógica y significado de manera cuidadosa para que pudieras vivir la mejor vida posible.

Los antiguos estoicos creían que no era suficiente con simplemente tener las creencias correctas, era necesario poner esas creencias en práctica.

Entonces, con eso en mente, podemos examinar exactamente en qué creen los estoicos al explorar las diferentes formas en que abordan la vida.

Viviendo de acuerdo con la realidad

El estoicismo es una filosofía que está llena de ideas que parecen lo suficientemente simples, pero que pueden ser bastante complejas en la práctica. Esto comienza con la idea de que un estoico debe aceptar la realidad tal como es.

Pocas personas creen que están viviendo en rebelión contra la realidad. Caminamos con los ojos y oídos abiertos y absorbemos lo que nos rodea. ¿Qué podría ser más simple que eso?

Pero el estoico enfatiza la importancia de las creencias. La mayoría de nosotros filtra lo que absorbemos a través de una lente distorsionadora de la realidad basada en creencias. Somos rápidos en aplicar etiquetas como "bueno" y "malo," "correcto" y "incorrecto." La naturaleza humana impulsa a las personas a aplicar etiquetas rápidas y limpias a todo con lo que entran en contacto, pero el estoicismo señala que esto puede dificultar la convivencia con el mundo tal como es realmente cuando nos dejamos llevar por lo que debería ser.

Esto no significa que los estoicos sean relativistas morales que creen que las preguntas morales son irrelevantes. Como veremos más adelante, las cuestiones en torno a la virtud son clave para la filosofía estoica. Más bien, los estoicos creen que nuestro impulso de etiquetar las cosas lo antes posible crea en realidad muchos problemas y dificulta que abordemos de manera significativa otros temas.

Pregúntate esta pregunta: ¿cuántas veces has dejado que un problema se saliera de control porque te convenciste de que en realidad no era un problema y simplemente lo ignoraste? ¿O cuántas veces te has alterado por un asunto que etiquetaste como insuperable, solo para descubrir que no era tan grave después de que realmente te pusiste a trabajar en ello?

La persona promedio sufre una vida llena de heridas autoinfligidas debido a su incapacidad para enfrentar la realidad tal como es. Nuestras emociones convierten montañas en montículos y montículos en montañas. La solución estoica es examinar el mundo con ojos desapasionados.

Viviendo en Aceptación del Destino

Otro punto central del estoicismo es la supremacía del destino. Es fácil ver esto como la creencia de que la vida está más allá de tu control, pero en realidad se trata de reconocer los límites de tu control. Los estoicos creían que cada ser humano solo controla una cosa en este mundo gigante y increíblemente complejo: su propia mente.

Algunas personas oyen esto y lo ven como algo deprimente. Los humanos tienden a sobrestimar lo que creen controlar. Considera el hecho de que tantos aficionados a los deportes piensan que la ropa que usan podría ser el factor decisivo en cómo actúa su equipo favorito en el gran juego. Ser recordado del hecho de que esto es falso puede verse como frustrante para un aficionado que se siente impotente sin tal agencia, pero también puede permitirles reclamar agencia en otras áreas.

Tantas personas pasan toda su vida tratando de controlar cosas sobre las que no tienen poder, mientras ignoran las cosas que sí pueden controlar. Piensa en todas las personas atrapadas en relaciones poco saludables, donde luchan por cambiar a su pareja mientras no hacen ningún esfuerzo por cambiarse a sí mismas o romper las cosas y buscar a alguien que sea más compatible.

No puedes controlar a otras personas. Puede que haya cosas que puedas hacer para influenciarlas, pero nunca podrás tener un nivel de control similar al que tienes sobre ti mismo. Aun así, si intentas tomar el control sobre tus propios pensamientos y acciones, es probable que te des cuenta de que no estás en control total.

El estoicismo trata de soltar lo que no puedes controlar y centrarte en lo que sí puedes. Esto es lo que significa la aceptación del destino. La gran ironía es que solo cuando aceptas tus limitaciones podrás alcanzar tu máximo potencial.

Viviendo en la Búsqueda de la Virtud

Una cosa que a menudo se pierde cuando las personas presentan versiones más orientadas a la "autoayuda" del estoicismo es el énfasis que los estoicos antiguos colocaban en la virtud. Creían que ser estoico significaba más que simplemente mantenerse firme y mantener una actitud imperturbable. Muchos señalarían que este tipo de comportamiento no fue inventado por sus filósofos y podría verse en el comportamiento de todo tipo de personas. Lo que separaba a un estoico con S mayúscula de alguien con estoicismo con s minúscula era este énfasis.

La palabra "virtud" es uno de esos términos que suena lo suficientemente simple hasta que intentas definir cuidadosamente lo que significa. La mayoría de las personas están de acuerdo en que deberíamos ser virtuosos, pero hay grandes desacuerdos sobre lo que eso significa. Por el bien de esta introducción, definiremos la virtud como vivir una vida que ejemplifique ciertas cualidades.

Las Cuatro Cualidades Virtuosas
1. Sabiduría
2. Coraje
3. Autocontrol
4. Justicia

Una lectura superficial de la literatura estoica podría llevarte a creer que el estoicismo es una filosofía negativa, centrada en lo que debes evitar. Pero esto no podría estar más lejos de la verdad. El estoicismo no se trata solo de evitar pasiones destructivas, también se trata de cultivar virtudes positivas. Cualquier comprensión que se centre solo en un lado de esta ecuación es incompleta y engañosa.

Desarrollo Constante

Lo último que debes entender sobre el estoicismo es una de las cosas más importantes, la respuesta del estoico a la pregunta más grande del universo: ¿cuál es el significado de la vida?

El estoicismo dice que estamos en esta tierra para poder desarrollar nuestras virtudes con cada oportunidad que se nos brinda. Dice que cada circunstancia, por muy positiva o negativa que pueda parecer a primera vista, nos ofrece una oportunidad para crecer y mejorar como seres humanos. Hacemos esto despojándonos de pasiones negativas, construyendo virtudes personales y viviendo en consonancia con la naturaleza.

Así que, como ves, cada parte individual del estoicismo se une al final para formar un todo mayor. Claro, se trata de perseverar a través de tiempos difíciles, pero también se trata de mucho más. Se trata de vivir una vida activa y productiva que produzca felicidad y buena salud. Se trata de aprovechar al máximo la vida cuando las circunstancias parecen malas y aprovechar la vida al máximo cuando las cosas parecen estar yendo bien.

El estoicismo es una forma de ver el mundo, una forma de vivir la vida y una forma de asegurarte de que, una vez que llegues al final, no tengas arrepentimientos de los que hablar.

Definiendo los Términos

En este libro te encontrarás con una serie de términos que son tanto muy importantes como utilizados de maneras muy particulares. El estoicismo tiene un rico léxico de terminología que necesitas entender si quieres dar sentido a la filosofía. Mientras que algunos estoicos usan una gran cantidad de jerga en griego y latín, en este libro generalmente nos mantendremos a las traducciones al inglés más comunes para que el mensaje sea lo más fácil de entender posible.

Pasión

Una cosa que tienes que entender es que el estoicismo a menudo involucra palabras que se utilizan de una manera determinada en la vida normal, pero que adquieren un significado especial cuando se usan en el contexto de la filosofía estoica. Pasión es una de estas palabras.

Cuando se utiliza en la vida normal, la pasión suele tener connotaciones positivas, pero en el estoicismo la pasión es generalmente negativa. Los estoicos usan la palabra pasión para referirse a emociones negativas. Estas son emociones que alejan a las personas de la virtud y las conducen hacia el vicio. Las pasiones son emociones que deben ser evitadas y minimizadas, ya que los estoicos intentan enfatizar emociones más virtuosas.

Destino

Los antiguos estoicos creían en un sentido más literal del destino como un gran plan para el universo en el que todos tenían un papel que desempeñar. Pero en el estoicismo moderno, el destino se entiende generalmente como todo lo que está más allá de nuestro control como individuos. Puedes controlar las acciones que tomas, pero el destino está al mando de lo que los que te rodean puedan elegir hacer. La aceptación del destino es una parte importante del estoicismo, con la idea de que te ayuda a concentrarte en lo que puedes controlar en lugar de en todas las cosas que están más allá de tu control.

Virtud

Este término ya se mencionó en el segmento anterior, pero vale la pena repasarlo nuevamente. Los estoicos enseñaron que la virtud es el punto de la vida y el bien supremo. La virtud es una gran idea que está compuesta por ideas más pequeñas. Estas son la sabiduría para saber cómo actuar, el coraje para tomar la acción adecuada, el autocontrol necesario para restringirse de actuar indecorosamente, y la justicia necesaria para tratar a los demás de manera justa y constructiva. Puedes entender vivir virtuosamente como actuar y pensar de la manera correcta.

Por supuesto, lo que es bueno es una cuestión que está más allá del alcance de este libro. Debido a que este es un libro que está diseñado para ser utilizado por personas de todas las creencias y estilos de vida, mantendremos el uso de este término algo vago. Esperamos que tengas tus propias creencias morales y éticas que puedas considerar cuando se mencione el tema de la virtud. Si no las tienes, entonces ahora sería un buen momento para hacer una búsqueda interior y determinar lo que realmente crees sobre lo que está bien y lo que está mal, lo bueno y lo malo.

Salvia

Un sabio es un estoico que ha alcanzado la iluminación. Ha logrado deshacerse de las cadenas de la pasión y vivir en perfecta armonía con la naturaleza. Ha conquistado la ilógica y ha llegado a poseer razón y felicidad perfectas. Esta es la etapa que cada estoico se esforzó por alcanzar, pero casi ninguno lo logró.

Hay una cuestión de si es realista esperar realmente alcanzar el estatus de Sabio, pero incluso si no lo es, sigue siendo valioso como un ideal al que las personas pueden aspirar mientras practican el Estoicismo. El sabio estoico puede verse así como un ideal conceptual de cómo deberían ser las personas, establecido para que todos podamos saber hacia qué deberíamos trabajar (Pigliucci, 2017).

Lo que el Estoicismo no es

Dicen que un poco de sabiduría puede ser más peligroso que la ignorancia. Esto se aplica a muchas cosas en la vida, y es especialmente cierto con el estoicismo. La filosofía no es muy difícil de entender, pero muchas personas aún llegan a conclusiones erróneas basadas en su comprensión limitada. A veces, entender requiere más que saber qué es algo, también debes entender qué no es. Por eso esta sección está aquí.

Disipemos algunos de los mitos más comunes que rodean al estoicismo.

El estoicismo no se trata de aceptar todo tal como es.

Demasiadas personas piensan que los estoicos son felpudos sobre los que la gente puede pisar. La palabra puede evocar una imagen de los guardias en el Palacio de Buckingham que tienen la tarea de permanecer completamente quietos. Incluso cuando los turistas actúan como idiotas y maníacos, el trabajo del guardia es no mostrar emociones. Pero cualquiera que haya intentado tocar a uno de esos guardias te dirá que cuando se cruza una línea, actúan con fuerza. Lo mismo ocurre con los estoicos.

El estoicismo se trata de aceptar las cosas tal como son, pero eso no significa que no puedas trabajar para cambiar las cosas. La aceptación estoica se trata de ver el mundo tal como es realmente para que puedas actuar correctamente. Si tu casa se está incendiando, lo primero que necesitas hacer es aceptar que tu casa se está incendiando. Pretender que todo está bien no salvará tu propiedad, solo te impedirá tomar las acciones necesarias para limitar los daños.

El filósofo estóico más famoso, Marco Aurelio, fue el emperador de la superpotencia más grande del mundo. Los defensores modernos de la filosofía incluyen artistas, atletas profesionales y directores ejecutivos. Aunque no tienes que ser increíblemente ambicioso para ser estoico, no deberías sentir que el estoicismo podría impedirte alcanzar tus metas. En realidad, es todo lo contrario, el estoicismo puede ayudarte a cambiar el mundo al ayudarte a cambiarte a ti mismo.

El estoicismo no se trata de no tener emociones.

Es fácil imaginar a los estoicos como robots.

El estoicismo no trata de eliminar las emociones, sino de aprender a controlarlas. El estoico es como un jardinero emocional, nutriendo las emociones que quiere ver crecer mientras trabaja contra las emociones no deseadas. Así como las plantas siempre necesitarán agua y las malas hierbas siempre volverán a aparecer, las emociones nunca desaparecen por completo. Pero un estoico es como una persona con un jardín que ha sido cuidadosamente cultivado para satisfacer sus necesidades, mientras que tantas personas han permitido que sus jardines mentales crezcan salvajes con todo tipo de malas hierbas.

Así que, si estás preocupado por convertirte en un robot, puedes dejar de preocuparte. Si esperabas convertirte en un robot, entonces lamento decepcionarte. Pero si aprendes y sigues el camino del estoicismo, aprenderás que tus emociones no tienen por qué ser tus enemigas. También pueden ser usadas para impulsarte a alturas desconocidas.

El estoicismo no es solo para un tipo de persona.

Mientras que las otras ideas erróneas que hemos examinado anteriormente tienden a provenir de personas que no han estudiado el estoicismo, esta es una idea que a menudo es difundida por personas que sí estudian el estoicismo. Les gusta tanto que se convierte en parte de su identidad. Esto les lleva a volverse excesivamente protectores, siempre atentos a cualquier persona que pueda violar su querido sistema de creencias.

Algunos de estos individuos son académicos que están descontentos con la popularización moderna del estoicismo. Lo ven como una forma "dilución" del Estoicismo. También dirán que se aleja demasiado de los pensadores originales.

Este punto de vista es más complicado de refutar porque hay algo de verdad en él. El estoicismo popular puede ser bastante diferente del estoicismo que practicaba Zenón de Citio. Pero el hecho es que diferentes ramas dentro del estoicismo comenzaron a surgir poco después de la muerte de su fundador. A lo largo de la historia de la escuela, es fácil reconocer el estoicismo como una filosofía práctica en lugar de un dogma. Si bien algunas verdades fundamentales deberían permanecer, tiene sentido que las personas adapten las creencias a su tiempo y propósitos, así como lo hicieron los romanos cuando adoptaron el estoicismo de los griegos.

Avanzando

Una de las lecciones del estoicismo es que debemos dejar de lado nuestras nociones preconcebidas si queremos ver el mundo tal como realmente es. Eso también se aplica al estudio del estoicismo. Intenta dejar de lado cualquier suposición que puedas tener basada en referencias pasajeras. Si llegas con una mente abierta, entonces es más probable que veas los cambios que estás buscando cuando todo esté dicho y hecho.

Conclusión Práctica

En este libro se te proporcionará muchísima información sobre qué es el estoicismo, pero ¿has tomado este libro para aprender sobre la historia de la filosofía? ¿O deseas cambiar tu vida? Si quieres ver un cambio real, entonces deberás actuar.

Por esta razón, cada capítulo terminará con consejos prácticos en los que puedes actuar mientras lees el libro. La mayoría de ellos solo requerirá algo de papel, un utensilio de escritura y unos minutos de tu tiempo. También puedes escribir en una computadora, pero los estudios han demostrado que las personas son más propensas a retener información que han escrito a mano.

Empezaremos con algo especialmente simple. Toma tu papel y utensilio de escritura. Ahora, deja el libro y escribe todos los puntos más importantes que aprendiste de este capítulo. Solo los aspectos más destacados, esto no debería tomar más de uno o dos minutos.

¡Y vamos!

Está bien, felicidades. Has tomado más medidas hacia la automejora que el 90% de las personas que leen este tipo de libros. Para obtener un crédito adicional, puedes leer rápidamente el capítulo y compararlo con tus notas, buscando cualquier cosa importante que puedas haber pasado por alto.

El mundo está lleno de individuos que leen innumerables libros sobre superación personal y nunca parecen alcanzar lo que deseaban. Yo propondría que esto sucede porque las personas permiten que la información los abrume en lugar de internalizarla. Y si se toman el tiempo para internalizarla, nunca actúan en base a la información.

Propongo que hay tres elementos fundamentales del crecimiento:

1. Información

2. Internalización

3. Implementación

Los libros pueden proporcionarte información, pero tú tienes que manejar los otros dos elementos. Lo que obtienes de este libro depende completamente de lo que estés dispuesto a hacer con las cosas que aprendes.

Capítulo 2: Historia del Estoicismo

Un estoico es alguien que transforma el miedo en prudencia, el dolor en transformación, los errores en iniciación y el deseo en emprendimiento.

―Taleb Nassim Nicholas

Es importante dejar claro que este libro no es un manual sobre la historia del estoicismo y los muchos grandes pensadores que contribuyeron a él. Muchos de estos libros ya existen y, si deseas un examen en profundidad de los detalles de la historia de la filosofía occidental, entonces valen la pena leer.

Este libro trata sobre el estoicismo práctico. El objetivo es proporcionarte la información que necesitas para comenzar a mejorar tu vida lo antes posible. Esto significa que no podemos dedicar demasiado tiempo a los detalles históricos, pero no significa que podamos ignorarlos.

En este capítulo, haremos un recorrido rápido por la historia del estoicismo. Examinaremos su creación en la antigua Grecia, su culminación en la Roma Imperial y el renacimiento moderno que ha traído esta antigua filosofía de vuelta al primer plano del discurso intelectual.

Un solo capítulo no puede proporcionarte todo lo que hay que aprender, pero puede ser un buen punto de partida desde el cual puedes profundizar en este rico y fascinante tema.

Orígenes Antiguos

El estoicismo fue fundado en la cuna de la filosofía occidental, la antigua Grecia. En el siglo cuarto a.C., había un comerciante adinerado llamado Zenón de Citio. Mientras comerciaba, sufrió un naufragio cerca de la ciudad-estado de Atenas. Este tipo de infortunio ha quebrantado a muchos hombres, pero Zenón encontró oportunidad en su sufrimiento. Viajó a Atenas y comenzó a estudiar a los pies de los filósofos locales. Buscaba algo que lo satisficiera de una manera que su riqueza material no lo había hecho. En última instancia, encontraría su propio sentido de significado y compartió lo que había aprendido con aquellos que quisieran escuchar.

El estoicismo fue fundado para encontrar un equilibrio entre los extremos de la filosofía ateniense. Los aristotélicos predicaban que la riqueza material era necesaria para la iluminación, mientras que los cínicos se jactaban de su pobreza autoimpuesta. Zenón logró ese equilibrio al desplazar el enfoque de las cosas materiales que las personas tienen hacia sus creencias, valores y acciones. Expandiría su filosofía mientras estaba de pie en un área elevada conocida como la Stoa Poikile. Esta área se conocería como la primera escuela del estoicismo y también daría su nombre a la filosofía.

También es importante entender el estoicismo como un producto de la historia. Esta filosofía altamente práctica surgió durante un período de gran agitación, dificultades e incertidumbre en Grecia. Aunque el estoicismo fue fundado en el siglo IV a.C., alcanzó prominencia durante el siglo III, tras las consecuencias de la muerte de Alejandro Magno y el drama que esto creó en la zona. Muchos griegos habían puesto sus esperanzas en Alejandro, y su rápido y glorioso ascenso al poder parecía que podría traer paz y prosperidad al

Mediterráneo y las regiones circundantes durante los años venideros. Luego, Alejandro murió de repente y a una edad temprana, creando un vacío de poder que llevaría a la división y el conflicto.

Con el tiempo, el poder de Grecia en el Mediterráneo disminuyó, mientras que una pequeña ciudad-estado conocida como Roma vio aumentar su poder. Es importante señalar que los griegos y los romanos eran muy diferentes en muchos aspectos, pero los romanos aún tomaron mucha inspiración de sus predecesores griegos. Los romanos buscaban en los griegos inspiración en los ámbitos del arte, la religión y la filosofía. Así fue como el estoicismo dio el salto de Grecia a Roma.

Como puedes ver, el estoicismo antiguo no apareció de la nada. Se desarrolló a lo largo de los siglos por una cadena de grandes pensadores. Sin embargo, hay un hombre cuyo nombre se ha vuelto sinónimo de esta escuela filosófica. Todos los nombres mencionados hasta ahora merecen ser conocidos, pero a continuación veremos un nombre que debes recordar absolutamente.

Mientras pensamos en los filósofos modernos como académicos que están lejos del centro del poder, en la Grecia antigua se involucraron profundamente en la política y el gobierno. Esto ayudó a elevar su estatus y difundir su mensaje durante un tiempo, pero la política es un negocio inconstante. Entre los años 88 y 86 a.C. estalló la guerra y Atenas fue derrotada. Muchos filósofos se marcharon y huyeron a Roma, señalando un giro hacia el este para la filosofía occidental (Pigliucci, n.d.).

En Roma, la filosofía estoica se desarrollaría aún más. Muchos de los fundamentos permanecerían, pero se puso un mayor énfasis en cómo el estoicismo podría aplicarse para enfrentar problemas de la vida real. Estoicos como Séneca y Marco

Aurelio no eran solo pensadores o maestros, estaban activos en el comercio y la política romana. Necesitaban una filosofía que pudiera ayudarlos con decisiones difíciles y tiempos complicados.

Marcus Aurelius

Todo el trabajo preparatorio realizado por los estoicos originales conduce a lo que muchos considerarían una conclusión poco probable. El estoicismo fue una filosofía desarrollada para que las personas pudieran soportar las tormentas de la adversidad, por lo que pocas personas adivinarían que el hombre que la entendería más agudamente y la aplicaría con la mayor precisión sería un hombre que debería haber estado más allá del sufrimiento.

En el mundo antiguo del Imperio Romano y sus territorios vecinos, probablemente no había nadie más envidiado que el Emperador. Desde la caída de la República Romana, el Emperador se había convertido en un hombre con poder y prestigio que muchos gobernantes modernos envidiarían. Entonces, ¿cómo es que un hombre que disfrutaba de un poder, riqueza y respeto sin igual llegó a producir lo que muchos consideran el manual para enfrentar el dolor y la adversidad?

La historia de Marcus Aurelius, así como los escritos que produjo, es un recordatorio de que la forma en que vemos el mundo a menudo está distorsionada. Observamos las grandes estatuas de mármol que dejaron los romanos e imaginamos que las personas eran tan grandiosas y sobrehumanas. Pero la verdad es que cada persona enfrenta muchas de las mismas luchas. La riqueza, el poder y la fama ciertamente pueden equiparte para manejar ciertos desafíos mejor de lo que podrías sin estos privilegios, pero no pueden borrar completamente la lucha de tu vida.

Biografía de Marcus Aurelius

El niño que se convertiría en emperador, Marco Aurelio, no tuvo un nacimiento particularmente auspicioso. Nació en una familia rica y poderosa, pero había muchas familias así en Roma y los padres de Marco nunca habrían predicho que podría convertirse en emperador. Solo obtuvo ese título debido a una serie de eventos improbables.

Marcus nació bajo el gobierno del emperador Adriano. Dado que Adriano no tenía herederos biológicos, tuvo que elegir quién se convertiría en emperador después de él. El primer hombre que eligió fue Lucius Ceionius, pero el destino quiso que Lucius falleciera antes que el emperador moribundo. Así que Adriano tuvo que elegir de nuevo, y esta vez eligió a otro hombre sin hijos, un senador llamado Antonio Pío.

Pio buscó evitar los problemas por los que había pasado Adriano, así que intentó adoptar hombres que pudieran ser entrenados para sucederle. Uno de los chicos que eligió fue Marco y el otro se llamaba Lucio (Enciclopedia de Biografía Mundial).

Era como si los cielos se hubieran abierto y enviado sus bendiciones al joven Marcus. De repente, su educación fue llevada a un nivel completamente nuevo. No solo estaba en entrenamiento para ser un noble, estaba entrenando para ser el hombre más poderoso de Roma. Para servir en este papel, estudió bajo la tutela de algunos de los oradores y filósofos más destacados de Roma, todos buscando transmitir su sabiduría a Marcus antes del día en que ocuparía el trono. Era una situación de alto riesgo, nadie podía saber cuándo podría fallecer el emperador.

Marcus y su hermano adoptivo asumieron el trono como co-emperadores cuando Pío murió en 161 a.C. Su gobierno tuvo un comienzo difícil, ya que Roma se vio rápidamente sumida en la guerra parthia. Roma saldría victoriosa, pero a un costo desastrozo. A medida que las legiones victoriosas regresaban a Roma, trajeron la plaga. Alrededor de cinco millones de romanos morirían a causa de la enfermedad mientras Roma se convirtió en un invernadero de enfermedades mortales.

Poco después de que la plaga disminuyó, el hermano de Marcus murió, colocando a Marcus en el trono como el único emperador de Roma. Gobernó desde 169 hasta 180. Estos 11 años fueron marcados por la guerra, la inestabilidad social y otros problemas. Pero Marcus reinó con mano firme y fue declarado más tarde como el último miembro de los Cinco Buenos Emperadores (Farnum Street).

Así que, ves que a pesar de todo el poder que tenía el emperador romano, también había mucha responsabilidad. El destino de uno de los mayores poderes del mundo recaía sobre los hombros de Marcus. Muchos de los hombres que ocuparon esta posición se quebraron bajo presión. Muchos tragaron su propia propaganda y se creyeron por encima de simples mortales. Pero Marcus pudo mantenerse firme y guiar a Roma a través de la oscuridad con la ayuda de sus virtudes estoicas.

Sabemos esto porque él registró sus pensamientos. Nos da una rara oportunidad de asomarnos a la mente de uno de los grandes gobernantes de la historia.

Meditaciones

Mientras Marco Aurelio logró muchas cosas durante su tiempo como emperador, al final su escritura ha sido su logro más duradero. Cuando Marco estaba en el campo de batalla liderando a sus soldados en defensa de Roma, comenzó a escribir notas. Lo asombroso del libro es que no lo escribió para ser publicado. Era un diario para él, pero después de su muerte fue reconocido como una de las grandes obras de la filosofía estoica jamás creadas.

El libro es una serie de citas que fueron anotadas por Marco como un recordatorio para sí mismo. El emperador mismo nunca le dio un título al libro, así que debes entender que Meditaciones es un título descriptivo que le ha sido otorgado a la obra por aquellos que descubrieron sus escritos más tarde.

Meditaciones está dividido en doce secciones diferentes, pero estas partes no están ordenadas cronológicamente ni temáticamente. Esto hace que la lectura de Meditaciones sea una experiencia única. Es más como un libro de citas o el libro bíblico de los Salmos que como una narrativa tradicional o un libro de texto. Esto podría verse como una de las razones de la popularidad de Meditaciones, es un libro que siempre tiene alguna sabiduría que ofrecer sin importar qué página abras.

Aunque el libro no está estructurado como la mayoría de los libros, surgen algunos patrones interesantes. Por un lado, al comienzo del libro, él comienza agradeciendo a las personas que lo han ayudado a lo largo de su vida y lo han formado como pensador. Este es un recordatorio notable del hecho de que incluso las personas más poderosas en la tierra no podrían disfrutar de sus posiciones sin la sabiduría y la guía de otros. Lo que vemos en Meditaciones es el monólogo interno de un verdadero aprendiz de por vida.

Otro tema que surge rápidamente son las limitaciones del poder y la riqueza. Está claro que, aunque Marco disfrutaba de más poder que casi cualquier otra persona en el imperio, también sentía su responsabilidad como un gran peso. Leer las Meditaciones es un recordatorio humillante de las luchas con las que debe lidiar cualquier buen líder mientras intenta sacar lo mejor de cada situación.

Si terminas este libro y decides que estás interesado en

aprender más sobre el estoicismo a partir de fuentes primarias, entonces definitivamente deberías considerar adquirir Meditaciones de Marco Aurelio. Si consigues una traducción moderna, encontrarás que este libro es fácil de leer pero difícil de comprender completamente. Podrías pasar décadas estudiando este libro y aún así encontrar nuevas ideas con cada lectura.

Estoicismo moderno

Las Meditaciones de Marcus Aurelius a menudo se consideran la última gran obra del estoicismo antiguo. Después de su reinado, la rígida escuela de pensamiento se desvaneció. Sin embargo, esto no significa que el pensamiento estoico desapareciera. Por el contrario, las creencias estoicas se extendieron y se transmitieron. Cuando el Imperio se convirtió al cristianismo, muchos pensadores cristianos se sintieron atraídos por obras como Meditaciones y extrajeron de sus páginas. Generaciones y generaciones de grandes pensadores fueron influenciados por el estoicismo, incluso si no conocían el nombre de la filosofía que había producido algunas de sus ideas más apreciadas.

Una de las cosas que han hecho los estoicos modernos es profundizar en la filosofía antigua para tratar de encontrar las ideas que son más aplicables a las audiencias modernas. Los estoicos antiguos fueron algunos de los individuos más educados en el mundo romano, pero aún operaban con el conocimiento limitado de la época. Podían acceder a sus emociones igual que nosotros, pero no podían conocer el vínculo entre las corrientes eléctricas en nuestros cerebros y la forma en que sentimos.

Los estoicos modernos han podido utilizar las herramientas de la ciencia y la tecnología para obtener una mayor comprensión de los avances fundamentales realizados por esos antiguos pensadores. El pasado y el presente chocan de maneras nuevas y fascinantes con cada nueva ola de pensamiento estoico.

Una de las razones por las que el estoicismo se siente tan vivo y poderoso hoy como lo era hace siglos es el hecho de que nuestras circunstancias modernas reflejan la situación en la antigua Roma y Grecia de alguna manera. Al igual que el estoicismo se popularizó originalmente durante un tiempo de gran incertidumbre en Grecia, ha disfrutado de su renacimiento moderno mientras el mundo enfrenta sus propias luchas. En muchos sentidos, estamos viviendo en una era que es más próspera que nunca, pero también estamos viviendo en un tiempo en el que las personas lidian con muchas luchas prácticas y existenciales.

A pesar de la riqueza que muchas naciones muestran en papel, las personas todavía luchan con cosas como la deuda personal, los costos de atención médica, las divisiones políticas, las preguntas sobre el cambio climático y la búsqueda de un significado personal. Muchas personas simplemente no sienten que la vida moderna sea todo lo que se les ha prometido y incluso aquellos que disfrutan de la riqueza sienten que es sin sentido o transitoria.

Los motores económicos del mundo occidental pueden habernos traído muchas cosas maravillosas, pero está claro que no nos han satisfecho de la manera en que muchos pensaron que lo harían. Resulta que los humanos tienen necesidades profundas que no siempre pueden ser satisfechas con más dinero y los últimos gadgets. Cuanto más cambian las cosas, más nos encontramos lidiando con los mismos problemas que los antiguos griegos pudieron diagnosticar hace miles de años. Una vez que reconocemos sus habilidades perceptivas, solo tiene sentido que consideremos las soluciones que ofrecieron.

Aunque muchos cambios superficiales han tenido lugar, la naturaleza humana sigue siendo prácticamente la misma que hace dos mil años. Los antiguos estoicos pueden estar muertos, pero sus ideas están tan vivas y vigorosas como siempre. Demasiadas personas se quedan atrapadas en la barrera del lenguaje que tiende a interponerse entre los lectores modernos y los textos antiguos. Es por eso que existen libros como este. Las verdades fundamentales en este libro no son nuevas, pero se están escribiendo para que una audiencia moderna pueda entenderlas claramente y aplicarlas a la solución de problemas contemporáneos. Este libro no se trata de reinventar la rueda, se trata de empujar una rueda hacia adelante que ha estado girando durante miles de años.

La filosofía no se trata de adorar los pensamientos de los filósofos antiguos y tratar sus ideas como intocables. Se trata del legado vivo de estas ideas. Regresamos a la sabiduría de los antiguos porque son quienes crearon la base sobre la cual se han construido las filosofías posteriores. Sin embargo, aunque ninguna torre puede mantenerse sin una base firme, eso no significa que los muchos pisos que se han construido sobre ellas y que podrían añadirse en el futuro sean menos importantes o valiosos.

Conclusiones Prácticas

Al leer sobre el antiguo origen de las ideas, es fácil sentirse distante de ellas. Dado que solo hemos aprendido sobre ellas a través de la historia, es natural pensar en ellas como una especie diferente, con piel hecha de puro mármol blanco. Pero los antiguos eran humanos como lo somos nosotros y las lecciones que enseñaron todavía están siendo puestas en práctica por la gente hoy en día.

Saca tu papel y utensilio de escritura. Ahora, piensa en personas que exhiben virtudes estoicas. Pueden ser personas que conoces en la vida real o personas que conoces de los medios.

Las ideas estoicas han permeado la cultura occidental. Esto significa que incluso las personas que nunca han oído la palabra estoicismo han sido influenciadas de alguna manera por sus ideas. También está el hecho de que el estoicismo se basa en las realidades de la vida y de la naturaleza. Personas de todo el mundo han llegado a un entendimiento estoico sin ninguna conexión con los antiguos griegos.

Puede ser difícil leer sobre las virtudes en abstracto y luego traducirlo al mundo real. Por eso es útil buscar personas que personifiquen las virtudes. No deberías verlas como seres divinos, pero puedes usarlas para ayudarte a guiarte en la dirección correcta.

La historia del estoicismo no ha terminado, es un proceso en curso.

Capítulo 3: Percepción

Tienes poder sobre tu mente—no sobre los eventos externos. Date cuenta de esto, y encontrarás fuerza.

—Marco Aurelio

Mientras que el estoicismo es famoso por el enfoque que toma respecto a las emociones, o la falta de ellas, la verdad es que el verdadero poder del estoicismo radica en su enfoque lógico y pragmático para enfrentar la realidad.

Los estoicos creían en lidiar con el mundo tal como realmente existe. Esto puede parecer una afirmación simplista, pero una vez que llegues a entender lo que esto significa, comprenderás las profundas implicaciones.

Si deseas encontrar una solución, primero debes evaluar el problema con ojos claros y objetivos. Hacer algo menos solo te llevará al fracaso.

La Distancia Entre el Mundo y Nuestra Percepción

Los estoicos creían que había tres disciplinas necesarias para vivir un estilo de vida estoico. La primera era la percepción, la segunda la acción y la tercera la voluntad. Este orden no es un accidente, hay una razón por la que se considera que la percepción es la disciplina primaria del estoicismo.

La percepción se trata de ver el mundo tal como realmente es. Se trata de mirar la realidad de la manera más objetiva posible, sacando los juicios de valor de la ecuación.

Si le preguntas a la mayoría de las personas sobre cuán precisamente perciben el mundo, te dirán que ven las cosas con total claridad. Después de todo, si tienen dos ojos sanos, ¿cómo más verían las cosas? Pero la percepción no se trata solo de tu vista física, se trata de la manera en que tu mente procesa la información que asimilas cuando miras hacia el mundo.

La mente procesa la información visual en dos pasos. El primero es cuando la luz que rebota del objeto entra en el ojo y percibes la realidad delante de ti visualmente. El segundo paso es cuando tu cerebro toma la imagen y le asigna una etiqueta. Este segundo paso es donde surgen los problemas.

El problema no es mirar un pato y llamarlo pato. El problema es que miramos las tareas que tenemos delante y rápidamente sacamos conclusiones sobre si son posibles o no. Miramos a las personas el tiempo justo para captar su apariencia y luego decidimos si podemos confiar en ellas o no. Nos miramos a nosotros mismos y juzgamos de qué somos capaces sin ningún razonamiento sólido que respalde nuestras conclusiones.

Los humanos están impulsados a emitir juicios y nuestros juicios a menudo están lejos de la verdad. Esto es lo que los estoicos entendieron, y es por eso que hicieron tanto hincapié en corregir nuestra percepción para que podamos ver el mundo tal como es antes de intentar actuar en él.

Primer Día en el Trabajo

Para ayudar a entender la naturaleza destructiva de la

percepción inexacta, te llevaré a través de un escenario. Imagina que llegas a tu primer día en un nuevo trabajo y te encuentras con tus compañeros de trabajo. En este escenario, eres una persona bastante crítica que tiende a saltar rápidamente a conclusiones sobre todos los que conoces.

Entras en la oficina y la primera persona que conoces es tu nuevo jefe. Te da la mano, pero su agarre es un poco flojo. Inmediatamente lo etiquetas como débil antes de pasar a la siguiente persona. El primer compañero de trabajo que conoces tiene una sonrisa en su cara pero una mancha en su camisa. La palabra "desaliñado" viene a la mente antes de dejar a esa persona para conocer a otra. La última persona que conoces te saluda amablemente pero tiene una voz monótona, así que no puedes evitar pensar en ella como aburrida.

Ahora, piensa en cómo esas etiquetas generadas instantáneamente podrían afectar tus futuras relaciones laborales con esas personas. Las conclusiones a las que llegaste en este escenario, basándote en casi ninguna información, podrían influir en tus interacciones con tus compañeros de trabajo durante años.

Espero que ahora estés comenzando a ver lo fácil que nuestra percepción puede volverse confusa por un exceso de disposición a juzgar el mundo que nos rodea. La mente no entrenada salta a conclusiones casi instantáneamente, pero los juicios que emite pueden perdurar durante días, semanas o incluso años.

Lento para juzgar y lento para confiar

Mientras que algunas personas pueden ya estar a favor de un enfoque más objetivo de la realidad, sé que habrá otros que son reacios. Puede que hayas leído el segmento de "Primer Día en el Trabajo" y sentiste que el personaje en el escenario tenía razón al hacer esos juicios. A menudo, las personas defenderán estos tipos de juicios por razones prácticas. Hay muchas personas allá afuera, algunas de ellas tienen malas intenciones, y si esperas a que tales individuos revelen sus malas intenciones antes de tomar precauciones, entonces estarás a su merced.

Este es un punto válido, pero se pierde el sentido de retrasar el juicio. Muchas personas suponen que si no etiquetas a alguien como deshonesto, entonces estás declarando que es honesto. Pero este simplemente no es el caso. Puedes retener tanto juicios positivos como negativos al mismo tiempo. Si no conoces bien a alguien, puedes retener tanto la confianza como la desconfianza hasta que hayas tenido la oportunidad de tener una mejor idea de quiénes son como persona.

Recuerda que el estoicismo se trata de involucrarse con el mundo de manera racional y lógica. Si sabes que estás entrando en un área donde el crimen es común, no tienes que pretender que esta información no está disponible para ti. Si la razón dice que se deben tomar precauciones de seguridad, entonces, por supuesto, toma precauciones de seguridad.

Aún así, considera de dónde estás obteniendo tu información. ¿Estás evaluando el nivel de riesgo basado en información objetiva o en juicios rápidos basados en prejuicios personales? La gente tiende a sobrevalorar su propia objetividad.

El hecho es que se necesita tiempo y energía para cultivar la capacidad de ver el mundo tal como realmente es. Para la mayoría de las personas, no es como un interruptor que se puede encender o apagar, incluso si puedes contener el juicio por un tiempo, es posible que te encuentres deslizándote de nuevo hacia viejos hábitos antes de demasiado tiempo. Pero no hay razón para desesperarse. El estoicismo no trata de soluciones rápidas y fáciles; se trata de tomarse el tiempo para lograr un cambio verdadero y duradero.

Un Cambio en la Percepción

Nada es en sí mismo bueno ni malo, sino que el pensamiento lo hace así.

—William Shakespeare

Una vez que te tomes el tiempo para prestar atención a la forma en que percibes el mundo y lo moldeas con tus pensamientos, te darás cuenta de cuánta poder tienes. La única cosa desafortunada es que puede que solo te des cuenta de esto una vez que reconozcas que te has estado limitando de tu pleno potencial con pensamientos negativos injustificados.

La buena noticia es que nunca es demasiado tarde para hacer un cambio. Mientras sigas respirando, puedes tomar el control de tus pensamientos y usarlos para remodelar tu mundo.

Dando la vuelta al mundo

Hay un truco en el mundo del arte para cualquiera que quiera dibujar una imagen compleja pero se siente abrumado al mirarla. El truco es tomar la imagen y darle la vuelta. De repente, la persona ya no siente que está dibujando una cabeza entera; en su lugar, la ve como dibujar un campo de formas individuales. Cuando eliminas palabras como "difícil" o "imposible" y te concentras en los pasos individuales, podrías sorprenderte de lo que puedes lograr.

Lo mismo se puede decir sobre examinar tu vida. La persona promedio mira los eventos que se presentan ante ella y se concentra en cualquier cosa que parezca ser un desafío o un obstáculo. Una vez que los etiquetamos como problemas, tienden a crecer en nuestras mentes, convirtiéndose en amenazas desmesuradas que se ciernen sobre nosotros y causan estrés injustificado.

Pero, ¿y si pudieras darle la vuelta a la imagen? ¿Y si pudieras mirar lo que normalmente llamarías obstáculos y, en su lugar, llamarlos oportunidades?

Transformar una Jaula en una Herramienta

El triste hecho es que la mayoría de las personas están atrapadas por su propia percepción. Años de sesgo y programación mental han dificultado que puedan ver el mundo tal como es. Peor aún, cuando miran al mundo, ven tantos obstáculos insuperables que se sienten desesperadamente restringidos.

Son como una persona que se pone un visor de realidad virtual y termina atrapada en un campo abierto. Aunque no hay paredes físicas que los rodeen, aún se sienten restringidos por las paredes que ven en su cabeza.

Aprender a ver el mundo objetivamente es como quitarse el casco. Te muestra toda la gama de movimiento disponible para ti. Pero no tienes que detenerte ahí. Tomar control de tu percepción es como reprogramar ese casco de realidad virtual para ayudarte a encontrar hacia dónde vas. Este es el poder completo de dominar tu percepción, puedes remodelar la manera en que ves el mundo de una manera que te impulse hacia adelante en lugar de retenerte.

Eliminando la preocupación

Dominar la percepción es una herramienta especialmente útil para cualquiera que lucha con la preocupación. Después de todo, ¿qué causa la preocupación? La mayoría de las personas experimentan este sentimiento después de identificar problemas potenciales en su vida y permitir que estos problemas potenciales atormenten su mente. Mientras el problema no sea abordado, seguirá siendo una preocupación, flotando a través de su conciencia y causando estragos.

El problema con las preocupaciones es que no hay límite en cuántas puedes tener. Podrías pensar que podrías curarlas resolviendo tus problemas, pero una vez que la mente humana ha sido entrenada para buscar problemas potenciales, siempre encontrará más. Por eso es útil poder reentrenar tu cerebro. Una vez que lo hagas, casi no hay límite en lo que podrías lograr.

Separando la Aceptación del Acuerdo

Antes de pasar de la percepción, necesitamos discutir un tema relacionado, la aceptación. El estoicismo se basa en aceptar el mundo tal como es. Esto está vinculado con la percepción. La idea es que, para percibir el mundo tal como realmente es, debes estar preparado para aceptarlo tal como verdaderamente es. Aquellos que sienten que el mundo debe ser de cierta manera encontrarán formas de distorsionar su percepción para intentar cuadrar sus creencias con el mundo externo. Esto es algo que el estoicismo no puede aceptar.

El estoicismo dice que cualquier filosofía que no se base en una realidad concreta es como una casa construida sobre arena. No importa cuán robusta parezca, la falta de una base sólida la condenará al final.

Esta es la razón por la cual los verdaderos estoicos deben aceptar el mundo tal como es. Hacer cualquier otra cosa pondría en peligro tu percepción y amenazaría todo lo demás que venga después. Sin embargo, vale la pena señalar que la aceptación no significa acuerdo.

El caso por la acción estoica

Es fácil caer en la trampa de pensar que el estoicismo es una filosofía derrotista. La idea de un estoico que acepta el destino puede evocar una imagen de rendirse ante los poderes que son, permitiendo que otras personas tomen el control y marchándose a las montañas a meditar mientras el mundo arde. Pero esto no podría estar más lejos de la verdad.

Una de las razones por las que es importante estudiar a Marco Aurelio es porque no solo fue un gran pensador, sino un hombre de acción. Encarnó la práctica estoica de la aceptación mientras actuaba como el emperador de la superpotencia preeminente del mundo antiguo. No se quedó de brazos cruzados y lo aceptó cuando los galos atacaron Roma; lideró a sus fuerzas y luchó.

Esto nos deja con una pregunta: ¿era Marcus un hipócrita cuando moldeó el futuro para él y su gente? ¿Son los estoicos hipócritas cuando critican algunos elementos de la naturaleza humana mientras promueven otros? La respuesta es un rotundo "¡no!"

Entendiendo la razón detrás del mantra

Los estoicos señalan continuamente las cosas que los individuos no pueden cambiar para enfatizar las cosas que sí pueden. El "destino" que debe aceptarse no es todo en la realidad, es todo lo que está más allá de nuestra propia esfera de influencia.

El núcleo de esta esfera es nuestro propio comportamiento, la única cosa en la vida sobre la que tenemos un control casi total. Más allá de eso, tenemos a las personas y cosas a nuestro alrededor con las que podemos interactuar. Esta es un área donde tenemos cierta influencia, pero no tenemos control en la misma medida que tenemos control sobre nuestros propios pensamientos y acciones. Más allá de esta segunda capa está el resto del universo, que está completamente en manos del destino.

Tómese un momento para pensar en esto. Hay más de 6 mil millones de personas en este planeta. ¿Cuántas conoce o interactúa regularmente? Incluso si interacciona regularmente con miles de personas, eso sigue siendo menos del uno por ciento de uno por ciento de la población mundial. En el gran esquema de las cosas, la mayor parte de la actividad humana está más allá de nuestra capacidad para controlar o incluso influir de alguna manera real. Pero, ¿significa eso que no vale la pena intentarlo?

El estoicismo no se trata solo de autoayuda. Es una filosofía orientada hacia la virtud, y la virtud siempre se ha entendido como un proyecto comunitario. La persona que vive sola en una isla desierta rara vez tiene la oportunidad de demostrar el tipo de virtudes que alguien en una comunidad puede practicar todos los días.

Así que, mientras que el Estoicismo pide que aceptes el mundo tal como existe en este momento, no significa que el mundo deba permanecer siempre como es. Por el contrario, los estoicos entienden que la única constante real es el cambio. El mundo está en flujo y tú, como individuo, estás compelido a actuar de manera virtuosa, por el bienestar de ti mismo, tu comunidad y tu mundo.

Los estoicos han provocado un cambio real a lo largo de la historia y no hay razón para que esta tendencia se detenga contigo. La belleza del estoicismo es que una vez que dejas de perder el control de tu propia mente, puedes lograr niveles de eficacia que quizás nunca habrías soñado antes. La agitación sin sentido es reemplazada por una acción cuidadosamente considerada. El emocionalismo es intercambiado por un compromiso lógico con tu causa.

Y finalmente, los obstáculos que una vez te detuvieron pueden transformarse. Los eventos que parecían problemas se convierten en oportunidades, ayudándote a trazar un rumbo hacia el futuro que nunca habrías pensado posible sin el pensamiento estoico.

Un pensamiento cuidadoso puede permitirte dejar de preocuparte por las circunstancias que están fuera de tu control y enfocarte en aquellas que están dentro de tu capacidad de mando. Puedes dejar de desperdiciar tiempo, energía y recursos en preocupaciones sin sentido y comenzar a convertirte en un ser humano más efectivo y realizado. Este tipo de transformación no es rápida ni fácil, pero puede mejorar tu vida inmensamente si estás dispuesto a comprometerte con ello.

Así que, como ves, los estoicos pueden tener que aceptar la realidad actual, pero eso no significa que tengan que estar de acuerdo con ella. Son libres de trabajar para lograr un cambio, y las habilidades desarrolladas al practicar el estoicismo realmente facilitan alcanzar resultados reales en este mundo.

Conclusión Práctica

Utilizar tus poderes de percepción para convertir obstáculos en oportunidades es una de las armas más poderosas en el arsenal de un estoico. Si deseas dominar esta habilidad, entonces deberías comenzar a practicar tan pronto como sea posible.

Saca tu papel y utensilio de escritura. Ahora, tómate el tiempo y escribe un obstáculo o problema sobre el que has estado preocupado últimamente.

Una vez que hayas terminado de escribir el problema, tómate un momento más para reexaminar la situación con la que estás lidiando de manera más objetiva. Descríbela en términos fríos y técnicos, evitando la emoción o cualquier otro lenguaje poderoso.

Ahora lleva las cosas un paso más allá y considera cómo la situación objetiva con la que estás lidiando podría ofrecer alguna oportunidad oculta.

Si has seguido estos pasos, entonces habrás tomado una fuente de preocupación en tu vida y la habrás convertido en una oportunidad para desarrollarte como ser humano. Este es un proceso que puedes utilizar una y otra vez a lo largo de tu día. No hay forma de saber cuántas oportunidades podrías descubrir si aprendes a dominar tu percepción.

Capítulo 4: Pasiones

El que reina en sí mismo y gobierna pasiones, deseos y miedos, es más que un rey.

—John Milton

Algunas personas que se topan con el Estoicismo escuchan que se trata de aceptar el mundo exterior y tomar control de su propia mente y suponen que es un esfuerzo simple. Luego miran hacia adentro y descubren que el mundo dentro de ellos está en un estado tan caótico como el mundo exterior.

Los seres humanos son criaturas complejas. Solo pensamos que somos simples cuando no nos tomamos el tiempo para examinar verdaderamente nuestras propias vidas mentales. En cada momento somos un enredo de pensamientos conscientes y subconscientes, todos cargados de poderosas emociones. Para empeorar las cosas, todos estos pensamientos y emociones pueden ser altamente contradictorios, chocando y transformándose de un momento a otro mientras avanzamos por la vida.

Aceptar el hecho de que no estamos en control del mundo es difícil, pero no es ni la mitad de difícil que realmente lograr un cierto control sobre nuestra propia vida interior. Pero los estoicos no se alejaron de este desafío, trazaron un camino que cada uno de nosotros puede seguir para dominar nuestras propias pasiones y recuperar el control de nuestras vidas.

Examinando las Pasiones

Como puedes ver hasta ahora, el estoicismo está muy interesado en la vida interna. La forma en que pensamos y sentimos es una de las primeras cosas que necesitamos abordar porque todo fluye de ellas. Si nunca aprendes a controlar tus emociones, entonces serás controlado por ellas.

Una cosa interesante sobre el enfoque de los estoicos es que idearon un plan para la iluminación que no requería desechar completamente las emociones. Categorizaron lo que nosotros llamaríamos emociones en dos categorías, pathe, o pasiones no saludables, y eupatheiai, o pensamientos saludables. Estas categorías fueron establecidas por Zenón y continuadas por los futuros estoicos.

Comenzaremos con las pasiones poco saludables:

● Dolor

○ Esta pasión se define como el sentimiento que experimentas al vivir algo erróneamente etiquetado como malo. Es la emoción que sentimos cuando nos detenemos en lesiones, insultos o cualquier otra desgracia percibida que experimentamos. Esta pasión nos causa sufrimiento innecesario debido a nuestras percepciones en lugar de la realidad.

● Miedo

○ Este es el impulso irracional de evitar problemas que podríamos esperar. Presta atención a la palabra "irracional." Este es el impulso que nos muestra peligros acechando en cada sombra, incluso cuando sabemos que casi seguramente no hay nada que temer. Esta pasión desperdicia nuestro tiempo y energía en amenazas imaginarias cuando deberíamos centrarnos en problemas reales.

- Anhelo

◯ Este es el impulso irracional de buscar algo que se entiende erróneamente como bueno. Una vez más, las palabras clave aquí son "irracional" y "erróneamente". El problema no es el deseo, el asunto es que la cosa deseada no es realmente el bien que el buscador cree que es. Los estoicos están preocupados de que la vida se desperdicia deseando cosas de ningún valor real cuando debería gastarse buscando cosas que son justas y virtuosas.

- Placer

◯ Este es el sentimiento irracional de euforia que se experimenta cuando una persona elige algo que no es virtuoso ni valioso. Esta es la naturaleza seductora del pecado y del mal comportamiento manifestada emocionalmente. El placer es un sentimiento que lleva a las personas por mal camino, sintiéndose bien en el momento pero llevando a la culpa y al sufrimiento a largo plazo.

Si todo esto suena como un viaje de culpa, no te preocupes. El estoicismo no es una filosofía legalista que se basa únicamente en castigar a las personas que violan sus estrictas reglas. Estas descripciones pueden sonar severas, pero debes recordar que los estoicos creen que estas pasiones son poco saludables y destructivas.

El punto no es que algún sabio estoico te castigue si sientes estas pasiones, es que estas pasiones te llevarán por un camino destructivo. En el estoicismo, terminas castigándote a ti mismo cuando no actúas de acuerdo con la virtud. Pero, por otro lado, puedes salvarte de tus impulsos más oscuros aprendiendo a practicar un pensamiento saludable.

Con eso en mente, veamos los pensamientos saludables:

● Precaución

○ El impulso lógico de evitar acciones que violen la virtud. Este pensamiento saludable puede entenderse como el impulso de evitar hacer daño a otros, mantenerse alejado de influencias negativas y evitar cualquier curso de acción que viole tus valores personales.

● Deseando

○ Este es el deseo adecuado por la acción o los resultados virtuosos. El deseo de hacer lo correcto por los demás, de proteger a los inocentes y de vivir de acuerdo con tus valores personales se puede categorizar como un deseo. El estoicismo diría que cuando sientes tu conciencia guiándote hacia un cierto curso de acción virtuosa, estás experimentando el pensamiento saludable del deseo.

● Alegría

○ Esto se define como una felicidad racional provocada por acciones o eventos virtuosos. La vida de un Estoico no es gris y sombría, la idea es que el Estoico se regocija en todo lo que es verdaderamente bueno. Cuando un Estoico elige tomar un curso de acción que está en línea con sus valores, entonces puede sentir alegría en su logro y en los buenos resultados que esto pueda haber traído.

Este sistema de categorización puede ser un poco confuso al principio. Las etiquetas en inglés utilizadas a menudo pueden parecer muy borrosas, ya que no son tan distintas como las palabras griegas antiguas que usaban los estoicos originales. Pero lo que no debería ser demasiado difícil de entender es la idea de que todo gira en torno a la virtud.

Las pasiones poco saludables están casi todas orientadas a arrastrarte a violar la virtud o tus valores personales, mientras que los pensamientos saludables se centran en empujarte hacia una vida virtuosa. Comprender esto es la lección más importante; si puedes hacerlo, entonces las distinciones más sutiles se volverán claras con un estudio adicional.

Pasiones Opuestas

Una de las cosas brillantes sobre esta categorización es la forma en que las pasiones poco saludables se emparejan con pensamientos saludables. El miedo se empareja con la precaución, el anhelo se empareja con el deseo, y el placer se empareja con la alegría. En lugar de ver cada una de las seis emociones como completamente distintas y separadas del resto, puedes verlas como tres continuos con un lado saludable y un lado poco saludable. Esto significa que no se trata de deshacerse de ciertas emociones, sino de moverse a lo largo de un espectro hacia una forma de pensar más saludable.

Por ejemplo, el placer es el opuesto de la alegría. Esto significa que si quieres vivir una vida más saludable, necesitas tomar la parte de ti mismo que está constantemente buscando el placer y redirigirla para buscar la alegría.

Para aclarar aún más, imagina que estás a dieta. Perder peso y volverte más saludable son valores para ti, así que quieres tomar acciones que estén alineadas con estos valores. Te despiertas por la mañana, vas a la oficina y encuentras que hay dos bocadillos para el desayuno en la mesa, un donut y una manzana. ¿Cuál eliges?

Tu impulso de placer es el lado que te empuja hacia la dona. Los estoicos ven el placer como un sentimiento agradable que, en última instancia, trabaja en contra de tus valores. En este caso, la dona te impedirá lograr tus metas. Así que, aunque se siente "bien" en el momento, es en última instancia un sentimiento autodestructivo. Por otro lado, comer la manzana te daría alegría porque está en línea con tu objetivo. Es un sentimiento completamente bueno, algo que te orienta hacia la virtud en lugar de alejarte de ella.

El estoicismo dice que no tienes que revolcarte en la negación. Puedes pasar todo el día lamentándote por el hecho de que no obtuviste la dona que querías, o puedes regocijarte en el hecho de que tomaste una decisión saludable y ahora vives de acuerdo con tus valores. La idea es que no deberías permitir que pasiones poco saludables controlen o monopolicen tu mente. Al enfatizar y reflexionar sobre pensamientos saludables, puedes obtener más control sobre tu vida y vivir con mayor calma y satisfacción.

El Problema Único del Dolor

Es posible que hayas notado que cuando estábamos discutiendo los pares emocionales creados por los estoicos, no mencionamos el dolor. Eso se debe a que los estoicos creían que el dolor era una pasión única que no tenía un paralelo saludable. Así que, mientras los estoicos buscaban transformar la mayoría de las pasiones, intentaban deshacerse de la pasión del dolor.

Nota que estoy especificando que estamos hablando de una pasión aquí. Cuando los estoicos hablan de eliminar el dolor o el sufrimiento, no se están refiriendo a eliminarlos como sensaciones físicas. Si golpeas a cualquier estoico, sentirán dolor; el estoicismo puede abrir muchas puertas, pero no te hará sobrehumano. La diferencia radica en cómo reacciona mentalmente el estoico al ser golpeado.

Los estoicos definieron la pasión del dolor como un "fracaso por evitar algo erróneamente juzgado como malo" (Enciclopedia Internet de Filosofía). Nota las palabras "juzgado como malo."

Para un estoico, evitar el dolor se trata de cambiar tu percepción. Las cosas que no quieres que sucedan van a sucederte. No hay nada que puedas hacer para protegerte completamente. Lo que puedes hacer es cambiar la forma en que piensas sobre las cosas que suceden. Puedes saltar a etiquetarlas como malas y caer en un ciclo de sufrimiento o puedes entrenarte para aceptar las cosas que suceden y trascender el sufrimiento.

Una Lesión, Dos Dolores

El estoicismo dice que cuando somos heridos, en realidad

sentimos dos tipos de dolor. El primer tipo de dolor es la sensación física de dolor que es el sistema de advertencia natural de nuestro cuerpo para alertarnos que algo no está bien. Este tipo de dolor es parte de la naturaleza y una parte importante de la vida. Hay personas que no sienten dolor y estos individuos son más propensos a sufrir lesiones permanentes porque no tienen el dolor que actúe como una señal de advertencia para hacerlos retroceder. Los estoicos están en contra de la segunda instancia de dolor, que es el dolor que sentimos al reflexionar sobre la lesión inicial y revolcarnos en nuestra reacción emocional.

Esto es cierto tanto para lesiones físicas como para lesiones emocionales. Piensa en las veces que has sido insultado. El primer sufrimiento que sentiste fue el dolor casi automático de ser atacado y luego sentiste el sufrimiento prolongado de lidiar con las consecuencias del insulto. Tómate un momento para pensar en los insultos que aún puedes recordar, y podrías sorprenderte al darte cuenta de cuán atrás puede recordar tu mente incluso las ofensas menores.

Los seres humanos tienen una forma de aferrarse al dolor. Podríamos argumentar que necesitamos hacerlo, porque si dejáramos ir rápidamente y olvidáramos eventos dolorosos, entonces podríamos no aprender de ellos. Pero el estoicismo argumenta que puedes aprender de los insultos y las heridas sin obsesionarte con ellos. De hecho, sostiene que el verdadero aprendizaje requiere un nivel de desapego que no sentimos cuando nos aferramos a nuestro sufrimiento.

¿Cuántos argumentos se convierten en riñas porque ninguna de las partes está dispuesta a dejar ir su dolor? ¿Cuántas ofensas menores conducen a cismas destructivos porque a la gente le gusta insistir en los problemas hasta que crecen desproporcionadamente?

El estoicismo ve el dolor emocional como una cortadura física.

Si quieres que una cortadura sané, entonces necesitas dejarla en paz. Si sigues hurgando en tu herida, no formará costra y no sanará. Esto aplica tanto a las heridas físicas como a las emocionales. Reflexionar sobre insultos y lesiones puede parecer lo correcto, pero en realidad es un curso de acción altamente destructivo.

No lado opuesto

Si puedes recordar la primera sección de este capítulo, donde introdujimos las diversas pasiones, entonces recordarás que la mayoría de las pasiones poco saludables estaban relacionadas con pensamientos saludables. La única pasión que no tenía tal vínculo era el dolor.

Esto se debe a que los estoicos creían que el dolor era una pasión única. La idea es que la pasión del dolor es totalmente irracional y, por lo tanto, no hay una manera racional de procesar esta emoción. Este es un caso en el que el objetivo es la eliminación total.

Podrías decir que lo opuesto al dolor es la aceptación. El dolor o el sufrimiento es lo que sientes cuando luchas contra el mundo tal como es. Cuando la lluvia cae sobre ti y te dices a ti mismo "esta es una situación horrible", entonces te estás causando dolor. La solución es dejar de aplicar la etiqueta. Simplemente dile a ti mismo "la lluvia está cayendo sobre mí." No necesitas intentar engañarte creyendo que algo bueno te está sucediendo, la idea es que simplemente dejes de pensar que estás sufriendo y entonces el sufrimiento cesará.

Transcender el Sufrimiento

Uno de los objetivos finales del estoicismo es superar el sufrimiento. Podrías incluso decir que el estoicismo fue creado en respuesta al problema exclusivamente humano del sufrimiento.

Digo "únicamente humano" porque, hasta donde podemos determinar en este momento, los humanos son las únicas criaturas en la Tierra que pueden sufrir en el sentido que se refiere el Estoicismo. Una vez más, esto no significa que los muchos animales en esta tierra no sientan dolor físico o agonía cuando son dañados. De lo que estoy hablando es del sufrimiento que nos infligimos a nosotros mismos cuando reflexionamos sobre las circunstancias que creemos que son negativas.

No podemos evitar que otros nos hagan daño, pero podemos trabajar para asegurar que no nos inflijamos daño innecesario a nosotros mismos. Muchas personas son sus peores enemigos, tomando problemas momentáneos y extendiéndolos a lo largo de sus vidas. El dolor que podría desaparecer en cuestión de momentos se convierte en un compañero permanente.

Es hora de rechazar el dolor. Siente lo que tienes que sentir y luego sigue adelante con tu vida. Puede sonar imposible, pero podrás descubrir las cosas que tu mente puede hacer si estás dispuesto a tomarte el tiempo para desarrollar tus habilidades y tomar el control de tus pensamientos. El dolor físico puede ser siempre un hecho de la vida, pero con práctica puedes reducir drásticamente el dolor mental que te infliges.

Encontrando un Equilibrio

Lograr un equilibrio emocional puede parecer un proceso difícil. Después de todo, ¿por dónde empieza uno? Afortunadamente, el Estoicismo tiene una solución. La respuesta es la virtud.

Una de las grandes luchas que surgen al abordar problemas relacionados con nuestra vida interior es el riesgo de perdernos dentro de nosotros mismos. La mente humana puede ser un laberinto de contradicciones y el corazón puede ser aún más desconcertante. La introspección es difícil para muchas personas, mientras que otras la encuentran tan adictiva que se pierden dentro de sí mismas. Creas o no, cuando buscamos dentro de nosotros mismos puede ser demasiado fácil perdernos. Es por eso que es útil tener algo más allá de nosotros mismos que podamos usar como guía.

Aquí es donde entra la virtud. La virtud es aquello que orienta toda la búsqueda estoica. Los estoicos no creían que la superación personal fuera una búsqueda materialista que consistía únicamente en ganar más dinero, obtener más prestigio o simplemente sentirse mejor consigo mismo. Los estoicos creían que la vida tenía un propósito y ese propósito era vivir una vida virtuosa.

Esto es especialmente importante cuando se trata de nuestras emociones o pasiones. Si tus emociones están orientadas hacia la virtud y tus valores personales, entonces tendrás una vida emocional saludable. Pero si tus emociones constantemente te llevan lejos de la virtud y hacia el vicio, entonces tus emociones te llevarán continuamente al dolor y la frustración.

Desarrollando una Vida Emocional Saludable

El estoicismo se trata de tener tu mente bajo control, y eso significa tener un dominio sobre tus emociones. Si tus emociones te están guiando, entonces no estás en verdadero control de tu vida, que es la única cosa que los estoicos creen que puedes controlar realmente. Por eso las emociones son tan importantes para los estoicos.

Puedes creer que tus emociones no están bajo tu control, pero este es un error colosal. Puede que nunca hayas pedido las emociones que sientes, pero eso no significa que seas impotente ante la influencia de tus emociones.

Puede que sea cierto que no controlas las emociones que sientes, pero puedes elegir cómo reaccionas ante las diferentes emociones a medida que surgen. A través del trabajo duro y la dedicación, puedes potenciar tus emociones positivas y constructivas mientras desestimas tus emociones negativas y destructivas.

Hay una posibilidad de que puedas controlar tus emociones por pura fuerza de voluntad, pero no tengas miedo de buscar ayuda si sientes que la necesitas. Obtener ayuda de amigos, grupos de apoyo o profesionales capacitados puede ser muy beneficioso para este proceso. Recuerda, ser un Estoico no significa que no puedas pedir ayuda. A veces, lo más valiente que puedes hacer es comunicarte con alguien más.

Conclusión Práctica

El estoicismo se trata de dominar tus pasiones identificando áreas problemáticas y trabajando para transformarlas. Con eso en mente, es hora de profundizar para encontrar una pasión con la que estás luchando.

Saca tu utensilio de escritura y papel. Ahora, escribe una pasión con la que luchas, aside de el dolor.

Recuerda, estás buscando una emoción que es destructiva. Es algo que te está llevando lejos de la vida virtuosa que deseas vivir.

Ahora que has escrito una pasión poco saludable, regresa al inicio de este capítulo y encuentra un pensamiento saludable que corresponda a la pasión que elegiste. Escribelo frente a la pasión poco saludable.

Ahora, considera cómo puedes ayudarte a alejarte de tu pasión poco saludable y hacia un patrón de pensamiento más saludable. La idea es que no necesitas renunciar a tus emociones, simplemente necesitas redirigirlas en una dirección más saludable y productiva.

Este proceso no transformará instantáneamente tus pensamientos, pero te ayudará a ser más consciente de tus problemas y te señalará una solución potencial. Recuerda, no puedes abordar un problema hasta que lo identifiques. Ignorar tus problemas permite que se agraven y crezcan fuera de control. Abordarlos de frente es la única manera de recuperar el control de tu mente y de tu vida.

Capítulo 5: Toma Acción

No expliques tu filosofía. Encáralo.

—Epicteto

El mundo está lleno de personas que no toman ninguna acción y luego se sientan a preguntarse por qué nada va según sus deseos. Lamentan lo que ha sucedido en el pasado, se preocupan por lo que sucederá en el futuro y permanecen pasivos en el presente.

Los estoicos rechazan este enfoque. Si bien practican la aceptación, no significa que sean pasivos. Aceptan el mundo que los rodea que no pueden controlar. Esto permite un mayor enfoque en lo que se puede controlar, tus propias acciones.

No más filósofos de sillón.

¿Cómo se ve un filósofo para ti?

Para muchas personas, la palabra filósofo evoca la imagen de un anciano blanco con una chaqueta de tweed, sentado en un sillón reclinable pensando intensamente en algo muy serio.

Lo que necesitas entender es que la filosofía no es solo para las personas que pueden ganar dinero escribiendo o hablando sobre su estudio, la filosofía es para todos. Casi todas las personas que piensan en este mundo tienen una filosofía, el problema es que la mayoría de las personas encuentran sus filosofías sin pensarlo.

Muchas personas actúan sin entender realmente las ideas y creencias que impulsan sus acciones. Y muchos filósofos piensan muy profundamente sobre ideas y creencias, pero rara vez toman acción basada en sus conclusiones. El estoico considera que ambos caminos son trágicos. El estoicismo se desarrolló para ser vivido, no solo estudiado.

Esta es probablemente una de las razones por las que la historia del estoicismo está llena de tantos filósofos que lograron cosas asombrosas fuera del ámbito del pensamiento puro. Es una filosofía de personas que tomaron acción, para personas que quieren tomar acción.

A menudo se ha dicho que uno de los grandes problemas de este mundo es que las personas que toman acción no piensan en lo que están haciendo, mientras que las personas que piensan en lo que están haciendo nunca terminan tomando acción. Esta afirmación puede ser un poco exagerada, pero llega a una verdad valiosa. El mundo necesita más personas que sean capaces de unir el pensamiento y la acción para crear el tipo de cambio significativo que deseamos como sociedad.

Lo que significa la Acción

En este libro hablaremos mucho sobre acción, pero esta es una palabra que se presta a malentendidos. Cuando la mayoría de las personas modernas piensan en una persona de acción, imaginan a alguien que está en constante movimiento. Alguien que tiene un horario repleto de actividades muy impresionantes. Pero esta no es la clase de acción de la que estamos hablando.

Decidir detenerse un momento y tomar una respiración profunda antes de continuar es una acción. Mantener una posición defensiva en lugar de atacar es una acción. Mantener los ojos cerrados y el cuerpo quieto puede ser una acción. Lo que importa es la intencionalidad. Necesitas pensar en lo que estás haciendo y luego tomar un curso de acción que esté en línea con tu pensamiento.

La acción es algo que eliges hacer de manera activa y consciente. La reacción es algo que haces de forma pasiva o subconsciente.

Acostarse en la cama porque quieres descansar una noche completa es tomar acción. Acostarse en la cama porque tienes tantas cosas que hacer que te sientes abrumado es una reacción. Decidir no hacer nada cuando alguien te insulta porque no quieres escalar la situación es tomar acción. Atacar y agredir a esa persona y empeorar la situación es una reacción.

Muchas personas en este mundo parecen tener mucho en marcha, pero en realidad están viviendo de manera reactiva. Se mueven inconscientemente de una acción a la siguiente hasta que se acuestan a dormir y olvidan todo lo que hicieron ese día. Mientras tanto, algunas personas que parecen perezosas según los estándares generales pueden estar viviendo una vida de acción constante y deliberada que está alineada con sus metas y valores.

Si tu objetivo es despejar tu mente, entonces tu mejor curso de acción podría ser salir a la naturaleza y experimentar paz y tranquilidad. Si deseas entenderte a ti mismo, entonces podrías meditar en una habitación oscura y silenciosa. Si quieres acercarte más a tu familia, entonces podrías pasar un día simplemente pasando el rato y jugando con ellos.

En una sociedad consumista moderna, es fácil caer en la trampa de pensar que las únicas acciones que tienen valor son aquellas que producen resultados tangibles. Siempre queremos algo para "mostrar por nuestros esfuerzos." Incluso los pasatiempos que se suponen relajantes, como los videojuegos, rápidamente se convierten en competiciones para acumular puntos, obtener logros y compararnos con los demás.

Así que, mientras un estoico debe tomar acción, toma acción basado en los valores estoicos. No se mueven para impresionar a otros, se mueven como una expresión de sus valores fundamentales. No preguntan "¿cómo se verá esto ante otras personas?" Ellos preguntan "¿cómo me ayudará esto a desarrollar mi virtud?"

A medida que miras tu vida y las vidas de los que te rodean, asegúrate de no confundir el movimiento con la acción. Algunas de las almas más activas son las más humildes, mientras que algunas de las vidas más vacías están llenas de actividades sin sentido. No permitas que distracciones frívolas te alejen de las acciones significativas que necesitas emprender.

El verdadero valor de la acción

Finalmente, vale la pena explicar por qué la acción es tan importante para los estoicos. No es sólo porque el estoicismo fue desarrollado por individuos prácticos, aunque esto ciertamente es parte de la razón. La razón más profunda es que los estoicos creen que todo el significado de la vida radica en el desarrollo de nuestras virtudes personales y la creación de un mundo más virtuoso. Este es un objetivo que no se puede lograr sin acción.

Si deseas convertirte en una persona más tranquila, más controlada y más virtuosa, entonces necesitarás tomar medidas. No lograrás estos tipos de metas elevadas leyendo sobre otras personas, necesitas trazar un plan de acción y seguirlo tú mismo.

Este es el camino que los estoicos han seguido durante miles de años y es el camino que está abierto para ti. La pregunta es si estás dispuesto o no a hacer lo que sea necesario para convertirte en la persona que quieres ser.

Superando la Parálisis por Análisis

Uno de los mayores problemas que impide a las personas reflexivas tomar acción es un fenómeno conocido como parálisis por análisis. Esta etiqueta fue inventada para describir el escenario demasiado común en el que alguien se estanca considerando todas las opciones posibles disponibles o todos los ángulos concebibles, hasta el punto de que se vuelve incapaz de comprometerse con un curso de acción particular.

Este fenómeno es especialmente común entre las personas que están interesadas en temas como la filosofía. Los individuos introspectivos y analíticos son muy buenos para ver los diferentes aspectos de los problemas, lo cual es algo fantástico hasta que se convierte en algo negativo. Siempre deberías esforzarte por reflexionar sobre tus acciones, pero en un cierto momento necesitas actuar.

Vivimos en un mundo que está rebosante de opciones. Puede parecer que cada momento de cada día está lleno de innumerables elecciones. ¿Cómo se supone que debemos actuar cuando parece que es imposible elegir cuál de los miles de caminos disponibles para nosotros es el mejor?

Afortunadamente, el estoicismo tiene algunos consejos útiles para cortar a través del caos y trazar un camino hacia adelante.

No te proporcionará las respuestas a cada pregunta que enfrentas, pero te dará algunas herramientas que te ayudarán a tomar decisiones que impulsen tu vida de manera positiva y productiva.

Moviéndose Virtuosamente

Una vez más debemos regresar a ese concepto estoico clave: la virtud. Esta es una cuestión especialmente importante a considerar cuando hablamos de acción, ya que nuestras acciones suelen tener consecuencias que alcanzan más allá de nosotros mismos.

El estoicismo dice que cuando trazamos un curso de acción, la consideración más importante es si esa acción es virtuosa o no. La otra pregunta es si la acción te ayudará a desarrollar tu virtud.

Si quieres vivir una vida según los principios estoicos, entonces una de las cosas más importantes que debes hacer es llegar a una cierta comprensión de lo que la virtud significa para ti. Puedes leer libros sobre lo que es la virtud y escuchar debates entre los defensores de diferentes sistemas éticos, pero al final solo tú puedes decidir en qué crees verdaderamente.

Puede llevar mucho tiempo y mucha lucha desarrollar un sistema de creencias firmes sobre cómo es una vida virtuosa. Pero una vez que tienes una idea clara en tu cabeza, siempre podrás comparar las acciones potenciales con tu vida ideal y preguntarte si están o no en alineación. Esta prueba puede ayudarte a despejar gran parte del desorden de la vida y pasar de una vida de indecisión y arrepentimiento a una vida de acción y realización.

Por supuesto, no cada curso de acción está cargado de peso ético. Cuando estás en la tienda y tratando de elegir una fruta para comprar, no tienes que sentir que tu virtud está en juego.

Pero eso no significa que el estoicismo no tenga nada que ofrecer en estas situaciones. Cuando te enfrentas a una situación donde la virtud no está en juego y no puedes decir cuál opción es preferible, entonces simplemente elige una opción y sigue con tu vida.

Enfrentando Consecuencias Inesperadas

Sé que todavía hay algunos de ustedes que están preocupados por tomar acción. Podrían temer que, incluso si actúan con las mejores intenciones, sus acciones puedan tener consecuencias no deseadas que lastimen a otras personas. Entonces, podrían enojarse contigo o podrías tener que vivir con la culpa por el resto de tu vida.

El estoicismo tiene una respuesta para esto. El sistema ético sobre el que se basa el estoicismo es la ética de la virtud. La idea de la ética de la virtud es que las acciones son correctas o incorrectas en función de la intención de la persona que actúa, en lugar del resultado de sus acciones. Compara esto con el consecuencialismo, que dice que las acciones son correctas o incorrectas en función del resultado de las acciones, en lugar de la intención de las personas que actúan.

El debate entre estas dos escuelas de pensamiento ha estado en curso durante miles de años. Las buenas personas se adhieren a ambos sistemas de creencias, pero los estoicos tienen una buena razón para estar donde están. Uno de los principios más fundamentales del estoicismo es que solo controlamos nuestros propios pensamientos y acciones, no podemos controlar el resultado de nuestras acciones. Si crees esto, entonces no tiene sentido alterarse por preocupaciones sobre consecuencias inesperadas, ya que son, por definición, imposibles de predecir.

Ten en cuenta que esto no significa que debas actuar sin pensar en las cosas. Los estoicos aún hacen su debida diligencia para asegurarse de que sus acciones no tengan consecuencias que no sean evidentes pero que podrían ser predichas basándose en un examen de toda la evidencia. La idea es simplemente que, en algún momento, las cosas están más allá de nuestra capacidad para predecir. No puedes culpar a otros por las consecuencias impredecibles de sus acciones y no deberías sentir culpa por el mismo tipo de resultados.

Todo esto es más fácil decirlo que hacerlo. Incluso al conocer estas cosas, aún puede ser doloroso ver cómo los planes salen mal y las personas sufren debido a tus decisiones bien intencionadas. Pero un estoico busca trascender este sufrimiento, entendiendo que no tiene valor. Nada se mejora cuando te castigas por cosas que no puedes controlar, tu dolor nunca sanará a otros. Por eso el estoico no se detiene en las circunstancias desafortunadas, sólo busca aprender lo que puede y avanzar.

¿Cuál es el peor escenario posible?

Otra forma de animarte a actuar es detenerte a considerar qué es lo que realmente te impide avanzar. Una de las formas más comunes en las que las personas se interponen en su propio camino es al preocuparse por los peores escenarios que pueden resultar de sus decisiones. Aunque podría sugerir que simplemente deberías ignorar estos escenarios porque son casi siempre muy poco probables, en este caso voy a sugerir que los enfrentes de frente.

Así que tómate un segundo y considera cuál podría ser realísticamente el peor resultado posible de la elección que estás considerando. Ahora que tienes este escenario en mente, pregúntate si podrás o no vivir con las consecuencias.

El hecho es que los humanos son más resistentes de lo que a menudo nos damos crédito. Podemos sobrevivir a grandes lesiones, tanto literales como metafóricas. Cada día, las personas sufren tragedias y cada día, las personas continúan viviendo con las consecuencias.

Ahora, tómate un segundo para considerar las probabilidades reales de que termines enfrentándote a un verdadero escenario catastrófico. A menos que seas un temerario o que estés considerando algo que es excepcionalmente peligroso, es probable que te alejes de las secuelas de un intento fallido sin muchos problemas.

Por supuesto, hay algunas situaciones en las que las consecuencias pueden ser mortales. Y en estos casos vale la pena recordar que todos vamos a morir en algún momento. Esto no significa que debas desperdiciar tu vida, pero sí significa que no debes engañarte a ti mismo pensando que al evitar riesgos potencialmente mortales puedes vivir para siempre. Puedes vivir dentro de una burbuja toda tu vida, haciendo nada más que haciendo ejercicio y comiendo alimentos saludables, y al final aún así morirás.

Por favor, entiende que no sugiero que tomes riesgos por el simple hecho de tomarlos. Esa no es la manera estoica. La idea no es buscar problemas y desgracias, es reconocer que en realidad no necesitamos tener miedo de las cosas que nos quitan el sueño. Nadie quiere lidiar con el fracaso, pero el fracaso no es el fin del mundo. La verdad es que el éxito puede llevar al fracaso y el fracaso puede llevar al éxito. Por eso un estoico toma la vida como viene, sacando lo mejor de cada situación.

Moviendo Rápidamente y con Valentía

Recuerda el concepto más básico del estoicismo: la vida es lo que tú haces de ella. Lo que otras personas pueden ver como retrocesos o decepciones; un estoico puede verlo como oportunidades. Cuando vives con una mentalidad estoica no tienes que vivir con miedo. Puedes tomar decisiones con total confianza ya que sabes que pase lo que pase, podrás manejar el resultado. Siempre que tomes tus decisiones con un ojo puesto en la virtud, entonces puedes vivir sin arrepentimientos.

Cada resultado es una oportunidad

Lo otro a considerar al ver la acción a través de un lente estoico es que, sin importar si una acción conduce a un "fracaso" o a un "éxito," el resultado debe verse más adecuadamente como una oportunidad. Un verdadero estoico rechaza etiquetas como "fracaso" y "éxito" por esta razón. Diría que la vida es una serie de situaciones en las que tenemos la oportunidad de desarrollar nuestras virtudes.

El éxito te brinda la oportunidad de desarrollar tu humildad y generosidad, manteniendo la cabeza sobre los hombros y compartiendo la riqueza con quienes te rodean. Mientras tanto, el fracaso te permite desarrollar las virtudes de la perseverancia y la creatividad. Es fácil seguir adelante cuando todo va según lo planeado, se necesita un verdadero carácter para seguir avanzando y idear nuevos planes a pesar de tus fracasos anteriores.

La historia americana no sería la misma si el General Ulysses S. Grant siempre hubiera conseguido su deseo. A diferencia de muchos de los más grandes líderes de la historia, Grant era un hombre humilde. Cuando asistió a West Point, su sueño no era convertirse en general, solo esperaba poder convertirse en profesor de matemáticas y ganarse la vida para él y su amada Julia.

Aún así, sentía una obligación hacia el ejército que había pagado por su educación y siguió sus órdenes mientras lo llevaba a México, a través de Panamá y hasta la lejana frontera de California. Cuando Grant vio San Francisco, sintió un nuevo llamado en la vida y soñó con mudarse a la ciudad algún día. Pero la vida lejos de su familia le afectó profundamente y empezó a beber. Terminó siendo dado de baja del ejército bajo una sombra de vergüenza que lo seguiría toda su vida (Largay, 2014).

Durante diez años lucharía por ganarse la vida en el Este, condenado a revolcarse en la vergüenza por el fracaso de su carrera militar. Pero lo que no sabía era que la inminente Guerra Civil Americana le permitiría ascender rápidamente en las filas del Ejército de la Unión y convertirse en el general estadounidense más poderoso desde George Washington.

Grant no solo vería su propia fortuna cambiar; cambiaría la fortuna de una nación. Era la última esperanza de Abraham Lincoln, reemplazando a una larga serie de generales que habían fracasado en derrotar a Robert E. Lee. Para cuando Grant asumió el poder, la Unión disfrutaba de muchas ventajas sobre los confederados en papel, pero la población estaba harta de la guerra. Lincoln estaba en campaña para la reelección y parecía que perdería ante un candidato que pediría la paz con el Sur, permitiendo a los estados rebeldes finalmente separarse de la Unión y asegurar el futuro de la esclavitud en América.

Si Grant hubiera conseguido su deseo y se hubiera convertido en profesor universitario, nunca hubiera adquirido la experiencia militar que lo prepararía para la Guerra Civil. Si hubiera podido tener éxito en la Costa Oeste y establecerse en San Francisco, entonces casi con certeza lo habrían dejado allí para defender el territorio de un ataque extranjero durante la Guerra Civil.

Si Grant no hubiera fracasado miserablemente una y otra vez en su vida, nunca habría podido convertirse en la leyenda que es hoy. Yendo más lejos, es muy posible que los fracasos personales de Grant finalmente salvaran a la Unión y liberaran a innumerables hombres y mujeres de la esclavitud.

El éxito crece del campo del fracaso

El caso de Ulysses S. Grant es bastante extremo, pero el patrón básico es algo que se puede ver en todos los ámbitos de la vida. Si lees la biografía de casi cualquier individuo exitoso, verás que no habrían logrado lo que lograron si no hubieran fracasado en algún momento de su vida. Fracasos que parecían insuperables en ese momento, en última instancia, allanaron el camino hacia éxitos previamente inimaginables.

Nadie nace con su vida perfecta trazada ante ellos. Lo creas o no, tener éxito en la primera cosa que intentas no es necesariamente el camino hacia la felicidad. A veces, el fracaso es necesario para orientarte hacia una dirección en la que serás más feliz y más realizado.

Cuando dejas de concentrarte en ver la vida a través de la lente binaria del éxito y el fracaso, podrás ver que todo es una oportunidad. Esto puede ayudarte a liberarte de tu parálisis. En lugar de esperar y esperar una oportunidad perfecta que quizás nunca llegue, puedes permitirte avanzar con confianza, sabiendo que cuanto antes tomes acción, antes encontrarás nuevas oportunidades.

La fortuna favorece a los valientes. La oportunidad perfecta no se va a presentar sola, solo se revelará si te expones y sigues buscando oportunidades donde otros no están mirando.

Conclusión Práctica

Para este capítulo se te pedirá que hagas algo un poco diferente.

Pon tu papel y utensilios de escritura a un lado. Ahora piensa en lo que necesitas hacer en este momento. Es probable que estés posponiendo algo que podrías hacer ahora mismo. Podría ser algo importante para tu trabajo o podría ser algo pequeño como sacar la basura o enviar un mensaje rápido a alguien con quien has estado queriendo hablar. O podría ser algo interno, como tomarte un tiempo para meditar en silencio.

¿Tienes algo en mente? Hazlo ahora mismo.

De acuerdo, ¿lo terminaste? Espero que sí, pero sé que hay algunas buenas excusas por las que podrías haber seguido leyendo. Podrías estar en un autobús lleno de gente, o sentado en una playa, o en alguna otra situación donde no puedes hacer lo que necesitas hacer o donde no tienes obligaciones reales. Aún podrías haber tomado un minuto para meditación silenciosa, pero solo seguiremos adelante.

Si te encuentras en una de estas situaciones y solo estás leyendo el libro sin hacer esto o cualquiera de las otras tareas, no te sientas mal por ello. Pero deberías entender que los beneficios que obtengas serán disminuidos. Así que te recomendaría que intentaras hacer estas tareas prácticas tan pronto como puedas.

Los humanos son criaturas naturalmente perezosas. Nos aferramos a cualquier excusa que nos permita eludir nuestras responsabilidades. La única manera de superar esta tendencia natural hacia la inacción es desarrollando deliberadamente el hábito de actuar. Puede ser difícil al principio, pero es necesario si quieres alcanzar tu máximo potencial.

Capítulo 6: Lente Estoica

Debemos tener una visión más elevada de todas las cosas y soportarlas con mayor facilidad: le sienta mejor a un hombre burlarse de la vida que lamentarse por ella.

—Séneca

Mientras que el estoicismo comienza con la introspección, eventualmente el estoico necesita mirar el mundo que lo rodea. El control comienza con entender tus propias emociones, pero eventualmente necesitas considerar cómo encajas en el mundo que te rodea.

Cada filosofía intenta dar sentido al mundo caótico y confuso, y el estoicismo no es diferente. Ofrece a las personas una verdadera visión del mundo, una manera de observar el entorno y comprender lo que está sucediendo. Cuando realmente entiendas los conceptos estoicos, podrás dar sentido a muchas de las cosas que te habían atormentado anteriormente. Esto no significa que las acciones de los demás de repente se vuelvan lógicas, pero podrás entender el tipo de errores que conducen a los desastres que ves cada vez que enciendes la televisión o abres un periódico.

Ni pesimismo ni optimismo

"¿Eres un pesimista o un optimista?"

Este es el tipo de pregunta que a la gente le encanta hacer. Apela a nuestro deseo natural de dividir el mundo en extremos de blanco y negro que podemos etiquetar rápida y fácilmente para nuestros propios propósitos.

El estoicismo cae fuera de esta forma binaria de ver el mundo. Mientras que algunas personas podrían pensar que el estoicismo suena pesimista, la verdad es que rechaza los extremos tanto del pesimismo como del optimismo.

Mira de esta manera: un optimista mira un vaso de agua y dice que está medio lleno. Un pesimista mira un vaso de agua y dice que está medio vacío. Un estoico mira un vaso de agua y acepta la cantidad de agua que hay en el vaso.

Recuerda, el estoicismo se trata de aceptar el mundo tal como es, ya que está más allá de nuestro control. Tenemos cierto control sobre nuestro futuro cuando tomamos el mando de nuestras propias acciones, pero aún no podemos controlar cómo las personas y las cosas reaccionarán a nuestras acciones y el efecto mariposa que nuestras elecciones podrían crear.

Lo otro que hay que recordar es que el estoicismo trata de trascender etiquetas como bueno y malo. Un optimista espera que sucedan cosas buenas, un pesimista espera que sucedan cosas malas, mientras que un estoico espera que las cosas sucedan.

Sin expectativas

Una cosa que un estoico debería evitar son las expectativas confiadas sobre lo que sucederá en el futuro. Esto se debe a que el estoico entiende que lo único que controla es a sí mismo. El mundo está lleno de fuerzas más allá de nuestro control. Podemos intentar entender e influir en estas fuerzas, pero incluso en nuestro máximo poder, estamos severamente limitados.

Tantas personas creen que su vida debería ser como una sinfonía, donde todas las notas están perfectamente dispuestas frente a ellas y todo lo que tienen que hacer es seguir tocando y todo saldrá bien. El estoico entiende que esto es una locura.

El estoicismo nos dice que la vida es más como un concierto de jazz. Los patrones pueden surgir de vez en cuando, pero están en constante cambio, y depende de nosotros improvisar y tratar de crear algo hermoso a partir del caos que nos rodea. El momento en que piensas que conoces la melodía y puedes apagar tu mente es el instante en que el tempo cambiará, y te quedarás atrás.

Para algunas personas, esta es una revelación sumamente frustrante. Lucharán por aferrarse a su antigua forma de pensar incluso cuando el mundo constantemente viole sus creencias y desconcierte su pensamiento. Una cantidad desafortunada de personas experimenta vidas de frustración porque nunca pueden comprender este hecho.

Los que tienen éxito son aquellos que abrazan la realidad tal como es, caos y todo. Incluso si no es la forma en que preferirías que fueran las cosas, aún puedes encontrar belleza si sabes dónde mirar. Cuando la vida no está dispuesta perfectamente frente a ti, es posible experimentar la sensación de libertad en el momento, aprovechando cada oportunidad que encuentres para buscar la superación personal y la realización.

Visto a través de esta lente, el mundo del Estoicismo no parece tan sombrío. Creo que encontrarás que muchas creencias estoicas que parecen sombrías o oscuras a primera vista, en realidad demuestran ser edificantes y afirmativas de la vida si te tomas el tiempo para comprenderlas adecuadamente.

Leyendo más allá de los titulares

A medida que aprendas a ver el mundo a través de una lente estoica, llegarás a comprender cuántas pocas personas adoptan este enfoque. Muy pocos seres humanos buscan trascender sus emociones, permitiendo que la pasión nuble su visión y controle las acciones que realizan.

En ninguna parte esto es más claro que cuando miras los medios modernos. Ya sea que estés viendo el periódico, la televisión, la pantalla del cine o internet, puede parecer que todo está diseñado para hacerte enojar, deprimirte o hacerte sentir incómodo contigo mismo.

Los seres humanos son propensos a pasiones negativas por nuestra propia naturaleza. Aquellos en los medios entienden que la forma más fácil de que nos involucren con sus productos es avivando estas pasiones. Por esto, los estoicos deben estar en guardia al tratar con los medios. No todos los medios son malos, pero debes entender que la mayoría de los medios está más interesada en intensificar tu pasión que en fomentar el cultivo de la virtud personal.

Si quieres mejorar tu propio estado de ánimo y vivir en línea con las virtudes estoicas, entonces debes tomarte el tiempo para reconsiderar tu dieta mediática.

Giro de los Medios de Comunicación

¿Alguna vez te has preguntado cuál es el sentido de los medios? ¿Es entretener? ¿Es informar? ¿Es producir obras de gran valor? Ciertamente puede ser todas estas cosas, pero en esta era de consumismo debes recordar que lo más importante que cualquier pieza de medios tiene que hacer es ganar dinero.

Esto es algo que la mayoría de las personas sabe intelectualmente, pero aún es fácil de olvidar cuando estás viendo una pieza de contenido producida profesionalmente que ha sido elaborada utilizando enormes montones de dinero para eludir tus defensas y así estar abierto a lo que quiera venderte.

Uno de los sectores más problemáticos de los medios modernos es el de las noticias. Esto se debe a que todos podemos estar de acuerdo en que una industria de noticias sana es importante para mantener al público informado y controlar las ambiciones de aquellos que manipularían y abusarían de la población. Pero no puedes olvidar que muchos de los productos noticiosos modernos son tanto entretenimiento como información, difuminando las líneas de tal manera que se vuelve difícil saber cuándo te están informando y cuándo te están manipulando.

"If it bleeds, it leads." Este adagio es algo que cada estoico debería tener en cuenta. Si enciendes las noticias en cualquier día dado, es probable que te encuentres lidiando con un diluvio de muerte, destrucción y horror que puede ser difícil de digerir.

Con todo el horror que aparece en nuestras pantallas a cada hora del día, puede ser fácil creer que estamos viviendo en uno de los peores períodos de la historia humana. Pero si te tomas el tiempo de comparar estadísticas sobre el mundo moderno con las de hace solo unas décadas, verás una imagen muy diferente.

Por muchos criterios, de hecho estamos viviendo en uno de los períodos más saludables, seguros y prósperos de la historia registrada. Por favor, entiendan que no estoy sugiriendo que aquellos que señalan el sufrimiento real en este mundo estén haciendo un daño. Las noticias deberían resaltar la injusticia y llevarla a la atención de las personas que podrían ser capaces de hacer un cambio. Pero en un mundo que está lleno de más de seis mil millones de almas, nunca habrá un fin a las historias tristes.

Cuando veas las noticias o consumas los medios, recuerda que no necesariamente están pintando una imagen precisa de la vida. Los actos de violencia siempre ocuparán la primera página, mientras que los actos de bondad suelen ser relegados a la parte de atrás. Las personas que crean los medios entienden que es más fácil ganar dinero a partir de tus pasiones poco saludables que apelar a tus pensamientos más saludables.

Por eso los estoicos siempre deben mirar más allá de los titulares. No saltes a conclusiones ni hagas generalizaciones a partir de una cantidad limitada de información. Debes ver el tiempo que pasas viendo o leyendo las noticias como una oportunidad para practicar tus virtudes estoicas, esforzándote por evitar aplicar etiquetas mientras buscas la verdad más profunda.

Este no es un modo fácil de consumir medios, pero es una forma más saludable y virtuosa de hacerlo. Recuerda, cada momento de tu vida es una oportunidad para desarrollar tu virtud, ya sea que estés con amigos o sentado en casa desplazándote por tu teléfono. El verdadero estoico está constantemente vigilante ante las oportunidades de desarrollar y crecer.

Enfermedad de las Redes Sociales

Mientras que los medios de comunicación tradicionales siempre han apelado a las pasiones humanas, la última innovación mediática ha llevado este enfoque a un nivel completamente nuevo. Las redes sociales son una versión más potente y adictiva de los antiguos medios de comunicación de masas. Es cierto que las redes sociales pueden hacer muchas cosas maravillosas, pero también pueden tener una amplia gama de efectos secundarios destructivos de los que demasiadas personas no son conscientes.

Los sitios de redes sociales como Facebook, Twitter e Instagram están diseñados para aprovechar tu subconsciente y crear una sensación de dependencia. Te atraen al afirmar que fomentan la comunidad y luego te enganchan con la descarga de dopamina que obtienes cuando las personas "les gusta" el contenido que compartes.

Nada de esto quiere decir que tengas que eliminar tus cuentas de redes sociales. Para bien o para mal, los sitios de redes sociales se han convertido en lugares importantes para reunir información, conectarse con pares y hacer negocios. Con todo esto en mente, puedes tener muchas buenas razones por las que simplemente no puedes abandonar las redes sociales. Pero eso no significa que no puedas replantearte la forma en que utilizas estos sitios.

Al reducir o replantear la forma en que usas las redes sociales, puedes mitigar su impacto negativo mientras te concentras en los aspectos más positivos. Este es un hilo difícil de hilvanar, pero si deseas vivir una vida más feliz y saludable, vale la pena pensar de manera crítica y cuidadosa sobre el papel que las redes sociales desempeñan en tu rutina diaria.

Desconectándose de la Matrix

El negocio de manipular las pasiones poco saludables de los seres humanos es un negocio de miles de millones de dólares. La publicidad, el entretenimiento, las noticias, la política, todos estos campos son dirigidos por profesionales que están capacitados en el arte de manipular las pasiones humanas con el fin de alcanzar ciertos objetivos. Algunos objetivos son más virtuosos que otros, pero al final el hilo conductor que conecta a todos ellos sigue siendo su naturaleza manipulativa.

Incluso cuando entiendes que estás siendo manipulado, es probable que encuentres que es difícil escapar de las trampas que han sido tendidas para ti. Este es el genio insidioso de la manipulación mediática moderna; incluso las personas que entienden que las redes sociales les están causando depresión siguen regresando día tras día debido a su dependencia personal y a la red global de presión de grupo que los rodea.

Por favor, entiende que no estoy diciendo que debas convertirte en un ludita que renuncia a todas las formas de tecnología y medios para vivir una vida de meditación silenciosa en un monasterio. Incluso si este fuera el curso de acción más saludable para todos, lo cual dudo, el hecho es que no es una sugerencia realista. Lo que es realista es un esfuerzo concertado para intentar contrarrestar los efectos de la manipulación mediática para que puedas intentar alcanzar un mayor nivel de estabilidad emocional y control mental.

Intenta reducir tu consumo de medios. Sé más selectivo con las cosas que pones en tu mente. Practica un escepticismo saludable cuando te encuentres con noticias diseñadas para jugar con tus pasiones.

Memento Mori

Preparemos nuestras mentes como si hubiésemos llegado al final de la vida. No pospongamos nada. Balanceemos las cuentas de la vida cada día... Aquél que pone el toque final a su vida cada día nunca carece de tiempo.

—Séneca

La frase "memento mori" es central en el pensamiento estoico. Es latina, que se traduce aproximadamente como "recuerda que debes morir."

Es una frase conmovedora que nos confronta con un hecho de la vida con el que la mayoría de nosotros preferiría no tratar. Podrías estar pensando que es demasiado mórbido y que no pertenece a un libro sobre cómo liberarte del estrés. Después de todo, ¿qué podría inspirar más estrés que el espectro de la muerte?

Pero debes recordar que una de las prácticas fundamentales del estoicismo es la aceptación del destino. Te gusten o no, todos compartimos un destino común. Esta es una de las razones por las que un libro escrito por alguien tan increíblemente poderoso como un emperador romano podría inspirar a personas de todos los ámbitos de la vida.

La muerte es una constante para todos nosotros, sin importar cuán ricos o poderosos podamos ser. Es un recordatorio de que, aunque algunas personas parecen haber trascendido más allá del ámbito de los simples mortales a través de su talento, prestigio o belleza, al final todos deben enfrentar la muerte.

No es algo que ninguno de nosotros quiera aceptar, pero practicar el estoicismo significa aceptar verdades difíciles. Pero esto no significa que el estoicismo sea una filosofía mórbida. Toda filosofía honesta debe tratar con la muerte. La pregunta es cómo tratan con la muerte.

¿Vida después de la muerte?

En este punto, algunos de ustedes pueden estar preguntándose qué tiene que decir el estoicismo sobre la vida después de la muerte. Después de todo, casi todos están de acuerdo en que la muerte es inevitable, pero casi nadie puede ponerse de acuerdo sobre lo que sucede después de la muerte.

Aquí es importante recordar que el estoicismo es una filosofía, no una religión. A lo largo de la historia, los estoicos han sostenido muchas creencias religiosas diferentes. Los primeros estoicos eran politeístas griegos y romanos que creían en panteones enteros de dioses. Luego, cuando el Imperio Romano se convirtió al cristianismo, muchos pensadores cristianos combinaron la teología cristiana con ideas estoicas para crear nuevas formas de pensar sobre la vida. Hoy en día, personas de todas las credos y creencias pueden llamarse escépticos, cada uno encontrando alguna manera de combinar las ideas del estoicismo sobre esta vida con sus convicciones religiosas respecto a la posibilidad de una vida después de la muerte.

Recuerda que el estoicismo es una filosofía práctica. Está diseñada para responder a la pregunta de cómo debemos actuar en esta vida. Nada sobre el estoicismo excluye la posibilidad de una vida después de esta, pero tampoco está casado con la idea de una.

Esta es una área donde tienes que llegar a tus propias conclusiones. Solo entiende que, sean cuales sean tus creencias, no estás solo en la comunidad estoica. Es un grupo diverso y acogedor que está abierto a personas de todas las creencias.

Viviendo a la Sombra de la Muerte

Cuando las personas se exponen por primera vez al estoicismo, la idea de "memento mori" a menudo puede parecer una creencia que parece bastante mórbida y de mal gusto. Esto es comprensible, es fácil ver a alguien que piensa regularmente sobre la inevitabilidad de la muerte y asumir que es algún tipo de "adorador de la muerte" que ama la muerte más que la vida. Pero esto no podría estar más lejos de la verdad en lo que respecta a la gran mayoría de los estoicos.

La verdad es que los estoicos no piensan en la muerte porque sea placentera, nos recordamos la muerte porque es desagradable. Es el chapoteo de agua fría que nos despierta a la dura realidad, que es que la vida es limitada.

La mayoría de los estoicos ama la vida. Sin ninguna certeza respecto a la vida después de la muerte, solo podemos estar seguros de que esta vida es nuestra oportunidad para vivir virtuosamente y buscar una mejora constante. El hecho de que la muerte sea inevitable es un recordatorio de que solo tenemos una cantidad finita de tiempo disponible para lograr todas las cosas que queremos lograr.

No Recordamos la muerte porque valoremos la muerte, la recordamos porque nos recuerda cuánto deberíamos valorar la vida. Ninguno de nosotros sabe cuánto tiempo pasaremos en esta tierra. Podrías vivir hasta los 120 años o podrías morir mañana. Por eso es importante aprovechar al máximo cada momento, porque nunca sabes cuál momento será el último.

Conclusión Práctica

La muerte es algo con lo que nadie quiere lidiar, pero todos nos enfrentaremos un día. Los estoicos siempre han creído que aceptar las realidades de la vida es esencial para vivir la mejor vida posible. En este ejercicio, analizaremos una manera saludable y productiva de abordar el tema de la muerte.

Saca tu papel y utensilio de escritura. Ahora, tómate unos momentos para escribir el elogio que te gustaría que se leyera en tu funeral algún día.

¿Has terminado?

Este es un ejercicio clásico que está diseñado para ayudarte a concentrarte en cuáles son tus verdaderos valores en esta vida. En una sociedad consumista, puede ser muy fácil perderse en un bosque de preocupaciones materiales. Pero, al final, la mayoría de las personas valoran las relaciones por encima incluso de sus posesiones físicas más preciadas.

Lee tu elogio y pregúntate cómo te sientes al respecto. ¿Sientes que has vivido una vida con la que puedes estar contento cuando todo está dicho y hecho? ¿O sientes que la forma en que estás viviendo tu vida no se alinea con tus prioridades más profundas?

Pensar en tu propia muerte no es una actividad agradable, pero puede ayudar a centrar tu mente en lo que realmente es importante en tu vida.

Capítulo 7: Vivir de acuerdo con la naturaleza

Para un ser racional, actuar de acuerdo con la naturaleza y de acuerdo con la razón es lo mismo.

—Marco Aurelio

Un estoico a menudo se entiende como alguien que se mantiene en silencio y soporta el dolor y la lucha, pero esto es solo parte de un panorama más amplio. El estoicismo nos enseña que debemos soportar las dificultades cuando es necesario, pero el punto más importante es que debemos intentar movernos con el flujo de la naturaleza en lugar de luchar contra ella.

Una vida de estoicismo no necesita ser una vida de lucha. Los estoicos siempre han buscado vivir una vida de paz y armonía, donde las elecciones humanas se alinean con la naturaleza.

El mundo natural, por dentro y por fuera

El Sabio Estoico se supone que acepta la naturaleza en su totalidad, tanto interna como externamente. Esto significa que acepta la naturaleza humana que lo rige como individuo y a la sociedad en general, al mismo tiempo que acepta las leyes de la naturaleza que rigen todo en este planeta y a través del universo. La vida no es una lucha para el Sabio porque no solo acepta a regañadientes la naturaleza, sino que se mueve con sus mareas y es llevado a través de la vida.

Antes de adentrarnos demasiado en este tema, es importante tomarse un momento para entender qué quieren decir los estoicos cuando hablan de la naturaleza. Cuando los individuos modernos hablan de la naturaleza, imaginan el mundo natural, con plantas, animales y cielo azul. Pero cuando los filósofos estoicos consideraban la naturaleza, pensaban en las características fundamentales de todo lo que existe.

Así que, cuando hablamos de aceptar la naturaleza, eso incluye aceptar el mundo natural que nos rodea, pero también significa algo que es simultáneamente más grande y más íntimo.

El Mundo Natural

Una de las primeras y más importantes cosas que un estoico debe aceptar es el mundo natural que rige toda la vida. Solo podemos sobrevivir en este planeta porque las leyes de la naturaleza lo permiten. Los estoicos también entendieron que, aunque los humanos pueden ser diferentes de otras formas de vida en algunos aspectos cruciales, todavía encajamos dentro del ecosistema más grande como una pieza que se coloca en un gran rompecabezas.

La razón exige que aceptemos respetuosamente las fuerzas de la naturaleza y nuestro propio lugar dentro del gran y complejamente imposible mundo natural en el que residimos. Esto puede parecer otra sugerencia obvia, pero descubrirás que a menudo las personas tienen dificultades para aceptar el mundo natural.

Considera cuántas veces has escuchado a personas que se quejan de las leyes básicas de la naturaleza. Esto es algo que es especialmente común entre las personas que están tratando de perder peso. ¿Quién no se ha preguntado por qué la comida no saludable parece tan deliciosa mientras que la comida saludable parece tan poco atractiva? Después de un arduo día de ejercicio, casi cualquiera se sentirá obligado a preguntar por qué engordar es tan fácil mientras que quemar calorías es tan difícil.

Todos sentimos la necesidad de quejarnos de las muchas formas en que el mundo puede ser frustrante. El estoicismo enseña que no deberíamos sentirnos mal por este impulso natural, pero también dice que no debemos ceder a él. Cuando sentimos la necesidad de quejarnos de las leyes de la naturaleza, en su lugar debemos practicar la aceptación.

También debes recordar que cada vez que nos sentimos frustrados, tenemos una oportunidad para desarrollar nuestra virtud personal. Cualquiera puede moverse sin contratiempos a través de una vida sin desafíos; se requiere una persona virtuosa para enfrentar los obstáculos de frente y superarlos sin quejarse.

Esto no significa que siempre podrás lidiar con cada hecho frustrante de la vida con perfecta gracia, pero puedes esforzarte por ser como un Sabio en todo lo que haces. El objetivo es el crecimiento; mientras te empujes constantemente a crecer y mejorar, estás actuando de acuerdo con la virtud estoica.

Naturaleza Humana

Otro aspecto de la naturaleza con el que cada estoico tiene que lidiar es la humanidad. Como humanos, compartimos una naturaleza común que nos conecta. Tenemos nuestras propias naturalezas individuales, y luego tenemos una naturaleza colectiva que gobierna cómo interactuamos entre nosotros en grupos.

Mucho antes de que los antropólogos comprendieran la importancia de la comunidad para todos los seres humanos, los estoicos entendieron que, como humanos, somos criaturas sociales.

Como dijo Marco Aurelio, los humanos "nacieron para cooperar, como los pies, como las manos, como los párpados, como las filas de dientes superiores e inferiores. Así que trabajar en oposición unos a otros es ir contra la naturaleza: y la ira o el rechazo es oposición."

No todos somos igualmente sociales por naturaleza. Algunas personas necesitan más tiempo a solas, mientras que otras requieren casi una socialización constante. Pero los seres humanos en general necesitan conexiones sociales sólidas para vivir vidas saludables y productivas.

Comprensión y Aceptación

Muchos estoicos modernos encuentran que la práctica de vivir de acuerdo con la naturaleza es una de las cosas más difíciles de hacer.

No hay forma de evitar la complejidad completa de este asunto, pero hay atajos que puedes tomar para simplificar algunas de las preguntas más técnicas y llegar a los problemas que son más relevantes para nuestras vidas diarias.

Como estoico, tu tarea principal es entender qué puedes cambiar en esta vida para que puedas aceptar las cosas que actualmente no puedes. Un punto que la filosofía estoica enfatiza una y otra vez es que no debemos desperdiciar tiempo y energía luchando por cambiar cosas que no pueden ser cambiadas. Esto se considera la culminación de la locura y la caída de muchas almas pobres.

Esta es la razón por la que el estoicismo pone tanto énfasis en la acción personal. Hay tantas cosas en este mundo que están más allá de nuestro control, pero si miras dentro de ti mismo, descubrirás que puedes lograr muchas cosas. Puede que no puedas reescribir las reglas de la sociedad moderna, pero si estás dispuesto a hacer lo que es necesario, puedes cambiar drásticamente la forma en que vives dentro de esta sociedad.

El Estado No Natural de la Vida Moderna

Mientras que los antiguos estoicos no se centraban en cosas como cielos azules y campos verdes cuando discutían el poder de la naturaleza, vivían en un mundo que era muy diferente al que habitamos actualmente. Incluso en las ciudades más grandes de Atenas y Roma, los estoicos nunca habrían podido imaginar un mundo tan alejado de la naturaleza como las ciudades que los seres humanos modernos han creado.

El estoicismo no está en contra de que los humanos realicen cambios en su entorno. La invención y la innovación son partes esenciales de la naturaleza humana; muchos estoicos argumentarían que vivir una vida sin ropa, herramientas o vivienda construida violaría la naturaleza humana. Pero también hay un punto en el que los humanos se alejan tanto de los entornos que nos moldearon que somos como peces que han sido sacados del agua. Muchas personas que viven vidas solitarias en habitaciones oscuras están prácticamente ahogándose, privadas de tantas cosas por las que su naturaleza humana anhela a nivel fundamental.

Nada de esto sugiere que el estoicismo exija que dejes la ciudad y te dirijas al campo. La idea es más humilde que eso; lo que se necesita es una mayor exposición a los entornos naturales y un regreso a los patrones de vida más naturales que existieron antes de que los humanos comenzaran a intentar transformar el mundo.

Pasa menos tiempo mirando imágenes del mundo en una pantalla de computadora y más tiempo observando el mundo con tus propios ojos. Tómate descansos regulares de tus apartamentos y oficinas compactos para salir bajo el cielo abierto.

La Importancia del Sueño

Un cambio especialmente crucial a considerar es tu horario de sueño. Pocas personas modernas duermen tanto como necesitan. Y incluso cuando las personas duermen lo suficiente, a menudo experimentan un sueño de baja calidad que les deja sintiéndose cansadas e irritables mientras llevan a cabo su día.

La persona promedio necesita más sueño del que está obteniendo. Un estudio mostró que "el cuarenta y cinco por ciento de los estadounidenses dice que el sueño deficiente o insuficiente afectó sus actividades diarias" durante la semana promedio (National Sleep Foundation, 2014). También hay preguntas sobre los patrones de sueño. Durante la mayor parte de la existencia humana, las personas se acostaban alrededor de la puesta del sol y se despertaban alrededor del amanecer. Esto tiene perfecto sentido si consideras el hecho de que la mayoría de las personas tenía opciones limitadas para iluminar la oscura noche, por lo que no había mucho que pudieran hacer una vez que el sol se ponía.

Pero gracias a la llegada de la electricidad, ahora podemos extender nuestras actividades diarias hasta bien entrada la noche. Esto a veces puede ser bueno para nuestras vidas sociales, pero puede causar problemas con nuestros horarios de sueño. Solo porque puedes desobedecer el reloj interno de tu cuerpo no significa que debas hacerlo. Conectar con los ritmos naturales de tu cuerpo es una buena manera de ser más feliz, más saludable y más enérgico.

Comida para reflexionar

Otra área que deberías considerar seriamente es tu dieta. El cuerpo humano necesita ciertos nutrientes para hacer todo lo que está diseñado para hacer. Intentar vivir sin comer una selección diversa de alimentos nutritivos es como conducir tu automóvil sin poner gasolina en tu tanque. La lógica dicta que eventualmente te quedarás varado al costado de la carretera.

Debes aceptar que tu cuerpo necesita ciertas cosas si quieres vivir una vida saludable y productiva. Así como la aceptación de la realidad es un requisito esencial que debe venir antes de la acción racional, una buena dieta debe preceder a una vida saludable. No puedes tener una sin la otra.

Mientras que el estoicismo se centra en lo que los seres humanos pueden lograr cuando dominan el control de sus mentes, no es una especie de misticismo que crea que la mente está de alguna manera desconectada del cuerpo. Una mente sana puede ayudar a mejorar la condición de tu cuerpo, pero lo mismo ocurre a la inversa. Si no cuidas tu cuerpo, entonces la condición de tu mente se deteriorará.

Cortando el Desorden y Encontrando el Control

Los avances modernos en los ámbitos de la ciencia, la tecnología y la medicina han mejorado nuestra calidad de vida de muchas maneras. Pero, además de los muchos aspectos positivos que disfrutamos, también vienen muchos inconvenientes.

Por todos los lujos materiales que disfrutamos, muchas

personas modernas se sienten sofocadas. Pasan por la vida en un mundo que es estrecho, abarrotado y lejos del aire limpio y fresco que nuestros ancestros disfrutaban una vez. Experimentamos el mundo a distancia, mirando simulaciones y recreaciones en lugar de experimentar las cosas de primera mano.

La vida no tiene que ser así. No tienes que ser arrastrado por las multitudes y llevado hacia un futuro del que no quieres ser parte. El poder de hacer un cambio y trazar tu propio camino está dentro de ti. Todo lo que necesitas hacer es aprovecharlo.

Lo que la aceptación no significa

Mientras estamos en el tema de la aceptación, es importante entender sus limitaciones. La aceptación estoica simplemente significa aceptar el mundo tal como es en el momento presente. No significa que tengas que amar el mundo tal como es o someterte a todo lo que hay en él.

Puede haber contaminación en el río cerca de tu casa. El estoicismo dice que debes aceptar que el agua está contaminada. ¿Eso significa que debes bajar al río y beber un trago? ¡No! El estoicismo se trata de la acción racional; nunca te pedirá que hagas algo tan irracional y autodestructivo.

Para una comprensión más profunda de este concepto, veamos una gran cita de Marco Aurelio:

Un pepino es amargo. Deséchalo. Hay espinas en el camino. Aléjate de ellas. Esto es suficiente. No añadas: ¿Y por qué fueron puestas tales cosas en el mundo? Porque serás ridiculizado por un hombre que está familiarizado con la naturaleza, como serías ridiculizado por un carpintero y un zapatero si te quejaras porque encontraste virutas y recortes en su taller de las cosas que hacen.

Lo que Aurelius está señalando aquí es que demasiadas personas desperdician su energía quejándose de cosas que no pueden cambiar. Cuando puedes tomar acciones simples para evitar lidiar con problemas, entonces deberías tomar esas acciones y seguir adelante con tu vida. Cuando debes soportar frustraciones, entonces deberías soportarlas en silencio y luego seguir adelante con tu vida. Quejarse sin cesar sobre circunstancias que están fuera de tu control solo añade a tu sufrimiento, no hace que el mundo sea más agradable.

Esta cita también nos recuerda que el estoicismo no siempre se trata de soportar cualquier cosa desagradable que se cruce en tu camino. Si no quieres comer un pepino, entonces no tienes que comerlo. Si un cierto dolor es difícil de atravesar, puedes encontrar una ruta diferente. Ser estoico significa que soportarás cosas desagradables cuando sea necesario, no significa que tengas que buscar o someterte a cada cosa negativa que exista.

El estoicismo se trata de encontrar la paz a través de la aceptación. Se trata de cesar la lucha interminable contra las personas y cosas que están más allá de nuestro control. El Sabio Estoico trasciende las luchas de la realidad cotidiana al aceptarla tal como es, con un corazón y una mente tan abiertos que pierde el poder de influir en los pensamientos del Sabio de cualquier manera.

Cambiando lo que puedes y aceptando lo que no puedes

Cuando los estoicos hablan de la naturaleza, están considerando los rasgos fundamentales que hacen que algo sea lo que es. Esto se refleja en la forma en que hablamos sobre el mundo natural que existe más allá de la civilización humana. Las aves, los árboles y la hierba existieron antes de que los humanos inventaran el fuego, y reclamarán la Tierra si la humanidad alguna vez se extingue.

Las creaciones de la humanidad pueden ser maravillosas, pero no deberíamos perdernos tanto en nosotros mismos como para pensar que solo porque podemos sobrevivir sin algo significa que podemos vivir vidas saludables sin ello. A lo largo del mundo, las personas están disfrutando de las últimas comodidades, mientras se marchitan lentamente debido a la falta de recursos naturales básicos.

No es necesario convertirse en un revolucionario para mejorar tu calidad de vida. Es posible aceptar muchos de los cambios de la vida moderna sin abandonar las cosas básicas que siempre han hecho posible vidas humanas saludables.

Cada estoico debe practicar la aceptación, pero eso no significa que no deban tomar acción. A veces, necesitas aceptar que tienes necesidades que no se están cumpliendo y luego actuar en función de esas necesidades.

Así que, ahora es el momento de preguntarte, ¿estás viviendo en armonía con tu naturaleza básica?

Conclusión Práctica

En este mundo moderno, demasiadas personas están viviendo desincronizadas con sus necesidades naturales.

Saca un trozo de papel y un utensilio para escribir. Ahora escribe todas las cosas que crees que los humanos han necesitado para vivir vidas saludables a lo largo de la historia humana.

Una vez que tengas una lista, revisa la lista y considera en qué áreas de tu vida podrías estar faltando. Circúla esas áreas y luego haz una lluvia de ideas sobre cómo podrías abordar estas preocupaciones.

El estoicismo pone un gran énfasis en el pensamiento, pero los estoicos siempre han entendido que los humanos somos más que solo nuestros cerebros. Los pensamientos saludables tienen más probabilidades de provenir de cuerpos saludables. Así que comienza a dar cualquier paso que puedas para cuidarte.

Capítulo 8: Estoicismo y Psicología

Las cosas en las que piensas determinan la calidad de tu mente.

—Marco Aurelio

Desde su creación, el estoicismo ha buscado explicar cómo funciona la mente humana y cómo puede ser reformada en nuestra búsqueda por vivir vidas virtuosas. Cuando el estoicismo surgió por primera vez en la antigua Grecia, eran los filósofos quienes estaban mejor equipados para profundizar en las preguntas sobre la mente humana y los pensamientos y sentimientos que la rodean.

Pero han pasado dos mil años desde el nacimiento de la filosofía y muchas cosas han cambiado. Mientras los filósofos siguen trabajando arduamente para comprender la naturaleza de la conciencia humana, ha habido un cambio importante que ha reescrito el papel de la filosofía. La filosofía ya no es la forma principal en que entendemos la mente humana, ahora nuestra comprensión fundamental proviene del estudio científico de nuestros cerebros y patrones de pensamiento.

Campos de estudio como la psicología, la biología y la neurología han reformulado la forma en que pensamos sobre el pensamiento. ¡Pero esto no significa que la filosofía esté fuera de juego! Lee para descubrir cómo los estoicos modernos lidian con las últimas revelaciones producidas por los científicos que han desvelado los secretos de la mente humana.

La Filosofía Antigua se Encuentra con la Ciencia Moderna

El cerebro humano es una cosa increíblemente compleja. Desde la llegada del método científico, hemos llegado a entender muchas cosas sobre cómo funciona el cerebro, pero cada pregunta que hemos respondido ha planteado muchas otras.

Aún así, podemos decir ciertas cosas sobre el cerebro humano que los antiguos estoicos no podían. Los antiguos griegos eran increíblemente inteligentes y entendían más de lo que muchos individuos modernos les dan crédito. Sin embargo, no tenían forma de saber cómo funcionaba la mente. Como tal, muchos filósofos tenían creencias sobre el pensamiento humano que podrían chocar con la ciencia moderna.

Una área de controversia es la cuestión del "libre albedrío". Los filósofos han argumentado durante mucho tiempo que los humanos pueden lograr un control total sobre su mente simplemente por la fuerza del pensamiento. La idea era que había una mente o espíritu inmaterial que reinaba sobre el cuerpo físico, operándolo fuera de la cadena normal de causa y efecto que rige la mayor parte del reino físico.

Esta creencia tiene sentido intuitivo. La mayoría de las personas siente que están completamente en control. Pero siglos de estudios científicos nos han mostrado un lado diferente del pensamiento humano.

La Importancia de la Química Cerebral

Una de las preguntas más desconcertantes que los humanos han tenido que hacerse es cómo los pensamientos que pensamos y las emociones que sentimos están conectados a nuestros cuerpos físicos. Hubo una época en que la gente creía que los pensamientos eran completamente inmateriales, totalmente desacoplados de nuestras formas físicas. Pero a medida que hemos podido observar más de cerca el cerebro humano, hemos sido testigos de conexiones sorprendentes.

Por un lado, parece que las alteraciones realizadas en el cerebro pueden afectar la manera en que las personas piensan y sienten. Una de las muestras más convincentes del impacto que la fisiología cerebral tiene en la elección y la personalidad humana es el caso de Phineas Gage.

Gage era un trabajador de la construcción de ferrocarriles en el siglo XIX. Según todos los testimonios, era un individuo educado y agradable hasta el día en que una explosión lanzó una barra de hierro por los aires y le impactó en la cabeza. Según todos los relatos, el accidente debería haber sido mortal, pero Gage logró sobrevivir de manera milagrosa con el gran trozo de metal atascado en su cerebro (O'Driscoll).

Pero mientras el cuerpo de Gage sobrevivió al accidente, muchos que estaban cerca de él sintieron que el Gage que conocían murió en el accidente. Phineas experimentó un cambio rápido en su personalidad. El hombre una vez amigable se volvió vulgar y grosero. El daño a su cerebro parecía convertirlo en una persona completamente diferente, y de repente la gente empezó a pensar de manera diferente sobre el vínculo entre la fisiología y la identidad.

Aunque estudios adicionales han demostrado que algunas de las afirmaciones más grandiosas sobre la transformación de Gage fueron exageradas, su historia es solo un ejemplo de muchos en los que los cambios en la composición cerebral han llevado a cambios marcados en el pensamiento, la toma de decisiones y la personalidad.

Tales revelaciones científicas recientes han llevado a los estoicos modernos a replantearse algunas de las creencias antiguas en torno al pensamiento humano. Los estoicos antiguos creían que cualquier persona podría lograr un control total sobre su cerebro si seguía las prescripciones estoicas al pie de la letra. Hoy en día, las personas son más escépticas respecto a esta proposición, entendiendo que cada individuo tiene una composición cerebral única que podría predisponerlo en ciertas direcciones.

Esto significa que algunas personas pueden encontrar que el enfoque estoico les resulta fácil, mientras que otras tendrán una experiencia especialmente difícil al intentar luchar con sus disposiciones naturales. Esto requiere una cuidadosa reexaminación del pensamiento estoico, pero no ataca el núcleo del estoicismo. Tal vez no todos puedan convertirse en un Sabio, pero eso no significa que las personas no puedan buscar progresar desde donde están.

Un Cambio en el Pensamiento

Una forma en que la neurociencia moderna apoya el sistema estoico es la complejidad que ha revelado dentro de la mente humana. Las viejas creencias que sugerían que las mentes humanas eran relativamente simples y fáciles de controlar han sido reemplazadas por una comprensión más matizada de todo lo que se suma para crear la conciencia humana.

Algunas personas creen que las revelaciones modernas sobre la compleja red de factores que influyen en nuestra toma de decisiones deshumanizan. Esto es comprensible, cuando te enseñan a creer que tienes el control total de cada pensamiento y acción, puede ser perturbador darse cuenta de que hay tantas cosas que moldean nuestras elecciones sin nuestro conocimiento consciente. Pero, ¿es esto deshumanizante?

Propondría que esta información implica revelar una nueva capa de lo que significa ser humano. El hecho de que no reconociéramos nuestra plena complejidad en el pasado no significa que alguna vez fuéramos criaturas simples que tenían control total. Siempre hemos tenido mentes complejas y contradictorias, y la ciencia ahora nos permite entender las razones detrás de las luchas que han estado ocurriendo desde los días de los antiguos estoicos y hasta el amanecer de la humanidad.

Finalmente, el estoicismo nos recuerda a todos los peligros de reaccionar negativamente ante la realidad. Puede que no te guste el mundo, pero tus preferencias no reescribirán la realidad. Pretender que la química cerebral no existe no te dará un mayor control sobre tus pensamientos y acciones. Por el contrario, si no estás dispuesto a enfrentar los factores demasiado reales que moldean tu pensamiento, entonces realmente estás atándote las manos detrás de la espalda, limitando nuestras opciones en una época en la que nosotros, como humanos, estamos teniendo la oportunidad de tomar el control de nuestro futuro.

Terapia Cognitivo-Conductual

Una área donde el estoicismo antiguo y la ciencia moderna están en notable alineación es la práctica de la Terapia Cognitivo-Conductual, o TCC.

CBT es un enfoque de terapia que busca ayudar a las personas cambiando sus patrones de pensamiento. La idea es que los pensamientos que tenemos, las emociones que sentimos y la forma en que nos sentimos están todos interconectados, y que los cambios realizados en un eslabón de esta cadena pueden cambiar drásticamente todo el sistema.

Muchas personas terminan en un espiral descendente vicioso porque crean bucles de retroalimentación negativa. Piensan en pensamientos negativos, lo que les lleva a sentir emociones negativas, lo que conduce a acciones destructivas. A medida que la persona enfrenta las consecuencias de sus malas decisiones, su visión negativa de sí misma se refuerza y el ciclo comienza de nuevo, solo que esta vez todo es aún más vicioso que antes.

Este tipo de comportamiento es demasiado común, y cualquiera que haya experimentado una espiral descendente puede entender lo desesperado que puede parecer la situación. Pero la TCC y el estoicismo ambos ofrecen una salida de este ciclo.

Ves, tanto la TCC como el Estoicismo proponen que se puede lograr un cambio holístico si las personas pueden tomar el control de sus pensamientos. De repente, la espiral se invierte, ya que los pensamientos positivos elevan la emoción y la acción y contrarrestan la antigua negatividad.

Esto es solo el comienzo de las similitudes. El estoicismo y la TCC comparten una perspectiva similar, un énfasis compartido en la acción y la priorización del pensamiento claro y racional. Al estudiar los paralelismos entre la filosofía y la terapia, puedes ver cómo las ideas antiguas están conduciendo a resultados sólidos en el mundo de la ciencia moderna.

La Importancia de la Acción

El estoicismo es una filosofía centrada en la acción y la TCC es un enfoque centrado en la acción para la terapia. Ambos creen que para lograr un cambio real, este debe surgir del interior de la persona que desea crecer. Además, el cambio no vendrá solo de aprender. La sabiduría es importante, pero nadie internaliza la información que aprende hasta que la pone en práctica.

Mientras que tanto el estoicismo como la TCC comienzan con cambios en la forma en que las personas piensan, la prueba definitiva de cambio se ve en la forma en que actúan. Las personas siempre están rápidas para decir que han aprendido la lección, pero luego, cuando se les pide que pongan su nuevo conocimiento en práctica, se derrumban. Los estoicos entendían que aprender es un proceso que lleva tiempo. Ya sea que estés en terapia por un trastorno psicológico o simplemente busques ganar más control sobre tu vida, hasta que los cambios comiencen a manifestarse en tus acciones, no verás el impacto completo de lo que has aprendido.

La Importancia del Pensamiento Claro

Otro vínculo entre la TCC y el estoicismo es el énfasis en el pensamiento claro y cuidadoso. Todo tipo de problemas pueden surgir cuando no ves el mundo tal como es. Incluso las personas que están bendecidas con una mente libre de trastornos o problemas similares pueden desarrollar una visión distorsionada del mundo por muchas razones. La situación se acentúa más cuando surgen problemas dentro de la composición física del cerebro. Pero no importa cuán profundo sea el problema, la TCC ha demostrado que se pueden tomar medidas para corregir patrones de pensamiento.

Por supuesto, algunas personas tendrán mayores dificultades para alcanzar un pensamiento claro que otras. Esta es una área donde la ciencia moderna corrige a algunos de los pensadores antiguos. En tiempos pasados, la gente culpaba a las personas con trastornos mentales por sus problemas. Pensaban que si tales individuos simplemente trabajaban más duro, serían como todos los demás. La ciencia nos ha demostrado que esta no es la situación.

La delicada química cerebral dentro de cada uno de nosotros

puede fallar fácilmente. Por eso, casi todos confesarán que están luchando con sus propios problemas si les haces abrirse. Algunos de estos problemas son más severos que otros, pero todos podríamos usar ayuda para liberarnos de nuestras trampas mentales y ver con mayor claridad. El estoicismo expuso esto hace todos esos años, y hoy en día la TCC ofrece a las personas un camino concreto hacia un pensamiento más claro.

Combinando Terapia y Filosofía

Los seres humanos son criaturas complejas. Rara vez estamos satisfechos con soluciones unidimensionales. Anhelamos tanto la razón como la emoción. Por eso, la combinación de la TCC y el estoicismo puede ser una combinación poderosa.

Muchas personas pueden apreciar la ciencia de la TCC y el pedigrí intelectual que casi cualquier practicante aporta. Pero la gente aún puede quedar anhelando más. La mayoría de las personas desea ser parte de algo más grande que ellos mismos, algo que pueda ayudarles a conectarse con una gran tradición. Esta es una de las razones por las cuales la creencia religiosa y el patriotismo son fuerzas tan poderosas, unen a las personas como parte de una tradición que se remonta al pasado.

El estoicismo es un sistema de creencias secular que puede ofrecer a las personas la historia y la belleza que anhelan. Es una filosofía de dos mil años de antigüedad que está respaldada por algunos de los escritos más bellos y conmovedores jamás producidos por la filosofía occidental. Combina intelectualismo y romanticismo en un conjunto que sigue atrayendo a las personas miles de años después de que su fundador falleciera.

Cuando el poder emocional del estoicismo se combina con el atractivo científico de la TCC, pueden suceder cosas maravillosas. Pero más allá del nivel práctico, también sirve como un recordatorio de lo increíbles que eran esos estoicos originales. Incluso con todos los avances en el conocimiento que han ocurrido desde los días de la antigua Grecia, seguimos utilizando su sabiduría para iluminar nuestro camino hacia adelante.

Trabajando con la Química Única de Tu Cerebro

Los antiguos estoicos tenían cierta comprensión de la variedad que existía entre los seres humanos, pero no podían haber conocido la naturaleza arraigada de estas diferencias. La idea de que podríamos tener un software bioquímico como el ADN guiando nuestras acciones o complejas reacciones electroquímicas en nuestro cerebro dando forma a nuestros pensamientos estaba muy por encima de su capacidad para descubrir.

Esto no significa que los aprendices modernos deban desechar el trabajo de los antiguos. Un estudio cuidadoso de las obras fundamentales estoicas revela que, aunque los escritores pueden no haber sabido lo que ahora sabemos sobre la composición física de la mente humana, aún así produjeron ideas y teorías que se alinean notablemente bien con los últimos avances científicos.

En 2015, un consejero llamado Ian Guthrie llevó a sus pacientes a una discusión sobre las Meditaciones de Marco Aurelio. Descubrió que, aunque sus pacientes estaban "seria y persistentemente enfermos mentales", sus pacientes se beneficiaban de una discusión guiada sobre el tema. (Guthrie 2015)

Esto demuestra que todo tipo de personas puede beneficiarse de estudiar y practicar el estoicismo. Puedes sentir que las circunstancias de tu nacimiento o las situaciones negativas que has experimentado a lo largo de tu vida te podrían estar reteniendo, pero nada de esto significa que no puedas obtener una mayor comprensión de ti mismo y un control más fuerte sobre tu mente a través del estudio del estoicismo. Algunas personas son ciertamente más privilegiadas que otras, pero todos pueden beneficiarse si se comprometen a seguir la sabiduría transmitida por los antiguos estoicos.

Una Palabra de Precaución

En este punto, vale la pena reiterar que este no es un libro médico. Si bien algunas personas informan que practicar comportamientos y pensamientos estoicos ha mejorado su calidad de vida, eso no significa que esta filosofía o cualquier otra sea un reemplazo para el tratamiento médico. Si tienes problemas de salud física o mental, entonces tu primera prioridad debería ser ver a un profesional médico capacitado que pueda ayudarte a controlar tu situación.

Mientras que los estoicos modernos no se ponen de acuerdo sobre muchas cosas, una área donde hay un amplio consenso es que el verdadero estoicismo debe estar en línea con los últimos descubrimientos científicos. Los estoicos antiguos pudieron desarrollar muchas ideas increíbles sobre la naturaleza de la mente humana mucho antes de la creación del método científico moderno, pero eso no es razón para dar más valor a sus palabras que a los últimos descubrimientos de científicos y profesionales médicos.

Ciencia y estoicismo: Trabajando juntos

El estoicismo se trata de mejorar tu mente, y todos podemos estar agradecidos de que la ciencia nos haya proporcionado conocimientos increíbles sobre cómo funciona la mente, cómo puede fallar y cómo podemos mejorarla a través de una amplia variedad de enfoques. La terapia, la medicación, el ejercicio y muchas otras opciones pueden ser utilizadas para mejorar tu salud mental y permitirte tomar el control de tu vida.

Nunca deberías sentir que tienes que elegir entre el estoicismo y los tratamientos propuestos por profesionales médicos capacitados. Los estoicos modernos son abrumadoramente pro-ciencia y están constantemente trabajando para integrar los últimos descubrimientos en su comprensión del estoicismo. Cuando la ciencia y la filosofía trabajan juntas, pueden ocurrir cosas increíbles; nunca te sientas obligado a elegir entre una u otra en tu búsqueda de una vida más feliz y saludable.

Conclusión Práctica

El pensamiento es una de esas cosas que surge de manera tan natural que simplemente la damos por sentada. Pero si quieres tomar el control de tus pensamientos, entonces ayuda dedicar un tiempo a examinar cómo piensas.

Para este ejercicio necesitarás encontrar un lugar tranquilo y pacífico.

Una vez que tengas un área para ti y unos minutos libres, puedes usar la meditación para examinar el funcionamiento interno de tu mente.

Cierra los ojos, respira lentamente y cuenta hacia atrás despacio desde diez con cada exhalación. Una vez que llegues a uno, solo sigue repitiendo ese número. Esto ayudará a silenciar tu monólogo interno consciente.

Tómate el tiempo para estar en el momento y observa cómo reacciona tu mente. Observa cómo los pensamientos entran en tu mente. Siente cómo tu cuerpo reacciona a la paz y la tranquilidad.

Muchos de nosotros pasamos nuestros días con pensamientos

corriendo constantemente por nuestra mente, pero nunca realmente examinamos cómo llegan a nosotros estos pensamientos. Este tipo de meditación no solo es una buena manera de calmarse y tomarse un descanso del caos de la vida moderna, sino que también te dará una comprensión más profunda de cómo funciona tu mente.

Capítulo 9: Aceptando lo Inaceptable

No importa lo que lleves, sino cómo lo llevas.

—Séneca

A lo largo de este libro, hemos examinado los principios más fundamentales del estoicismo y cómo puedes utilizar estos principios para navegar por las altibajos de tu vida diaria. Pero, ¿qué sucede cuando enfrentas luchas que van más allá de lo ordinario?

Nadie en esta tierra puede vivir una vida libre de tragedia. Es por eso que cualquier filosofía debe luchar con las verdaderas profundidades del sufrimiento humano. Cualquiera puede idear una forma de dar sentido a una vida fácil; se necesita verdadera sabiduría para encontrar un camino adelante cuando el sufrimiento se vuelve tan profundo que nos sentimos llevados a la desesperación.

Enfrentando el dolor y el sufrimiento

A lo largo de este libro hemos llegado una y otra vez a las diferentes maneras en que los estoicos manejaron el dolor, la decepción y otras formas de sufrimiento. Pero hasta ahora, principalmente hemos mirado el tipo de problemas que nos causan molestias pero que no nos sacuden hasta los huesos.

¿Qué sucede cuando un estoico siente el tipo de dolor que podría destruir a una persona?

Es una cosa buscar oportunidades en los pequeños contratiempos que sufrimos cada día, pero ¿qué pasa con las verdaderas instancias de tragedia? A veces puede parecer que nuestras filosofías se desmoronan cuando enfrentamos el sufrimiento a gran escala. Cuando el dolor nos destroza y parece que nadie más ha sufrido tanto, toda la sabiduría del mundo puede sonar vacía.

No Estás Solo

Lo primero que hay que entender es que, no importa por lo que estés pasando, no eres la primera persona en sufrir como tú. Tu situación puede ser única, pero el dolor y el sufrimiento son tan antiguos como la humanidad.

Por eso buscamos la sabiduría de los ancianos en estos asuntos. Todo parece nuevo cuando lo estamos viviendo nosotros mismos, pero la verdad es que las mismas emociones se han repetido una y otra vez durante innumerables generaciones. Una de las cosas que une a la humanidad es nuestro sufrimiento compartido.

Lo siguiente que hay que entender es que, aunque algunas formas de dolor pueden sentirse tan extraordinarias que los consejos normales no son aplicables, la realidad es que estas son las situaciones en las que es absolutamente crucial que nos aferremos a la sabiduría que tenemos. Cuando la primera ola de dolor te golpea, puede parecer que nunca te recuperarás, pero el hecho de que te sientas así no significa que sea cierto. Aún puedes practicar el estoicismo y negarte a obsesionarte con lo que has experimentado. Puede que requiera cada gramo de fuerza que puedas extraer de cada fibra de tu ser, pero si puedes hacerlo, entonces puedes detener la hemorragia y evitar que la situación empeore más de lo que tiene que hacerlo.

Este tipo de dolor y sufrimiento es la razón por la cual es tan valioso practicar el estoicismo en todo lo que haces. No quieres tener que aprender el arte de la aceptación mientras enfrentas algo que parece patentemente inaceptable. Debes comenzar con cosas pequeñas y crear un hábito de aceptación que pueda crecer con el tiempo hasta que un día te ayude a atravesar momentos de dolor y conflicto.

Nunca es demasiado temprano para prepararse para el dolor

Si estás pasando por un período relativamente positivo en tu vida, es posible que sientas que puedes pasar por alto todo esto. Cuando la vida va bien, la mente humana tiene una forma de asumir que las cosas seguirán yendo bien para siempre. Pero el hecho es que cada vida tiene altibajos. Todos experimentan momentos buenos y malos. Si estás experimentando un buen período en este momento, entonces una de las mejores cosas que puedes hacer es prepararte para cuando tu fortuna cambie.

"Es en tiempos de seguridad que el espíritu debe prepararse para los tiempos difíciles; mientras la fortuna le otorga favores, es entonces el momento de fortalecerse contra sus reveses." - Séneca

Nadie disfruta de la desgracia. Pero aquellos que están acostumbrados a la desgracia están mucho mejor preparados para enfrentarse a ella que aquellos que nunca la han experimentado. Por eso, las personas nacidas en la pobreza no son tan propensas a ser destruidas por ella como aquellos que nacieron en la riqueza y luego fueron derribados por el destino.

La buena noticia es que en realidad no tienes que hacerte daño para prepararte para el dolor que podría venir en el futuro. Puedes empezar a prepararte a través de la práctica estoica de la visualización. Imagina que las cosas salen mal. Pero no te detengas ahí. Imagina lo que podrías hacer si tu fortuna cambiara. Piensa en cómo podrías convertir la adversidad en oportunidad.

Ves, si solo visualizas el dolor, entonces es probable que solo te deprimas. Pero si avanzas más allá del dolor, puedes recordar la verdad esencial del estoicismo, que cada momento es una oportunidad para desarrollar tu virtud.

Esto puede que no redima el sufrimiento a tus ojos ni explique por qué tienes que pasarlo. Pero el estoicismo no se trata de explicar por qué suceden las cosas. Los estoicos no preguntan por qué el destino nos reparte las cartas que nos reparte; los estoicos simplemente aceptan lo que se les da y sacan lo mejor de la situación.

Procesando el duelo

De todos los tipos de dolor que la humanidad se ve obligada a soportar, ninguno es más temible que el duelo. El duelo es el dragón que derriba incluso los corazones más poderosos.

Es difícil poner en palabras la enormidad del dolor, pero eso no significa que esté más allá de ti. El dolor es algo que casi nadie puede comprender, y sin embargo, todos deben aprender a lidiar con él en algún momento de su vida.

Incluso si no puedes imaginar cómo el estoicismo puede

ayudarte a lidiar con el duelo, debes confiar en que puede. Tienes el poder dentro de ti, y si puedes practicar la sabiduría del Sabio, puedes superar cualquier obstáculo.

Para obtener instrucciones sobre cómo manejar el duelo, podemos mirar a Séneca.

"La naturaleza requiere de nosotros cierto pesar, mientras que más que esto es el resultado de la vanidad. Pero nunca te exigiré que no te duelas en absoluto. ... Deja que tus lágrimas fluyan, pero que también cesen, que los suspiros más profundos broten de tu pecho, pero que también encuentren un final."

Lo primero que hay que recordar es que un estoico no es alguien que no siente dolor. Si sientes dolor tras una gran pérdida, no significa que no seas un estoico, simplemente significa que eres humano.

Lo que separa a los estoicos de los demás es cómo procesan el dolor.

No importa cuán malo se sienta el dolor, necesitas practicar el arte estoico de pensar de manera clara y racional. Debes ser capaz de dar un paso atrás y darte cuenta de que, incluso si parece que el dolor durará para siempre, la realidad es que todo en esta vida es impermanente. Esto también pasará.

Puede parecer que el dolor nunca se irá, pero la verdad es que con el tiempo se atenuará. Puede que nunca desaparezca por completo, pero no siempre te amenazará con tragarte por completo. Este es el tipo de cosa que debes recordar y en la que debes encontrar consuelo.

Finalmente, recuerda que el estoicismo enseña que podemos luchar por el control de nuestras emociones y redirigirlas. Puedes tomar las emociones negativas y moverlas en una dirección más saludable. Puedes pasar tus días enfocado en el dolor que sientes después de perder a alguien, o puedes pensar en lo afortunado que eres de haber podido experimentar la vida con ellos mientras estaban contigo.

Nunca hay una sola cosa que debamos sentir. Siempre tenemos una elección que podemos hacer. Revolcarse en el dolor es algo que tienes que elegir. También puedes elegir levantarte de tu tristeza y avanzar hacia algo más constructivo. No es fácil y no sucede rápidamente, pero cuanto antes empieces a moverte, antes alcanzarás tu destino.

Luchando con Grandes Preguntas

Una vez más, en esta etapa vale la pena reconocer las limitaciones del estoicismo. Si bien el estoicismo tiene respuestas a muchas de las preguntas apremiantes de la vida, hay otras áreas donde las cosas quedan abiertas a la interpretación.

¿Cuál es el significado último de la vida? ¿Hay un Dios? ¿Sucede algo con nosotros después de morir?

Estas son todas preguntas profundas, significativas y muy personales de las que el estoicismo moderno se aleja.

Algunos de ustedes pueden sentir que esto es una excusa, pero la verdad es que proviene de un lugar de humildad intelectual. Hay estoicos modernos que pertenecen a cada sistema de creencias imaginable, religioso o no. Cada uno encuentra una manera de unir el pensamiento estoico con sus convicciones personales para que puedan darle sentido al mundo que les rodea y sobrellevar los altibajos de cada día.

Al final, el Estoicismo no se trata de responder a cada pregunta. Se trata de cómo te enfrentas a la vida. Preguntas que van más allá de esto también están más allá del alcance de este libro.

Dejando Ir

Lo único que el estoicismo nos dice claramente en esta área es que la aceptación es clave. Esta es una de esas áreas donde la aceptación es increíblemente difícil, pero por eso es tan importante. Nadie quiere aceptar o reconocer la pérdida, pero es un paso que debe tomarse antes de que el proceso de sanación pueda comenzar.

Nada en el estoicismo puede quitar el aguijón del duelo, pero si practicas la aceptación estoica puedes descubrir que estás mejor preparado para aceptar incluso las verdades más agonizantes cuando llegue el momento. La aceptación es como cualquier otra habilidad, la práctica hace al maestro. Cuanto antes empieces a enfrentarte a la realidad en toda su fealdad y grandeza, mejor preparado estarás para los peores golpes que la vida pueda lanzarte.

El dolor de la pérdida permanecerá mientras lo retengas. El estoicismo nos enseña que todo dolor se puede eliminar si nos esforzamos por soltarlo. Nunca es fácil, pero es lo correcto. Hasta que no sueltes, no puedes avanzar.

Interacción con los demás

Si te comprometes plenamente a practicar el estoicismo, serás testigo de cómo ciertas transformaciones ocurren en tu vida. Con el tiempo, tu forma de ver el mundo cambiará, al igual que la manera en que piensas y sientes. A medida que pasa el tiempo y internalizas más y más el pensamiento estoico, puede que descubras que los demás te miran de manera diferente, con algunos conocidos preguntándose si eres la misma persona que conocieron una vez.

Una cosa que los estoicos comprometidos se dan cuenta es que puede parecer que hay una brecha entre ellos y la persona promedio, una brecha que se amplía con el tiempo. La realidad es que la mayoría de las personas no son estoicas. A pesar de que la sabiduría estoica podría beneficiar a todos, la mayoría de las personas nunca abrazará esta filosofía.

Teniendo esto en cuenta, vale la pena considerar cómo deben actuar los estoicos alrededor de los no estoicos. Si deseas vivir una vida productiva y placentera, necesitas pensar cuidadosamente y actuar de manera reflexiva.

Viviendo en un mundo lleno de no estoicos

El estoicismo se trata de aceptación, y una cosa que cada estoico necesita aceptar es que no todos comparten sus creencias. Tal vez el mundo sería un lugar mejor si todos fueran estoicos, pero es probable que tal mundo nunca llegue a existir.

Esto significa que como estoico debes entender que no todos pensarán como tú o compartirán tus valores.

Por ejemplo, tu lema personal podría ser "memento mori" y podrías descubrir que los recordatorios constantes de tu propia mortalidad son una buena manera de fomentar la productividad y una vida significativa. Esto no significa que aquellos a tu alrededor apreciarán ser recordados de que algún día van a morir.

Siempre que alguien es presentado a un nuevo sistema de creencias que le habla de una manera profunda y significativa, su primer impulso suele ser compartir su nueva sabiduría con todos los que pueda. Este es un impulso natural y comprensible, pero también puede ser peligroso.

Empatía Estoica

Una forma en que el estoicismo puede ayudarte a lidiar con las personas que te rodean es la empatía que puede ayudarte a desarrollar. Una vez que te comprometas seriamente a trabajar para abordar tus propias deficiencias y debilidades, podrás apreciar las luchas que otras personas están enfrentando. Profundizar en ti mismo revelará las causas profundas del mal comportamiento, y una vez que entiendas esto en ti mismo, podrás verlo en los demás.

De repente, podrás observar cómo alguien te insulta o te interrumpe sin ser insultado como solías ser. Esto es porque entiendes que este tipo de comportamiento generalmente no se trata de ti, es un reflejo de las luchas internas con las que la otra persona está lidiando.

Finalmente, cuanto más practiques el estoicismo, mejor estarás preparado para mantener la calma frente a las circunstancias negativas.

Practicando la Humildad Estóica

Quiero que consideres una vez más la idea de que debemos aceptar el destino. El estoicismo nos llama a aceptar el destino porque tanto en esta vida está más allá de nuestro control. Luego pasamos de la aceptación del destino a enfocarnos en tomar el control de nuestros pensamientos, emociones y acciones.

Pero, ¿y si pensamos más en el destino? Considera cuánto está más allá de tu control. El universo es un lugar gigante y solo tienes control sobre tu cuerpo y algunas de las cosas con las que entra en contacto.

Entendido adecuadamente, el estoicismo es increíblemente

humillante. Incluso un gran emperador como Marco Aurelio llegó a entender sus limitaciones a través del estoicismo. Otros emperadores se veían a sí mismos como deidades, pero Marco entendió que realmente no era diferente de ningún otro hombre.

El estoico entiende que nuestro control es extremadamente limitado, pero aún así tenemos la increíble fortuna de estar bendecidos con lo que tenemos. La vida puede estar llena de luchas, pero también es demasiado breve. Por eso debemos aprovechar al máximo cada momento que tenemos en este planeta.

Conclusión Práctica

Toda la vida es temporal. Este es un hecho doloroso de la vida. Aun así, es una de las cosas que hacen que la vida sea tan preciosa. El hecho de que aquellos más cercanos a nosotros no estarán con nosotros para siempre debería recordarnos valorar nuestro tiempo con ellos mientras estén aquí.

Saca un trozo de papel y un utensilio para escribir. Piensa en alguien que te importa. Date cuenta de que no estará contigo para siempre.

Ahora escribe un mensaje para ellos. Hazles saber cuánto significan para ti.

Puedes darles la carta, decirles el mensaje con tus propias palabras, o mantener el mensaje en privado. La elección es solo tuya.

Algunas prácticas estoicas pueden parecer morbosas a primera vista, pero si las entiendes en su contexto adecuado verás que son afirmativas de la vida. Tantas palabras se quedan sin decir porque la gente opera bajo la suposición de que siempre habrá otro día, otra oportunidad para encontrarse. La verdad es que la vida pasa volando, así que necesitas aprovechar cada oportunidad que se te da.

No vivas con arrepentimiento, haz que las personas sepan cómo te sientes por ellas antes de que sea demasiado tarde.

Capítulo 10: Estoicismo en la Práctica

Mientras esperamos la vida, la vida pasa.

—Séneca

Entender los fundamentos filosóficos puede ayudarte a reorientar tu forma de pensar, pero si quieres ver un cambio real en tu vida, entonces necesitas tomar acción práctica. La palabra acción aquí no tiene el mismo significado que en frases como "película de acción", en cambio se refiere a

Recuerda, el estoicismo no es solo una forma de pensar sobre la vida. El estoicismo es una forma de vivir la vida. Si pasas todo el día leyendo las grandes obras de la literatura estoica pero nunca pones en práctica nada de lo que has leído, entonces no estarás mejor que alguien que nunca ha escuchado la palabra antes.

En este capítulo, analizaremos algunos de los pasos más prácticos que puedes tomar para desarrollar tus habilidades estoicas. Aprenderás a tomarte un tiempo para reflexionar, vivir con la incomodidad y practicar el impulso hacia adelante. Estos pasos pueden asegurarte que logres resultados reales en tu camino estoico.

Separando la Entrada y la Acción

Cada programa de computadora se basa en una larga cadena de entradas y acciones. Un cálculo conduce a otro hasta que se logra un resultado. Cada vez que ejecutas un programa de computadora o abres una aplicación en tu teléfono, se realizan innumerables ecuaciones matemáticas para producir todo lo que ves en la pantalla frente a ti.

La mente humana a menudo se compara con una computadora, pero lo asombroso es que poseemos la capacidad de reprogramar nuestro propio software. Al pensar cuidadosamente en la forma en que funciona nuestra mente, observar nuestra mente en acción y entrenarnos activamente, podemos usar nuestras mentes para transformar nuestras mentes.

Pero lo que realmente separa al hombre de la máquina es el valor del pensamiento rápido. Si bien las reacciones rápidas son esenciales en la computación, si los humanos piensan demasiado rápido, pueden meterse en muchos problemas.

La sabiduría llega cuando eres capaz de reflexionar sobre las cosas antes de actuar.

"Entre el estímulo y la respuesta, hay un espacio. En ese espacio está nuestro poder para elegir nuestra respuesta."

-Viktor Frankl

En nuestro estado natural, la brecha entre la entrada y la acción es casi inexistente. Cualquiera que haya criado a un niño sabe cuán a menudo actúan sin ninguna reflexión previa. Solo a través de la educación, la experiencia personal y el paso del tiempo las personas desarrollan la capacidad de pensar realmente en nuestras elecciones.

Pero no todos desarrollan su pensamiento de la misma manera. La mayoría de las personas aprenden suficiente moderación para evitar ingerir productos de limpieza venenosos solo porque parecen dulces. Pero, ¿cuántas personas llenan sin pensar sus cuerpos con comida que saben que les está envenenando de maneras más sutiles?

El hecho es que todos podrían distribuir el tiempo entre la entrada y la acción en sus vidas. Es valioso pensar en tu mente como un músculo. Si quieres poder sostener un peso pesado durante un largo tiempo, entonces necesitas practicar levantando pesos cada vez más pesados hasta que tus músculos se vuelvan lo suficientemente fuertes para la tarea en cuestión. Lo mismo ocurre con tus músculos mentales. Al practicar la paciencia, la moderación y la previsión en cada oportunidad que tengas, puedes desarrollar esta capacidad.

Es importante recordar que, al igual que con el desarrollo de la fuerza física, puede tomar mucho tiempo desarrollar la fuerza mental. Es posible que tengas que trabajar durante años solo para darte unos segundos entre la acción y la reacción. Aun así, cualquier atleta de clase mundial te dirá que a veces un segundo es la diferencia entre perder la carrera y romper un récord mundial. Nunca subestimes el poder de las pequeñas ventajas que puedes obtener sobre tu competencia.

También debes recordar que simplemente leer este libro no hará nada para convertirte en una persona más paciente y reflexiva, así como leer un libro sobre levantamiento de pesas no te hará una persona físicamente más fuerte. Si quieres ver resultados reales, entonces necesitas poner en práctica los principios de este libro.

Si puedes traer a ti mismo para realmente practicar la paciencia y pensar más en cada acción, entonces puedes lograr cosas increíbles. El mundo está lleno de personas que actúan sin pensar, cada diminuto esfuerzo de control que puedas reunir te ayudará a destacarte de la multitud. Compruébalo por ti mismo.

Abrazando la incomodidad/Practicando la desgracia

Los seres humanos temen muchas cosas, pero uno de los impulsos más poderosos detrás de todo comportamiento humano es el miedo a la pérdida. Temos un temor mortal a perder lo que tenemos. A veces, este impulso produce resultados positivos, pero más a menudo de lo que se piensa, solo crea estrés y dolor sin prepararnos para la pérdida real.

Los estoicos entendieron esto. Vieron cuántas personas vivían vidas de miedo porque se habían acostumbrado a una cierta calidad de vida y no podían imaginar vivir si perdieran su riqueza y privilegio.

Séneca fue uno de estos filósofos. Vio el miedo que dominaba a quienes lo rodeaban y lo reconoció en sí mismo. Como estoico, sabía que necesitaba encontrar una manera de afrontar este problema. La solución que ideó fue impactante, pero innegablemente poderosa.

"Dedica un cierto número de días durante los cuales deberás contentarte con la comida más escasa y barata, con ropa áspera y burda, diciéndote a ti mismo mientras tanto, '¿Es esta la condición que temía?'"

Palabras radicales. Palabras que son más fáciles de decir que de hacer. Pero según el registro histórico, Séneca practicaba lo que predicaba. De vez en cuando dejaba atrás la seguridad y la protección de su vida normal y salía a las calles para vivir como la pobre y sufrida clase baja romana.

Algunos pueden sentirse ofendidos por esta idea, llamándola "turismo de la pobreza". Podrían, con razón, señalar que hay una gran diferencia entre dormir en la calle una noche sabiendo que tienes un hogar al que regresar por la mañana y vivir con el dolor y la incertidumbre continua de la falta de hogar crónica. Pero estos argumentos no comprenden el punto.

Séneca no estaba tratando de sugerir que las personas pobres no tienen nada de qué quejarse ni de mostrar el hecho de que él puede hacer cualquier cosa que pudiera hacer. Como estoico, no estaba interesado en demostrarse a sí mismo ante los demás, se centraba en cultivar su propia mente. Descubrió sus propios miedos respecto a la privación y decidió enfrentarlos de frente.

Seguir el estoicismo no significa que debas renunciar a todas tus comodidades mundanas y vivir una vida de pobreza y privación. El estoicismo trata de reconocer que, si por alguna razón te vieras sumido en una vida de pobreza y privación, podrías sobrevivir. Más allá de eso, se trata de cultivar tus virtudes personales para que incluso puedas prosperar en tales circunstancias extremas.

Cómo practicar la incomodidad

Tómate un minuto para pensar en las cosas en este mundo de las que no puedes vivir sin. Ahora reduce esa lista a cosas que moralmente podrías permitirte abandonar. No deberías abandonar a tu familia solo para intentar construir tu propio carácter.

Si eres como la mayoría de las personas, tendrás una lista de cosas que son agradables de tener pero, en última instancia, no son esenciales. Teléfonos inteligentes, televisores, bebidas caras, ropa de marca, y así sucesivamente. Profundiza tanto como puedas, puede que te sorprenda descubrir cuántos lujos disfrutas como alguien que vive en el mundo moderno.

Ahora mira esa lista e imagina la vida sin cada artículo. Presta atención a cómo reacciona tu cuerpo. ¿Hay algo que tenga tal poder sobre ti que tu corazón empiece a latir más rápido solo de pensar en un día sin eso? Cuanto más miedo tengas de vivir sin algo, más valioso sería intentar vivir sin ello.

Ya puedo decir que muchos de ustedes que están leyendo esto ya están poniendo excusas. Dirán que necesitan este dispositivo para su trabajo, o que si no se visten de la manera correcta pueden perderse alguna oportunidad, y así sucesivamente. Y sus objeciones pueden ser lógicas. Pero deben saber que la mente humana tiene un miedo mortal a la pérdida y hará todo lo posible para aferrarse a lo que tiene. Por eso necesitan preguntarse si realmente están actuando en su propio mejor interés o permitiendo que el miedo los controle.

Con la mayoría de las cosas en tu lista, podría ser útil recordar que hubo un tiempo en el que no tenías tus lujos actuales. Si eres más joven, quizás debas pensar en cuando eras niño para recordar los días antes de tener siempre un teléfono inteligente contigo, pero incluso si tienes que retroceder hasta la infancia, aún demuestra que hubo una vez en que podías vivir sin una conexión constante a internet. También vale la pena recordar que muchos de los mayores milagros de la historia fueron logrados por personas que carecían de nuestros lujos modernos, ¡o incluso de nuestras necesidades modernas!

¿Esto significa que tienes que renunciar a todo y vagar por el bosque? Para nada. Como hemos hablado al discutir la fuerza de voluntad, el desarrollo humano toma tiempo. Y mientras que algunas personas pueden permitirse renunciar a todo y llevar una vida cómoda, la mayoría de nosotros no tenemos el privilegio ni la constitución para un cambio tan radical.

Lo que todos podemos hacer es hacer pequeños pero significativos cambios que nos recuerden lo que realmente necesitamos en esta vida.

Quizás tu trabajo significa que necesitas estar disponible en todo momento. Está bien, pero ¿eso significa que necesitas todos los juegos modernos y gadgetes incorporados en tu último smartphone? ¿Podrías mantenerte en contacto con el trabajo usando un teléfono de tapa o incluso un buscapersonas?

También podemos mirar a Séneca como un ejemplo de cómo podríamos practicar la incomodidad. Vivió la vida normalmente durante la mayor parte del año, solo sacrificando un día al mes como un recordatorio de lo que era posible. Quizás no te sientas cómodo viviendo la vida en el escalón más bajo de la sociedad ni siquiera por un día, pero aún podrías dedicar un día al mes a vivir con lo mínimo posible.

Cuando la mayoría de las personas piensa en renunciar a los lujos, se enfocan en cómo su vida se verá restringida. Imágenes de lo que no podrán hacer pasan ante sus ojos. Cuando tus días están llenos de entretenimiento moderno, es fácil pensar que no tendrás nada que hacer si lo dejas.

Pero suele suceder algo curioso cuando las personas renuncian a los lujos modernos, se dan cuenta de que no son todo lo que se dice que son.

Claro, el teléfono inteligente ha abierto un mundo de oportunidades increíbles. Pero también ha traído muchas consecuencias negativas inesperadas. Recuerda que el pensamiento estoico no se trata de etiquetar cosas como los teléfonos inteligentes como buenos o malos, se trata de verlas como son. Y lo que son es complicado y, en última instancia, innecesario.

Si mañana desaparecieran todos los teléfonos inteligentes del mundo, la vida continuaría. Lo mismo ocurre con cualquier otro artículo de lujo que puedas imaginar. Recuerda que incluso los grandes emperadores de Roma vivieron sin electricidad, gasolina, internet o medicina moderna. Si la gente de entonces pudo vivir sin cosas que nosotros sensatamente etiquetamos como esenciales, entonces ¿qué tan difícil sería realmente la vida si aprendemos a prescindir de cosas que todos consideramos lujos?

Enfrentando Tu Miedo

Algunos pueden ver todo este concepto como una forma de masoquismo o locura. Después de todo, ¿quién en su sano juicio se somete conscientemente al dolor y la incomodidad?

Y sin embargo, todos vamos al doctor para recibir nuestras vacunas contra la gripe, aunque no hay nada agradable en que una aguja se introduzca en nuestra piel.

Nadie se pone una vacuna porque le guste ponérsela, se la ponen porque saben que les preparará para lo que está por venir. Lo mismo ocurre con el estoico. No buscan la incomodidad porque amen la incomodidad, la buscan porque saben que es un hecho de la vida. La incomodidad vendrá, la pregunta es si estarás preparado o no.

Movimiento Constante Hacia Adelante

El estoico busca un desarrollo constante. Aunque aceptan las cosas tal como son, saben que siempre pueden trabajar hacia algo mayor.

Esto es algo que casi cualquier aficionado moderno del estoicismo te dirá. Sin embargo, también puede ser engañoso. Debes recordar que los objetivos de un estoico no son los objetivos de la persona promedio.

La mayoría de las personas piensan que para mejorar su vida deben acumular continuamente una mayor riqueza material. Muchas personas piensan que a menos que estén constantemente sumando números, se están quedando atrás en la vida. El estoico rechaza todo esto.

El estoicismo trata de comprender que la vida tendrá altibajos. De hecho, es más que eso. Todo verdadero estoico recuerda que la vida terminará en la muerte. Con esto en mente, reconocen la futilidad última de la rueda de hámster interminable en la que parece correr gran parte de la sociedad.

Así que, cuando el estoico habla de desarrollo y mejora constantes, se refiere a trabajar en sí mismos. Siempre están esforzándose por entrenar sus pensamientos, agudizar su mente y fortalecer su alma. Esto se debe a que el estoico entiende que lo único que realmente poseemos en este mundo somos nosotros mismos.

La Importancia de la Rutina

Regresemos a uno de los conceptos principales del estoicismo, la idea de vivir en sintonía con la naturaleza. Recuerda que esto no se trata de convertirse en un naturalista o ludita, se trata de trabajar con la naturaleza en lugar de en su contra. Y la fuerza natural más importante con la que todos debemos vivir es la naturaleza humana.

Cada ser humano debe aprender a vivir con sus inclinaciones

naturales. Casi nadie vive una vida libre de la tentación de hacer cosas que están mal. Es tan tentador tomar decisiones equivocadas, y las decisiones equivocadas pueden convertirse rápidamente en malos hábitos.

Por eso vale la pena invertir el tiempo y la energía necesarios para desarrollar rutinas positivas. Es una ley del universo que el orden tiende a degradarse en desorden con el tiempo. Solo al insertar energía en el sistema puedes preservar el orden, y ni hablar de construir algo más grande y grandioso. Si no estás dispuesto a invertir en la mejora constante, entonces tendrás que conformarte con un lento descenso hacia el olvido.

Por eso deberías establecer una vida llena de rutinas que te impulsen continuamente hacia una vida mejor. La idea es que puedes utilizar el poder del hábito para asegurarte de que te mantienes en el camino correcto incluso cuando tu fuerza de voluntad te falle.

Los estudios han demostrado que se necesitan alrededor de dos meses, en promedio, para crear un nuevo hábito (Clear, 2018). Por eso, deberías empezar a integrar actividades inspiradas en el estoicismo en tu rutina tan pronto como sea posible. Cuanto antes comiences a practicar, antes vendrán a ti de forma natural.

Conclusión Práctica

No tienes que renunciar a todo lo que posees para tener un pequeño vistazo de cómo sería vivir sin ello. Todo lo que necesitas es algo de creatividad.

Saca tu papel y utensilio de escritura. Escribe todas las cosas que sientes que no podrías vivir sin ellas. Lee la lista hasta que la tengas en tu memoria.

Ahora cierra los ojos e imagina la vida sin nada de la lista.

Piensa en las consecuencias y en cómo las manejarías. Intenta proyectarte lo más lejos posible en el futuro.

Entonces, ¿cómo fue? ¿Te imaginaste colapsando y renunciando a la vida? ¿Te imaginaste muriendo? ¿O era posible que la vida pudiera continuar incluso sin todo aquello de lo que dependes y que valoras?

El hecho es que estás hecho de una materia más fuerte de lo que podrías pensar. No necesitas todas las cosas que sientes que necesitas. Si estás dispuesto a intentar prescindir de estas cosas, entonces lo verás de primera mano. Sin embargo, también puedes aprender esta lección a través de la visualización. La elección es tuya.

Conclusión: Una filosofía para la vida

Ahí lo tienes. Ahora posees todas las herramientas básicas necesarias para comenzar a transformar tu vida. Sin embargo, debes tener en cuenta lo que esta transformación implica.

La vida de un estoico no es una vida fácil. No es una vida perfecta, libre de dolor y contratiempos. No es la vida para aquellos que sueñan con el éxito de la noche a la mañana.

Lo que el estoicismo ofrece es una vida de mejora constante y gradual. Es una subida lenta y constante hacia la cima de la montaña que existe dentro del corazón humano.

Lo que descubrirás a medida que practiques el estoicismo es que gran parte del dolor y el sufrimiento experimentados en la vida no son obligatorios, sino que son en realidad autoinfligidos. No puedes controlar las malas cartas que el destino te pueda repartir, pero con práctica cuidadosa puedes tomar el control de la forma en que tu mente reacciona a estas situaciones.

Una vez que aprendas a dejar de reflexionar sobre los aspectos negativos de las situaciones y comiences a buscar oportunidades para crecer como persona, puedes aumentar enormemente tu calidad de vida, disminuir tu nivel de estrés y alcanzar una calma que quizás nunca pensaste que fuera posible.

Por supuesto, estos grandes cambios no sucederán de la noche a la mañana. Hay una gran diferencia entre aceptar la proposición de que el sufrimiento puede ser trascendido y realmente poner esa idea en práctica. El estoicismo no es un tónico milagroso que te transformará de la noche a la mañana, es un estilo de vida que debe ser practicado y perfeccionado a lo largo de tu vida.

Esto puede parecer una propuesta abrumadora, pero debes recordar que este es el camino de toda verdadera superación personal. No existen soluciones mágicas que eliminarán instantáneamente los obstáculos en tu camino. Las únicas personas que consistentemente se enriquecen con esquemas de "enriquecerse rápido" son aquellas que se los venden a personas que no tienen paciencia. Los caminos probados y verdaderos hacia el éxito involucran trabajo duro, compromiso y perseverancia.

Sin embargo, esto no significa que tendrás que esperar meses o años para comenzar a ver resultados. Si has leído cuidadosamente el libro y has interiorizado el conocimiento que contiene, entonces ya deberías ver el mundo con nuevos ojos. Cuando cambias tu perspectiva de una de pesimismo y frustración a una de fe en oportunidades infinitas, entonces puedes ver maravillosos cambios ocurrir en tu vida.

El mundo está lleno de personas que sienten que la vida las ha derrotado. Miran a su alrededor y deciden que no tienen esperanza porque el mundo está en su contra. Muchas de estas personas están lidiando con verdaderos prejuicios que deben esforzarse por superar, pero muchas otras en realidad están combatiendo su propia actitud poco saludable. Y en ambos casos, la negatividad les está impidiendo alcanzar su máximo potencial.

Un tú más calmado, fresco y controlado es posible. Después de leer este libro, tienes todas las herramientas que necesitas para tomar control de tu vida. La única pregunta es si harás lo que se necesita para alcanzar tus metas.

Construyendo Hábitos Ganadores:

112 Pasos para Mejorar Tu Salud, Riqueza y Relaciones.
Crea Auto-Disciplina y Autoconfianza

Copyright 2024 de Robert Clear - Todos los derechos reservados.

El contenido contenido en este libro no puede ser reproducido, duplicado o transmitido sin el permiso escrito directo del autor o del editor.

Bajo ninguna circunstancia se imputará ningún tipo de culpa o responsabilidad legal al editor o autor por daños, reparaciones o pérdidas monetarias debido a la información contenida en este libro. Ya sea de manera directa o indirecta.

Aviso Legal:

Este libro está protegido por derechos de autor. Este libro es solo para uso personal. No puedes enmendar, distribuir, vender, usar, citar o parafrasear ninguna parte, ni el contenido de este libro, sin el consentimiento del autor o del editor.

Aviso de Exención de Responsabilidad:

Tenga en cuenta que la información contenida en este documento es solo para fines educativos y de entretenimiento. Se ha realizado todo el esfuerzo posible para presentar información precisa, actualizada y confiable y completa. No se declaran ni implican garantías de ningún tipo. Los lectores reconocen que el autor no está ofreciendo asesoría legal, financiera, médica o profesional. El contenido de este libro ha sido derivado de diversas fuentes. Por favor, consulte a un profesional licenciado antes de intentar cualquier técnica descrita en este libro.

Al leer este documento, el lector acepta que bajo ninguna circunstancia el autor es responsable de ninguna pérdida, directa o indirecta, que se incurra como resultado del uso de la información contenida en este documento, incluyendo, pero no limitado a, — errores, omisiones o inexactitudes.

Introducción

El éxito, la riqueza, el dominio de la vida y un estilo de vida envidiable son solo una agregación de nuestros hábitos. No somos más que la suma total de los hábitos, acciones y patrones de comportamiento que nos definen. Todo, desde nuestras relaciones interpersonales hasta nuestro éxito profesional, es un producto de los hábitos que desarrollamos conscientemente o inconscientemente. Si deseas tener un mayor control sobre tus relaciones, trabajo y vida en general, asume el control de tus hábitos hoy.

Elija a cualquier persona exitosa de su elección y determine esa única habilidad más grande que la distingue de los demás en su campo. ¿Qué es lo que los hace tan exitosos en su vida personal y profesional? Todo comienza con su capacidad para demostrar autocontrol y disciplina. Saben cómo desarrollar disciplina a través de sus pensamientos, sentimientos, comportamientos y hábitos. Estas personas saben cómo mantener el control sobre sí mismas. Theodore Roosevelt había dicho famosamente: "Los buenos hábitos formados en la juventud marcan toda la diferencia." Dio en el clavo. No somos más que una suma de nuestros hábitos, que eventualmente determinan nuestro éxito en la vida.

La disciplina es el puente hacia los logros de tus metas. Las personas exitosas saben exactamente cómo utilizar la autodisciplina para alcanzar sus objetivos. Aprovechan el poder de la disciplina para convertir sus sueños en realidad. La base de buenos hábitos establece invariablemente el tono para una vida plena y gratificante.

¿Sabías que el 40 por ciento de nuestro comportamiento está impulsado por hábitos? Si quieres ser más autodisciplinado, el primer paso es desarrollar hábitos positivos. Has leído sobre los hábitos de las personas exitosas innumerables veces. Son aquellos que se levantan a las 4 am, corren unos kilómetros, meditan y luego desayunan un batido fresco antes de comenzar con las tareas del día. Están trabajando fervientemente para establecer su emprendimiento, que planean lanzar pronto. Estas personas no perderán tiempo y se centrarán únicamente en lograr su objetivo de lanzar su emprendimiento.

Sabes todo esto, sin embargo te sientas cómodamente en el sofá, navegas por la red sin sentido durante horas, juegas juegos virtuales y terminas tarros de helado de la caja. ¿Realmente quieres llevar esta vida día tras día? ¿O quieres vivir una vida en la que se cumplirán todas tus metas y sueños?

La clave mágica para lograr el éxito en tu vida profesional y personal es comenzar a volverte más autodisciplinado. Las actividades anteriores pueden proporcionarte placer a corto plazo o gratificación temporal. Sin embargo, si puedes retrasar esta gratificación a corto plazo al centrar tu mirada en la imagen más amplia o en los objetivos a largo plazo, podrás tener una vida más gratificante a largo plazo. Perder el tiempo en búsquedas sin sentido puede parecer emocionante y placentero a corto plazo. Sin embargo, a largo plazo, tendrás dificultades para lidiar con objetivos no cumplidos y una vida llena de decepciones. ¿Es esta la vida que has visualizado para ti mismo?

Comienza gradualmente pero con seguridad. Hacer varios cambios a la vez puede ser abrumador. Sin embargo, dar pequeños pasos y cambiar lentamente un aspecto a la vez puede prepararte para crear la vida de tus sueños. Si quieres lograr algo que aún no has alcanzado, tienes que hacer algo que aún no has hecho. La autodisciplina puede ser una gran parte de eso. Si no tienes metas y la disciplina para cumplirlas, estás disparando a ciegas.

Prepárate para aprender cómo desarrollar un plan paso a paso para volverte más productivo, disciplinado y orientado a objetivos en tres semanas.

Capítulo Uno: ¿Qué es la Autodisciplina?

"La felicidad depende de la autodisciplina. Somos los mayores obstáculos para nuestra propia felicidad. Es mucho más fácil luchar contra la sociedad y contra los demás que luchar contra nuestra propia naturaleza." – Dennis Prager

La autodisciplina significa autocontrol, la capacidad de prevenir excesos poco saludables, resistencia, contenerse antes de actuar, completar lo que comenzaste, la habilidad de implementar decisiones y cumplir objetivos a pesar de los desafíos y las dificultades. Una de las características principales de la autodisciplina es renunciar a la gratificación, alegría o placer inmediato por un mayor beneficio o resultados satisfactorios. La autodisciplina a menudo se asocia con algo desagradable y difícil de alcanzar. Se conoce como algo que requiere un esfuerzo creciente, dolor y sacrificio.

Sin embargo, también puede ser placentero y tiene una multitud de beneficios. La autodisciplina no es una acción o un estilo de vida restrictivo, doloroso o punitivo. No se trata de vivir la vida de un ermitaño, de ser rígido o de tener una mentalidad cerrada. Si acaso, la autodisciplina es una articulación de la fuerza interior y una demostración de esa fuerza interior.

Combinada con la fuerza de voluntad y la determinación, la

autodisciplina puede ayudar a una persona a combatir la pereza, la inacción, la indecisión y la procrastinación. Estas habilidades nos ayudan a tomar la acción correcta a pesar de que la acción sea desagradable y requiera un esfuerzo adicional. Eres capaz de ejercer una mayor moderación, desarrollar más paciencia y volverte más tolerante.

La autodisciplina ayuda a una persona a sostener la presión externa. Un individuo que es autodisciplinado tiene más probabilidades de tener un mayor control sobre sus metas y su vida, centrarse en sus objetivos y tomar medidas definidas para lograrlos.

El valor de la autodisciplina se expresa brillantemente a través de la fábula de la liebre y la tortuga que compitieron en una carrera. La liebre estaba segura de que ganaría debido a ser la criatura más rápida. Se volvió complaciente y se permitió el lujo de una siesta mientras la carrera estaba en curso. La tortuga avanzó lenta pero constantemente, y con pura fuerza de voluntad, determinación y autodisciplina, logró ganar la carrera.

Capítulo Dos: Maneras Poderosas de Comenzar a Apilar Hábitos

"La capacidad de disciplinarte para retrasar la gratificación a corto plazo con el fin de disfrutar de mayores recompensas a largo plazo es el requisito indispensable para el éxito." – Maxwell Maltz

Hábito 1 - Identifica las cosas que son un obstáculo para tu éxito

El primer paso hacia el desarrollo de una mayor autodisciplina es identificar hábitos, acciones, adicciones, comportamientos y rutinas que obstaculicen tus metas personales o profesionales. Por ejemplo, como atleta, estás compitiendo por clasificarte para un gran evento deportivo. Esto implica horas de práctica, una actividad física rigurosa y una fuerte actitud mental.

¿Cuáles son los hábitos o acciones que pueden ser un obstáculo para este objetivo? No levantarse temprano por la mañana para practicar, no comer alimentos que te proporcionen más fuerza y nutrición, y desperdiciar el tiempo de práctica jugando a juegos en línea. Estos son elementos que pueden impedirte alcanzar tu objetivo.

Haz una lista de las cosas que deseas eliminar o incorporar en tu vida. Esto sucederá solo cuando puedas identificar tus metas y las cualidades o hábitos necesarios para cumplirlas.

Por ejemplo, si tu objetivo es perder peso, habrá una lista de cosas que necesitarás hacer y evitar, como evitar alimentos chatarra, reducir los postres, comer en porciones pequeñas, comer a intervalos regulares, reducir la ingesta de calorías y consumir alimentos de alta nutrición para mantenerte activo durante el día.

Hábito 2 - Comienza pequeño

No puedes despertarte una hermosa mañana y transformarte en una persona autodisciplinada. No es una ceremonia en un evento o una lujosa resolución de año nuevo que esté garantizada para cambiarte de la noche a la mañana.

Una persona necesita comenzar a hacer cambios lentos pero definitivos en su vida para ganar una mayor autodisciplina. Por supuesto, puedes hacer una resolución de Año Nuevo, pero no puedes cambiar todo de una vez. No puedes decir, este año voy a cambiar mi vida por completo. No funciona así. Hacer varios cambios grandes en tu vida de repente puede ser estresante y agotador. Es poco práctico seguir todo de una vez. Eventualmente te cansarás y te rendirás.

Ve despacio pero con firmeza en lo que respecta a volverte más autodisciplinado. Comienza cambiando un aspecto de tu vida. Si crees que hay demasiados cambios que necesitas hacer, aborda un aspecto a la vez. Por ejemplo, comienza a cambiar tus hábitos alimenticios. Cuando tengas un control firme sobre comer comidas saludables a tiempo, concéntrate en las actividades físicas. A continuación, concéntrate en dormir y despertarte a una hora fija.

De esta manera, no te estás abrumando con el cambio de múltiples hábitos al mismo tiempo. En cambio, te estás enfocando en mejorar un solo aspecto de tu vida a la vez, asegurando así mejores resultados en general. Comienza con poco, pero sigue adelante hasta que hayas alcanzado el objetivo.

Hábito 3 - Haz una lista

Una parte importante de la autodisciplina es identificar lo que debe hacerse durante el día y luego asegurarse de que se tache de la lista. Es fácil desviarse de lo que necesitas hacer si no tienes claridad al respecto. Es fácil olvidar cosas o perder tiempo en actividades sin valor en ausencia de una dirección clara.

Solo imagina que estás conduciendo un coche sin un mapa. Sabes a dónde ir, pero no tienes direcciones que te lleven allí. En ausencia de un mapa de ruta claro o GPS, sigues yendo de un lado a otro sin saber cómo alcanzar tus objetivos.

Una lista de tareas es bastante similar a un mapa de ruta que te ayudará a determinar no solo a dónde te diriges exactamente, sino también cómo llegar allí. Te brinda una dirección clara y un plan de acción que necesitas seguir para desarrollar una mayor autodisciplina.

Adquiere el hábito de establecer una lista de prioridades de cosas importantes que hacer a lo largo del día al final del día anterior o al comienzo del día. Puede ser cualquier cosa, desde escuchar un podcast inspirador o informativo en tu camino al trabajo hasta trabajar en un esquema para un proyecto que tiene que ser aprobado por el cliente.

Hacer una lista te ayudará a priorizar tus tareas y a eliminar tareas que desperdician energía y tiempo. Te permitirá decir que no a tareas que no encajan en tu esquema de cosas. Podrás identificar los que pierden tiempo y los que consumen energía.

La mejor manera de hacer las cosas temprano es obtener la ventaja temprana. Comienza tu día temprano y intenta completar el 60 por ciento de tus tareas antes del mediodía. Esto solo sucederá cuando planifiques tu nuevo día al final del día anterior. Cuando todo está listo el día anterior, simplemente comienzas a trabajar en el nuevo día con una mente fresca y entusiasmo.

Hábito 4 – Usa la tecnología para priorizar tus tareas y facilitarte la vida

Deja de lado los juegos virtuales poco productivos y descarga aplicaciones como coach.me o ZenZone. Estas son aplicaciones de entrenamiento cerebral y seguimiento de hábitos que te permiten formar nuevos hábitos y hacer un seguimiento de ellos.

También me gusta poner un temporizador para todas las tareas derrochadoras y poco productivas, como jugar, ver películas en NetFlix o pasar tiempo en las redes sociales. Instala una aplicación que registre el tiempo que pasas en Facebook o Twitter sin hacer nada productivo. Luego trabaja conscientemente para reducir este tiempo gradualmente.

Si quieres ponerte en forma, perder peso o llevar un estilo de vida más saludable en general, utiliza una aplicación de seguimiento de fitness o de sueño para ayudarte a rastrear la cantidad de actividad física que le das a tu cuerpo o si obtienes tu parte de sueño ininterrumpido durante 8 horas.

Hábito 5 – Visualiza las recompensas a largo plazo

Si tu motivo es claro, el cómo nunca será un problema. Si sabes que quieres tener éxito profesionalmente para dar a tus hijos y familia una gran vida, invariablemente encontrarás el cómo. La probabilidad de ceder a la tentación se reduce cuando mantienes tus ojos firmemente fijos en las recompensas a largo plazo.

En lugar de pensar en la gratificación instantánea, sigue visualizando metas a largo plazo. ¿Qué quieres lograr en el próximo año, en cinco años o en diez años? ¿Quieres llevar a tus hijos de vacaciones al extranjero? ¿Quieres comprar la casa de tus sueños? ¿Quieres tener un coche más grande? ¿Quieres expandir tu negocio? Visualizar metas a largo plazo mantiene tu mente y tu cuerpo disciplinados y alineados con el objetivo.

Incorpora firmemente tus metas en la mente subconsciente. Una vez que una meta se siembra en el flujo del subconsciente, nuestra mente subconsciente dirige invariablemente nuestras acciones para cumplir esa meta.

Visualízate cumpliendo tus objetivos y nota cómo te sientes cuando los logras. Entiende que los objetivos a largo plazo, las recompensas y la felicidad requieren que renuncies a la gratificación a corto plazo. Vive mentalmente la sensación de cosechar las ricas recompensas de la autodisciplina diaria.

Uno de mis consejos favoritos para mantener tus ojos fijos en una meta a largo plazo es crear un tablero de visión. Un tablero de visión o sueño es un gran panel que comprende un collage de imágenes, fotografías, citas o casi cualquier cosa que represente tu vida soñada o todo lo que deseas lograr en tu vida.

Dado que las imágenes son varias veces más poderosas que las palabras a la hora de enviar un mensaje claro a tu subconsciente, seguirán reforzando el objetivo en tu subconsciente. Esto significa que tus pensamientos, palabras y acciones tenderán a estar en mayor alineación con tus metas que están firmemente arraigadas en tu mente subconsciente.

Por ejemplo, si tu objetivo es ser un influencer en redes sociales con un millón de seguidores/fans, tu mente subconsciente te guiará a hacer cosas que te consigan más fans, como publicar contenido interesante en tu página, interactuar con los fans actuales, buscar colaboraciones gratificantes con otras páginas e influencers de redes sociales, y leer libros/páginas que te acerquen un paso más a tu objetivo. Tendrás la tendencia a evitar tareas que te alejen de tu objetivo porque estás siendo expuesto a él constantemente.

También puedes tener una declaración de visión o misión para ti mismo, así como la tienen las empresas. Te dará una dirección clara hacia donde quieres ir y te hará trabajar hacia tus metas con aún más disciplina y entusiasmo.

Hábito 6 - Crea un panel de visión

Usa un cartón grande o un panel de corcho en el que puedas montar un collage de imágenes de diferentes usos. Usa recortes de revistas, impresiones de imágenes de la red y otras fuentes. Encuentra imágenes con las que puedas conectarte instantáneamente. Estas no deberían ser solo imágenes aleatorias, sino imágenes que representen tus deseos más profundos.

Puede que desees seguir cambiando estos visuales, así que usa una superficie donde sea fácil quitar y añadir nuevas imágenes. Todos hicimos álbumes de recortes cuando éramos niños, donde las imágenes se podían pegar en forma de collage. Piensa en esto como un álbum de recortes de gran tamaño.

¿Quieres que el tablero de visión refleje un solo tema o múltiples temas? Por ejemplo, ¿quieres que un solo tablero de visión refleje un objetivo de una casa de ensueño o un destino de vacaciones soñado (agregas múltiples imágenes de cómo quieres que se vea tu casa de ensueño o tus vacaciones soñadas en tableros de visión separados) o quieres que una casa de ensueño, un coche y un trabajo se reflejen en un solo tablero de visión? Los álbumes de recortes pueden ser buenos si es lo segundo, porque tiene múltiples temas.

Ten claro sobre exactamente lo que quieres y no llenes tu tablero con demasiadas imágenes a la vez. Manténlo significativo, relevante y selectivo. Concéntrate en no más de 3-4 metas a la vez. Mirar las imágenes de tus metas debería ayudarte a experimentar cómo se siente lograr esas metas. Debes sentirte emocionado, feliz, motivado y en paz al mirar estas imágenes. Piensa en ellas como pistas que hablan de los deseos más profundos de tu corazón.

A algunas personas les gusta agregar sus imágenes para darle un toque más personal. Por ejemplo, ¿qué tal imágenes de ti en una casa que acabas de ver, o un coche que has probado recientemente, o quizás tú al lado de una elegante pieza de mobiliario que ha estado en tu lista de deseos durante mucho tiempo? Puede ser una imagen antigua de ti mismo cuando pesabas unos kilos menos si deseas perder esos kilos extras y volver a estar en forma.

Uno de los aspectos más importantes de un tablero de visión es que debe colocarse en una posición muy prominente, donde puedas verlo varias veces a lo largo del día. La idea es seguir integrando estas imágenes en tu mente subconsciente durante todo el día. ¿Qué te parece una pared directamente frente a tu cama, donde puedas verla al despertar cada mañana? Cuanto más te expongas a estas imágenes, más estás impulsando o condicionando tu mente para lograrlas.

Dedica unos minutos cada día a reflexionar sobre estos objetivos. Cierra los ojos (una buena práctica es hacer esto al comienzo o al final de cada día) y pasa tiempo pensando en cómo sería lograr estos objetivos. Experimenta cómo se siente cuando obtienes lo que deseas. ¿Cómo te sientes? ¿Cuáles son las emociones que experimentas? ¿Cómo cambia tu vida? Imagina cómo estarás haciendo las cosas de manera diferente o qué dirás o cuáles serán tus acciones cuando logres tu objetivo. ¡Internaliza la sensación de haber alcanzado lo que realmente deseas en la vida! Esto hará que establecer tus objetivos sea más interesante y poderoso.

Hábito 7 – Meditar

Una de las mejores maneras de controlar tu mente y cuerpo mientras desarrollas una mayor autodisciplina es practicar la meditación a diario. No tienes que hacer un ritual completo, con varitas de incienso, velas y campanas sonando de fondo. Medita cuando y donde te sientas cómodo.

La idea es ser más consciente y deliberado en tus pensamientos y acciones. Es poder dirigir tu mente y pensamientos de manera disciplinada. La idea es barrer las telarañas de pensamientos negativos que dominan nuestra mente periódicamente.

La investigación ha demostrado que nuestro éxito está directamente impactado por nuestra determinación interna y motivación. Una práctica de meditación regular y consistente puede maximizar drásticamente tu fuerza de voluntad, resolución y autocontrol.

Todos anhelamos la gratificación inmediata en algún momento sin preocuparnos por las ramificaciones o consecuencias de ello. Es como anhelar una "solución". En la euforia de la gratificación inmediata, los objetivos a largo plazo se vuelven vagos. Hay poca culpa o arrepentimiento cuando piensas en las recompensas instantáneas. Por ejemplo, un grupo de amigos sugiere que te unas a ellos para un viaje de fin de semana largo cuando tienes una reunión importante el lunes. La tentación de ir a unas vacaciones relajantes en lugar de una aburrida reunión en el trabajo puede ser alta.

Quiero decir que preferirías estar sentado en una cabaña en la montaña festejando con tus amigos que sentado frente a un jefe aburrido y compañeros de trabajo. Sin embargo, ¿saltarte el trabajo está contribuyendo a tu objetivo de una promoción o de obtener un salario más alto o de mudarte a una mejor organización? Una vez que hayas alcanzado tu fijación, puedes sumergirte en la típica culpa y arrepentimiento de haber perdido un día importante en el trabajo. ¿Te hace sentir bien sobre las vacaciones que acabas de disfrutar?

La meditación te previene de tomar decisiones tan impulsivas, en el calor del momento y destructivas. ¿Qué tal consumir una bolsa de papas fritas cuando estás a dieta? ¿O fumar cuando has decidido eliminar el consumo de nicotina para siempre? Es menos probable que tomes estas decisiones "del momento" y pienses en las repercusiones a largo plazo de cada decisión.

Científicos de la Universidad de Duke estudiaron los cerebros de 37 personas que estaban a dieta mientras se les mostraban imágenes de varios alimentos tentadores. La investigación reveló que la sección del córtex prefrontal dorsolateral del cerebro se activa poderosamente en personas que poseen un alto nivel de determinación o fuerza de voluntad. Esta misma área del cerebro también se estimula durante la meditación.

La meditación libera las hormonas de la felicidad del cerebro, lo cual es excelente para combatir los antojos momentáneos. Hay químicos específicos como las endorfinas y la dopamina en nuestro cerebro que se liberan cuando obtenemos nuestras "soluciones instantáneas". Estos son los químicos que combaten el estrés y tienen como objetivo luchar contra el estrés.

Cuando meditas, activas estos químicos y combates el estrés sin buscar gratificación instantánea o placer. La meditación libera estos químicos de una manera más saludable y natural, limitando así tus impulsos o antojos. Esto invariablemente termina por aumentar aún más tu fuerza de voluntad y determinación.

Aquí hay algunos pasos simples pero efectivos para practicar la meditación.

Elige un entorno tranquilo, cómodo y relajante que esté libre de distracciones mientras meditas. Un ambiente sereno te ayudará a concentrarte mejor y evitar distracciones externas. Puedes meditar durante 5 minutos hasta una hora, dependiendo del tiempo disponible. Incluso si encuentras un rincón silencioso en la oficina durante 5-10 minutos, hazlo. Incluso un armario o un banco en el parque pueden ser perfectos. Pon tu teléfono en silencio, aleja todos los dispositivos y aísla de otros ruidos.

Siéntate en una posición cómoda en una silla o en el suelo. Usa almohadas si necesitas apoyo. La idea es mantener una postura relajada y cómoda. Trata de mantener un tiempo fijo mientras meditas cada día. Esto lo convertirá en parte de tu rutina.

Despeja tu mente de todos los pensamientos. Trata de no pensar en nada más y prepara tu mente solo para concentrarte en la respiración.

Cierra los ojos. Comienza por centrarte en tu respiración. Respira lenta y profundamente contando despacio. Deja que el aire pase por tu nariz, pulmones y estómago. Presta mucha atención a cada parte del cuerpo a medida que se llena de aire fresco. De igual manera, presta mucha atención al aire que sale de tu cuerpo al exhalar. Concéntrate en el acto de inhalar y exhalar mientras eliminas todos los demás pensamientos.

Si encuentras que tu mente o pensamientos divagan, dirígelos suavemente de vuelta a la respiración. No será fácil entrenar tu mente/pensamientos para que sean más controlados o disciplinados. Sin embargo, con práctica, sabrás cómo dirigir tus pensamientos de vuelta a la respiración. Si te encuentras con que tu mente está dominada por un pensamiento apremiante, préstale atención brevemente y déjalo pasar. Dirige la atención de la mente de vuelta a la respiración suavemente. Puedes poner un temporizador para saber cuándo termina la sesión de meditación.

También puedes usar imágenes mentales para guiarte. Piensa en visuales como una flor en tu vientre. Visualiza cómo los pétalos se despliegan y se pliegan cada vez que inhalas y exhalas. Esto entrenará tu mente para enfocarse claramente en la respiración y las imágenes mentales.

Algunas personas les gusta repetir un poderoso mantra o afirmación mientras meditan. Puede ser un sonido, frase, oración o palabra que resuene con tus metas o con lo que realmente buscas en la vida o algo que tenga una profunda relevancia en tu vida. Repite silenciosamente la afirmación o el mantra varias veces hasta que tu mente subconsciente lo internalice.

Nuevamente, no te preocupes por la mente errante. Permite que tu mente divague y luego vuelve a centrarte en el mantra o afirmación.

A algunas personas les gusta enfocarse en un objeto tangible mientras meditan. Puede ser cualquier cosa, desde una estatua de Buda hasta una flor o la llama parpadeante de una vela. Mantén el objeto en el que estás meditando a la altura de los ojos para que no tengas que esforzarte demasiado para verlo. Mira el objeto hasta que consuma completamente tu visión.

La visualización es también una técnica de meditación bien conocida. Se trata de crear un espacio sereno en la mente. Puedes imaginar un lugar que te dé una inmensa alegría o felicidad. Puede ser real o imaginado. Piensa en un prado verde exuberante o una playa idílica y deja que se convierta en tu santuario mental. Experimenta la brisa fresca soplando contra tu cabello y tu cara. Piensa en los diferentes elementos que hacen que el lugar sea hermoso. ¿Cómo se ve el lugar? ¿Cómo se siente? ¿Cuáles son las vistas y los sonidos que experimentas a tu alrededor?

Habit 8 – Haz un escaneo corporal de meditación

Concéntrate en cada parte del cuerpo individualmente. Relaja conscientemente cada músculo y libera la tensión o rigidez dentro de la parte. Comienza con los dedos de los pies y trabaja hacia arriba desde los pies, pantorrillas, piernas, rodillas, muslos, caderas, abdomen, pulmones, espalda, hombros, manos, palmas, dedos, cuello, oídos y cabeza. Tómate el tiempo que desees con cada parte del cuerpo. Experimenta y disfruta de la sensación de concentrarte en cada parte del cuerpo.

Capítulo Tres: Estrategias Probadas y Comprobadas para Construir y Mantener Hábitos Poderosos

Si quieres cultivar un hábito, hazlo sin ninguna reserva, hasta que esté firmemente establecido. Hasta que esté tan confirmado, hasta que se convierta en parte de tu carácter, no debe haber ninguna excepción, ningún relajamiento del esfuerzo. – Mahavira

¿Sabes cómo Benjamin Franklin logró superar sus hábitos negativos y sustituirlos por hábitos más positivos? Hizo una lista de 13 virtudes que eran fundamentales para su vida personal y profesional. El líder de fama mundial se enfocó en una sola virtud durante una semana a través de una fase de 13 semanas. Al final de cada semana, conquistaba el hábito negativo y luego pasaba a superar el siguiente hábito.

Los buenos hábitos son la base de la autodisciplina. Cuando desarrollas hábitos buenos, positivos y constructivos, es fácil llevar una vida controlada y disciplinada que significa éxito.

¿No sería increíble si nuestra vida funcionara en piloto automático? ¿Qué tal correr, comer saludablemente, terminar proyectos a tiempo y más en piloto automático?

Desafortunadamente, esa no es la forma en que funciona. Tú estás prácticamente en control de lo que haces. Sin embargo, se vuelve más fácil cuando programas tus acciones como hábitos constructivos y positivos. Con un poco de disciplina inicial, puedes desarrollar hábitos sólidos y duraderos que pueden transformar tu vida personal y profesional. El verdadero desafío no es desarrollar hábitos positivos, sino mantenerlos a largo plazo.

Aquí hay algunos de los trucos más efectivos para crear y mantener hábitos positivos.

Hábito 9 – Comienza pequeño y date 30 días

De nuevo, no puedes comenzar a hacer cambios grandes en tu vida de repente. Los hábitos necesitan tiempo para construirse y desarrollarse. Por mucho que estés descontento con tu presente, no puedes transformarlo en un día. Muchas personas están muy entusiasmadas por hacer demasiados cambios repentinos en su vida, solo para sentirse abrumadas y rendirse. Por ejemplo, si has hecho de tu misión dedicar 2 horas de tu día a estudiar, no comiences de inmediato con dos horas.

Comienza despacio y aumenta gradualmente. Puedes empezar estudiando durante 30 minutos todos los días y aumentar lentamente tu tiempo de estudio. En lugar de hacer 100 flexiones al día, comienza con 10. Las costumbres tienen más probabilidades de tener éxito cuando comienzas pequeño y lo escalas gradualmente.

Notice y disfruta de los pequeños beneficios de hacer estos cambios en tu vida. Por ejemplo, si has decidido llevar una vida más activa o perder peso, nota cómo te sientes después de unos minutos de ejercicio durante los primeros días. ¿Notaste algún cambio en el nivel de energía después de comenzar una rutina de ejercicio o una nueva dieta? Visualízate obteniendo calificaciones más altas y el trabajo de tus sueños después de cambiar tus hábitos de estudio.

Según la investigación, se tarda unas cuatro semanas en que un hábito se vuelva automático. Si una persona puede mantener el ciclo inicial de condicionamiento mental, el hábito se volverá casi involuntario y mucho más fácil de sostener. Un mes es un tiempo bastante razonable para comprometerse con un hábito positivo. Al igual que Benjamin Franklin, reserva un mes para desarrollar y sostener un nuevo hábito.

La consistencia es integral para el éxito de desarrollar y mantener nuevos hábitos. Si has decidido correr un par de kilómetros cada mañana, levántate y hazlo todos los días durante los primeros treinta días sin interrupción. Si decides ir solo algunos días de la semana, el hábito será más difícil de mantener. Los hábitos que se practican en intervalos son más difíciles de consolidar.

Haz algo de manera continua y sin interrupciones, si quieres convertirlo en un hábito. Cuanto más constante y regular seas al seguir un hábito, más fácil y sin esfuerzo se vuelve mantenerlo.

Hábito 10 - Swish

Swish es una técnica de Programación Neuro-Lingüística que tiene que ver con entrenar tu mente a través de la visualización negativa. En la técnica swish, una persona se visualiza a sí misma realizando el hábito negativo. Luego, imagínate eliminando el mal hábito y reemplazándolo con una alternativa más positiva.

Digamos que quieres dejar de fumar. Visualízate levantando físicamente un cigarrillo y dejándolo. A continuación, imagina/visualiza respirando aire fresco o alejándote del cigarrillo. Repite esto varias veces hasta que experimentes involuntariamente el patrón antes de que realmente dejes el hábito negativo.

Haz que este consejo lleno de energía sea aún más impactante al combinarlo con un modelo a seguir. Pasa tiempo con una persona o personas cuyos hábitos deseas imitar. Investigaciones recientes han descubierto que las personas que tenían amigos obesos tenían mayores probabilidades de volverse obesas. Así, verdaderamente te conviertes en lo que decides invertir tu tiempo y energía.

Reestructura tu entorno de manera que te resulte fácil dejar el mal hábito o formar nuevos hábitos positivos. Por ejemplo, si quieres dejar el alcohol, evita tomar una ruta que tenga demasiados bares en el camino. Toma una ruta diferente del trabajo a casa. De igual manera, elimina los alimentos chatarra de la casa si deseas llevar una vida más en forma y saludable. Si te encuentras pasando demasiado tiempo en Netflix, cancela tu suscripción. Deshazte de los cigarrillos y el alcohol si deseas dejar la adicción. Además, deja de moverte en círculos sociales que refuercen los hábitos que deseas abandonar.

Por ejemplo, si planeas dejar de beber, es mejor dejar de moverte o socializar con personas que beben. Esto eliminará tu lucha de fuerza de voluntad. En su lugar, encuentra un compañero que te mantenga animado y motivado para mantener tu hábito.

De manera similar, si tienes ganas de ir al gimnasio cada mañana antes de ir a trabajar, ten tu equipo de gimnasio listo la noche anterior. Mantén tu bolsa de gimnasio empacada y lista en la entrada de la habitación. Cuando te despiertes por la mañana, lo primero que verás al salir de la habitación será la bolsa. Esto te recordará tu objetivo o hábito de visitar el gimnasio cada mañana. Estas son pistas ambientales que ayudarán a crear el escenario adecuado para que persigas tus hábitos y objetivos positivos.

Hábito 11 – Recompénsate de maneras saludables

La razón por la que muchas personas desarrollan malos o negativos hábitos es porque les brinda una buena sensación. Si quitas esta gratificación o buena sensación de golpe, será un desafío mantener el buen hábito. Más bien, adquiere el hábito de recompensarte de vez en cuando cuando logres resistir la tentación. Por ejemplo, si logras evitar comer postres a lo largo de la semana, recompénsate con un pequeño pastelito o cupcake el domingo.

Del mismo modo, date un capricho con tu café favorito durante un fin de semana si logras mantenerte alejado del alcohol durante toda la semana. Buscamos una experiencia placentera porque nos hace sentir menos estresados. Sin embargo, después de la experiencia placentera, desarrollamos un sentimiento de culpa o arrepentimiento. Para evitar caer en el viejo patrón de malos hábitos, date una recompensa ocasional. Asegúrate de que tus recompensas sean saludables y equilibradas.

Cómprate un libro nuevo, recompénsate con un vestido nuevo, asiste a un concierto que has querido ver durante mucho tiempo, compra nuevo equipo de ejercicio, y más. Incluso algo tan simple como una taza de tu latte favorito o tomarte un tiempo para visitar una galería de arte puede ser una recompensa increíble. Trabaja duro para ganar estas recompensas y disfrútalas sin culpabilidad.

Una de las mejores maneras de renunciar a hábitos poco saludables es obtener el apoyo de la familia y los amigos. Informa siempre a las personas en las que confías sobre lo que te esfuerzas por lograr. Ellos mostrarán más comprensión cuando pases la bebida o no vayas al pub con ellos después del trabajo o te saltes el postre. De hecho, te motivarán y apoyarán para resistir la tentación de volver a los viejos patrones. Te ayudarán a mantenerte alejado de las tentaciones, serán tus animadores e incluso te brindarán el apoyo moral tan necesario cuando te sientas decaído. Todos podríamos beneficiarnos de algunos animadores que nos apoyen en la consecución de nuestros objetivos.

Una cosa que funciona de maravilla para algunas personas es hacerse responsable ante un pequeño grupo de personas de confianza. Por ejemplo, puedes darle a estas personas dentro de tu círculo cercano algo de dinero y pedirles que no te lo devuelvan hasta que hayas implementado el buen hábito, o resistido la tentación de ceder al mal hábito un número específico de veces. Por ejemplo, si tienes la intención de llevar una vida más saludable y dejar la comida chatarra, pídele a un amigo que te devuelva tu dinero solo después de que hayas evitado la comida chatarra y comido saludablemente durante una semana. De esta manera, te haces responsable ante alguien mientras desarrollas hábitos positivos.

Hábito 12 - Predecir problemas potenciales y tener un plan listo para superarlos

Cuando buscas desarrollar hábitos positivos o renunciar a hábitos destructivos, habrá algunos obstáculos o desafíos en el camino. Planifica tus pasos de acción con anticipación para combatir estos desafíos potenciales.

Toma, por ejemplo, que decidiste ir al gimnasio antes de ir a trabajar despertándote a las 6 cada mañana. Puede haber varios desafíos para esto, incluido presionar el botón de repetición cuando suena la alarma a las 6 a. m. Ahora, ya eres consciente de estos posibles desafíos porque sabes que no eres una persona madrugadora o que has intentado sin éxito despertarte a las 6 a. m. cada mañana anteriormente.

Sin embargo, ahora que sabes que el enfoque anterior no ha

funcionado, trata de pensar en una nueva estrategia donde no te estés preparando para otra decepción. Intenta pensar en diferentes maneras, donde se necesite más esfuerzo para apagar el despertador. Esto hará que sea difícil para ti volver a dormir. ¿Qué tal si colocas el despertador un poco más lejos de la cama para que te veas obligado a despertarte y caminar una cierta distancia para apagarlo?

De esta manera, es mucho menos probable que regreses a la cama, ya que te ha costado un poco esfuerzo caminar y ahora ya estás totalmente despierto.

Aprende a replantear los errores si tu intento inicial no tiene éxito. No te rindas si tu primer intento fracasa. Intenta de nuevo. Trata de transformar estos errores en oportunidades sólidas. Por lo que sabes, intentarlo un par de veces más puede ayudarte a desarrollar un hábito positivo o deshacerte de un hábito negativo. Los investigadores descubrieron que nuestro cerebro tiene dos posibles respuestas a un error: resolver el problema o desconectarse de él.

Cuando prestas atención conscientemente al error, puedes idear formas novedosas de combatirlo y corregirlo en el futuro. Desconectarte del error neurológicamente puede sentirse bien en el momento presente. Sin embargo, no te ayuda en circunstancias futuras. Observa de cerca dónde te falta o los errores que cometes para que puedas abordarlo mejor en el futuro.

Los hábitos son bucles continuos en los que trabajamos a un nivel más automatizado. Ten un plan claro de "si-entonces" para romper el ciclo vicioso de un mal hábito y reemplazarlo por hábitos más positivos. Conozco personas que hacen diagramas de flujo para guiarlos cuando surgen desafíos potenciales o incluso cuando logran resistir el hábito con éxito (tiempo de recompensa).

Hábito 13 - Utiliza el diálogo interno positivo

Los malos hábitos se infiltraron en tu vida por alguna razón. Podría ser baja autoestima, estrés, falta de orientación, sensación de placer o puro aburrimiento. Podrías estar mordiéndote las uñas por estrés o bebiendo en exceso simplemente por aburrimiento. Sin embargo, no hay nada que no puedas entrenar tu mente para hacer cuando te entregas a un diálogo interno positivo, alentador e inspirador. Los hábitos malos o negativos pueden ser sustituidos por hábitos positivos cuando eres honesto contigo mismo y te tomas en serio hacer cambios positivos en tu vida a través de la autodisciplina.

Puede haber mucha autocrítica negativa durante la fase de superar malos hábitos. A veces, puede que no tengas éxito en resistir un impulso y te juzgues duramente por no poder controlar el hábito. Muestra un poco de amor y compasión hacia ti mismo. No sigas recordándote cuánto te decepcionas al entregarte a la autocrítica negativa.

Intenta acostumbrarte a usar "pero" en tus oraciones cada vez que sientas la tentación de sucumbir al auto-habla negativa. Independientemente de lo que digas, siempre añade un "pero" a tu afirmación para transformarla en una auto-habla más constructiva. Por ejemplo, "No estoy en forma perfecta ahora pero podría estarlo en los próximos meses si me apego a mi dieta" o "Soy un fracasado en trabajar en este proyecto pero estoy aprendiendo cosas nuevas y puedo mejorar cada día si paso menos tiempo jugando o mirando televisión."

Cada vez que te saltas un entrenamiento, comes comida poco saludable o duermes horas de más, no te conviertes en una mala persona. No es una razón para volver a caer en el antiguo patrón. Muchas personas cometen errores un par de veces y piensan que no pueden abandonar un mal hábito. Eso no es cierto. No estás siendo un mal humano; simplemente estás siendo humano.

En lugar de castigarte duramente por todos los errores, planifica posibles desafíos con anticipación y continúa animándote a través de un diálogo interno positivo. Los mejores desempeños no son aquellos que nunca se desvían del camino. ¡Simplemente vuelven a la senda más rápido que los demás!

Mantén tu diálogo interno enfocado en el presente en lugar de llenarlo con la ansiedad del futuro. Cuando te sientas atrapado en un hábito o situación, piensa en cómo puedes cambiarlo en el presente y deja que tu diálogo interno gire en torno a ello.

Capítulo Cuatro: Ganando el Juego de la Gestión del Tiempo

"El tiempo es la moneda más valiosa en tu vida. Tú y solo tú determinarás cómo se gastará esa moneda. Ten cuidado de no permitir que otras personas lo gasten por ti." – Carl Sandburg.

¿Te has preguntado por qué, mientras todos tienen 24 horas en un día, algunas personas logran hacer tanto en un día y otras apenas logran cumplir con sus tareas? Todo se trata de gestionar el tiempo y maximizar la productividad. Con las técnicas adecuadas, estrategias e ideas ingeniosas, puedes aprovechar al máximo el día. Cuando alguien dice que no tiene tiempo para hacer múltiples cosas, simplemente puede significar que no tiene la capacidad de planificar su tiempo muy bien. Gestionar bien tu tiempo te hace más eficiente, productivo, libre de estrés y con un propósito o enfocado en objetivos.

Aquí hay algunos de mis mejores consejos para administrar bien tu tiempo y maximizar la productividad.

Día 14 Priorizar tareas

El coautor de First Things First, Stephen Covey, ha propuesto un excelente truco para priorizar tus tareas en cuatro categorías basadas en dos parámetros: importante y urgente.

Mira cuidadosamente cómo pasas el tiempo a lo largo del día.

¿Cuáles son las actividades típicas que consumen tu tiempo? Categoriza cada tarea en tu lista de tareas en una de las cuatro clasificaciones. Las tareas que son importantes y urgentes deben abordarse primero, ya que son limitadas en el tiempo y también importantes. No pospongas estas tareas para después y termínalas de inmediato. Puede ser un proyecto importante y limitado en el tiempo que debes entregar en un par de días o una cita con el médico por un asunto importante relacionado con la salud.

Las siguientes dos categorías son importantes pero no urgentes y urgentes pero no importantes. En la primera categoría, puedes tener tiempo, pero aún así es importante y necesita ser completada. Por ejemplo, puede que tengas que presentar una propuesta preliminar a un cliente potencial que no tiene prisa por recibirla. Puede que no esté limitada por el tiempo, pero son una gran empresa/cliente, así que sigue siendo importante.

Dedícale tu tiempo porque es importante. Lo último "urgente pero no importante" pueden ser tareas limitadas por el tiempo que en realidad no valen la pena. Puede que no tengan mucho valor al completarse. Por ejemplo, alguien puede decirte que está retrasado con un plazo y que si puedes ayudarle con un proyecto. Puede parecer urgente, pero tiene poco valor o importancia para ti. Si no es importante para ti, lo mejor es que te concentres en cosas que son urgentes e importantes o al menos importantes para ti. Estas tareas pueden ser delegadas a otras personas.

Toma, por ejemplo, que estás manejando un gran cliente y otro cliente más pequeño que no tiene mucho presupuesto y recién está comenzando y necesita tus servicios a tiempo. Ya estás ocupado con un gran cliente y aunque cada cliente importa, el pequeño no va a agregar mucho valor a tu negocio u organización. Así que aunque el trabajo del cliente es urgente, no es tan importante para ti como, digamos, un cliente más grande. Puedes delegar la comunicación con el cliente más pequeño a un subordinado, lo que puede ayudarte a enfocarte en el cliente más grande y más importante que está aportando un mayor valor a la organización.

De manera similar, algunas pequeñas tareas administrativas pueden ser urgentes, pero no son importantes desde tu perspectiva o la de la empresa. Estas pueden ser externalizadas o delegadas para hacer tiempo para tareas más urgentes e importantes. Así es como se prioriza y se gestiona el tiempo.

De manera similar, la última categoría son tareas que no son ni importantes ni urgentes. Se supone que deben figurar al final de la lista ya que no están sujetas a plazos ni tienen mucho valor. Todas tus actividades poco productivas, como navegar por internet sin rumbo, pasar tiempo en las redes sociales, jugar videojuegos, ver televisión durante horas y otras búsquedas infructuosas, caen bajo esta lista. No te dejes llevar por cosas de baja prioridad que te dan la idea de estar ocupado. Déjalas solo para después de haber completado las tareas en las otras tres categorías.

Comienza cada día haciendo una lista de al menos tres a cuatro tareas que son importantes y urgentes, las cuales deben ser abordadas de inmediato. Márcalas de tu lista una vez que las completes. Esto te otorgará una sensación de logro y te mantendrá enfocado en tus metas.

Día 15 – Domina el arte de decir un no firme

Eres el único jefe de tu día y de tus actividades. Tienes el control total sobre lo que quieres y no quieres hacer, lo que significa que tienes todo el derecho de rechazar actividades que no se alineen con tu objetivo o que son de baja prioridad para ti. Conozco a muchas personas cuyo horario se desmorona simplemente porque no pueden decir un no asertivo a las personas, debido al miedo de parecer groseras o desconsideradas.

Bueno, milagrosamente, están bien siendo groseros e injustos consigo mismos. Si eres uno de estos, ¡comienza a decir que no hoy! Esto no significa que no ayudes a las personas o que no tomes tiempo para los demás. Simplemente significa no dejar que las personas se aprovechen de ti para ocupar tu tiempo en sus tareas cuando tienes tareas de alta prioridad que terminar. Cualquier cosa que no te haga productivo puede no valer el tiempo y el esfuerzo.

No seas siempre una persona que busca agradar. Sé rápido y firme. No te tomes demasiado tiempo cuando se trata de responder a solicitudes que no quieres cumplir o que no tienes tiempo para cumplir. Si estás indeciso y necesitas más tiempo, reconoce su solicitud y pide más tiempo para volver a comunicarte con ellos. Además, cuando digas que no, asegúrate de darles una razón clara.

Deja que la otra persona entienda por qué respondiste de una manera particular en lugar de simplemente leer una respuesta breve y asertiva. "Por qué" les hará más fácil digerir el hecho de que simplemente no estás en condiciones de realizar la tarea actualmente. Además, sé más directo, no te andes con rodeos y luego, al final, presentes una excusa pobre en el último minuto. Cuando sepas que no puedes hacer algo, sé claro y asertivo desde el principio. Esto ayudará a la otra persona a buscar alternativas en lugar de depender de ti.

Mantén tu respuesta simple y directa, mientras ofreces una razón clara para decir que no. Sé directo, claro y firme. Utiliza frases como: "Gracias por acercarte a mí para ayudar con este proyecto, pero me temo que no es el mejor momento para que asuma más trabajo." Mantén tu postura (lenguaje corporal) asertiva y fuerte. No parezcas culpable ni te disculpes en exceso.

Así como alguien piensa que tiene el derecho de pedirte un favor, también es tu derecho negarte. Entiende que has rechazado la solicitud de la persona y no a la persona. Esto te ayudará a ser más honesto y justo contigo mismo.

Dedica tiempo a las cosas que son importantes o que te importan en lugar de responder con un sí automático. Conoce las consecuencias de cumplir con una solicitud cuidadosamente antes de aceptar cumplirla. Por ejemplo, si aceptas ayudar a un amigo a mudarse durante el fin de semana, tendrás que cancelar un viaje de fin de semana con otros amigos.

¿Estás preparado para renunciar a ayudar a un amigo a mudarse? ¿Puede él o ella encontrar a alguien más para que no tengas que sacrificar un viaje planeado con antelación? ¿Está el amigo dispuesto a esperar otra semana para que puedas hacer ambas cosas, ayudarlo o ayudarla a mudarse y disfrutar del viaje? Conoce las consecuencias de tu decisión y piensa en todas las opciones posibles si realmente quieres ayudar.

Si no quieres ayudar, un simple y asertivo "Lo siento, me hubiera encantado ayudarte a mudarte, pero ya tengo un viaje planeado para este fin de semana" debería ser suficiente. No debes sentir la necesidad de explicarte demasiado después de tomar una decisión.

Cuidado con las tácticas que la gente utiliza para inducir un sentido de culpa en ti. Todas estas son tácticas de persuasión. A veces, rechazarás una gran solicitud y la gente puede hacer una más pequeña con la esperanza de que la aceptes por culpa de haber rechazado la primera. Di un no firme y claro también para la segunda solicitud si no estás dispuesto a ello. No te convierte en una mala persona.

La gente intentará compararte con otros solo para que aceptes su solicitud. Simplemente di que eres tu propia persona y lo que alguien más haga no tiene relevancia para ti. No estás obligado a decir "sí" porque otra persona lo hizo.

Ofrece un cumplido y expresa gratitud si no quieres que tu "no" parezca demasiado insensible. Por ejemplo, si un amigo te pide que cuides a Suzie mientras ellos están en una fiesta, di algo como: "Realmente me conmueve que confíes en mí cuando se trata de cuidar a Suzie. Significa mucho para mí que confíes en que cuidaré de tu hija porque sé que ella es todo para ti. Sin embargo, estoy trabajando en un proyecto importante y no podré cuidar a Suzie esta noche. No sería justo para mi trabajo y para Suzie si intentara hacer las dos cosas a la vez." Ahí, acabas de decir que no de la manera más dulce posible.

Hábito 16 - La técnica Pomodoro

Esta es una técnica de gestión del tiempo que muchas personas exitosas en todo el mundo recomiendan. Es una estrategia simple pero sorprendentemente efectiva para gestionar bien tu tiempo.

La técnica fue desarrollada por primera vez por Francesco Cirillo en los años 80. Usando esta técnica, estableces un temporizador para una tarea predecidida de 25 minutos. Una vez que pasan los 25 minutos, marcas la tarea como completada. Este es el cumplimiento de un ciclo simple de pomodoro.

Cirillo usó un temporizador de cocina en forma de tomate como su temporizador y el nombre se mantuvo. Pomodoro es italiano para tomate.

Si tienes menos de cuatro marcas de verificación en la lista, te otorgas un pequeño descanso de 5 minutos. Sin embargo, si completas con éxito cuatro ciclos de pomodoro de 25 minutos cada uno, te recompensas con un descanso más largo de 15 a 30 minutos.

Después de completar cada cuatro pomodoros, tomas un descanso largo (15-30 minutos). Después de completar cada pomodoro, puedes tomar un mini descanso de 3-5 minutos antes de volver al siguiente ciclo o pomodoro. Si completas la tarea en mano antes de los 25 minutos, el tiempo restante debe ser dedicado a aprender o adquirir conocimientos sobre cómo realizar la tarea específica de manera aún más efectiva.

El objetivo de la técnica es minimizar las distracciones internas y externas mientras se completa una tarea. Se trata de abrir paso a una mayor concentración, esfuerzo y flujo. Inviertes toda tu energía en una sola tarea durante 25 minutos continuos, asegurando así pocas distracciones y resultados óptimos. Haciendo cálculos simples, completas cuatro pomodoros o 100 minutos de trabajo con 15 minutos de tiempo de descanso entre los pomodoros. Después de esto, tomas un descanso de 15 a 30 minutos. Cualquier interrupción durante un pomodoro en curso se pospone hasta que finalizan los 25 minutos del pomodoro.

Por ejemplo, si recibes una llamada, simplemente le dices a la persona que te comunicarás con ella en la próxima media hora.

¿Cómo pueden ayudar los descansos frecuentes?

Los descansos frecuentes ayudan a mantener tu mente enfocada, refrescarse y pensar con claridad. Según la página oficial de Pomodoro, la técnica es muy efectiva y los resultados se pueden ver casi de inmediato (en uno o dos días). Usa la técnica durante una a tres semanas consecutivas y la dominarás.

La técnica funciona porque te estás concentrando en completar una tarea a la vez en lugar de hacer varias cosas a la vez.

Cuando un reloj está sonando frenéticamente en tu escritorio y tienes que completar una tarea dentro de los próximos 25 minutos, pasarás por alto todas las otras cosas insignificantes como revisar correos electrónicos o tu feed de redes sociales. Puede ser un cambio radical en la productividad personal si entiendes su potencial.

No solo dejarás de acostumbrarte a trabajar mientras haces varias otras cosas sin sentido al mismo tiempo, sino que también desarrollarás un sentido de urgencia y enfoque.

Muchos de nosotros tenemos esta molesta tendencia a pasar más tiempo en una tarea de lo necesario en un intento de lograr una perfección excesiva.

La técnica Pomodoro te ayudará a dividir tu tiempo para completar múltiples tareas sin la necesidad de gastar más tiempo del requerido en una sola tarea y, posteriormente, retrasar todas las demás tareas. También desarrollarás una mayor autodisciplina, niveles más altos de concentración y más fuerza de voluntad. ¿Puedes imaginar la cantidad de estrés que se reduce cuando te concentras solo en una sola tarea a la vez?

Hábito 17 - Superar distracciones

Uno de los aspectos más importantes de la autodisciplina es eliminar o resistir las distracciones cuando tienes tareas importantes que completar o te beneficiaría más invertir tu tiempo en actividades productivas. Haz un seguimiento de las interrupciones, en particular aquellas que provienen de las redes sociales y aplicaciones de mensajería. Estos son los asesinos de tiempo insidiosos y adictivos.

Se requiere una gran reserva de fuerza de voluntad para cerrar la puerta a estas distracciones aparentemente interesantes y atractivas. En lugar de estar siempre en varias cosas simultáneamente, haz tiempo para estas "cosas interesantes" durante un descanso.

Cada vez que evites una distracción con éxito, recompénsate con un descanso cuando puedas hacer todas las actividades diversas que no son parte de tu trabajo, como revisar las fotografías de vacaciones de tu amigo en Instagram o ponerte al día con un amigo en el mensajero instantáneo para hacer planes para el fin de semana.

Mantén tu entorno libre de distracciones mientras trabajas o completas tareas importantes. Por ejemplo, retira todos los dispositivos de tu oficina o escritorio. En su lugar, mantén solo carteles motivacionales, libros y documentos relacionados con el trabajo en la habitación o el escritorio.

Hábito 18 - Realiza auditorías de tiempo

Me gusta hacer una auditoría del tiempo, por hilarante que suene. Me permite medir y llevar un registro de dónde paso la mayor parte de mi tiempo. Esto, a su vez, me ayuda a identificar actividades desperdiciadas y reducir el tiempo dedicado a estas actividades.

Realiza una auditoría de siete días para saber exactamente dónde estás gastando tu tiempo. Usa una aplicación para smartphone o registra físicamente la cantidad de tiempo que se dedica a cada tarea. Incluso si juegas a un juego durante minutos entre el trabajo, regístralo. Hablamos de los cuatro cuadrantes anteriormente (basados en urgente y importante). Pon un conteo en el cuadrante al que pertenece una tarea. Al final de la semana, suma todo y calcula en qué cuadrante pasaste más tiempo. ¡Los resultados pueden ser aterradores! Sabes que es hora de ponerse las pilas si el conteo de tareas 'no urgentes y no importantes' es alto.

Hábito 19 - Sé un madrugador

Hablé de esto brevemente en un capítulo anterior, pero créeme, si me pidieras mi consejo favorito sobre la gestión del tiempo, sería comenzar tan temprano como puedas. Te dará una ventaja como ninguna otra. Mark Twain dijo una vez famoso: "Si tu trabajo es comer una rana, lo mejor es hacerlo a primera hora de la mañana. Y si tu trabajo es comer dos ranas, lo mejor es comer primero la rana más grande." Esto resume todo sobre la gestión del tiempo, en realidad.

Si te sientes abrumado por la perspectiva de tener que hacer mucho en un solo día, comienza temprano. Ten todo lo que necesitas para realizar la tarea listo el día anterior para que no pierdas tiempo tratando de averiguarlo en el último minuto.

Por ejemplo, si estás preparando un informe importante basado en hechos y cifras que has recopilado a lo largo de un período de tiempo, asegúrate de que todos los documentos estén ordenadamente organizados en una sola carpeta para hacer la información más accesible para ti. Si tienes toda tu investigación lista, puedes comenzar a preparar el informe de inmediato al día siguiente en lugar de perder tiempo intentando encontrar documentos de investigación dispersos por todas partes.

De manera similar, si tienes una reunión importante programada para el próximo, ten tu ropa y accesorios listos para la noche anterior. De esta manera, no perderás tiempo ni te estresarás (cuando ya estás estresado por la reunión) sobre qué ponerte. Pasarás ese tiempo y energía concentrándote en lo que deberías decir durante la reunión o en cómo representarte a ti mismo o a tu empresa de la mejor manera.

Si tienes más de una tarea que realizar durante el día y todas son importantes, elige la tarea más difícil primero. La idea es completar la tarea más desafiante o difícil antes del mediodía. Una vez que termines una tarea que parece grande o desafiante, sentirás un fuerte sentido de logro. Esto te motivará a abordar las otras tareas con una mentalidad más positiva.

Cuando sabes que tienes muchas tareas que completar a lo largo del día o tienes un largo día por delante, evita quedarte despierto hasta tarde. Ve a la cama temprano, disfruta de un sueño ininterrumpido durante 7-8 horas y despierta temprano para comenzar a trabajar con una mente fresca. Ver Netflix hasta la medianoche y despertarte con los ojos somnolientos no va a contribuir a tus metas. Si acaso, traerá más ingresos a Netflix, pero tus metas personales/profesionales del día pueden quedar insatisfechas o cumplirse de manera ineficaz.

Una de las cosas más ineficaces que puedes hacer es sumergirte en un día laboral sin tener absolutamente ninguna idea de lo que necesitas hacer. Imagina pasar una hora tratando de pensar o planificar lo que se debe hacer durante el día, cuando podrías haber utilizado ese tiempo para comenzar las actividades del día y terminar temprano.

Ahora, terminarás tarde, lo que significa que no tendrás el tiempo y la energía para planificar las tareas del día siguiente. Estás atrapado sin saberlo en un círculo vicioso. Seguirás saltando de una tarea a otra y perdiendo tiempo valioso. Ser autodisciplinado significa planificar tu día con antelación para aumentar la productividad.

Tómate unos minutos para despejar tu escritorio el día anterior y hacer una lista de las cosas que deben ser abordadas al día siguiente. Se conoce como la técnica de descompresión. Te sentirás mucho más fresco y rejuvenecido cuando llegues a un escritorio más limpio a la mañana siguiente. Llega un poco temprano y comienza a reunir tu material de trabajo. Esta puede ser literalmente la parte del día que determina cuán productivo serás durante el día.

Hábito 20 – Adhiérete a la regla 80-20

Esta es otra maravillosa técnica de gestión del tiempo, productividad y autodisciplina conocida como el Principio de Pareto. La regla se basa en el hecho de que el 80 por ciento de nuestros resultados proviene del 20 por ciento de nuestro esfuerzo, y el 20 por ciento restante de nuestros resultados se origina en el 80 por ciento de nuestros esfuerzos. Esta regla también es aplicable en ventas y negocios, donde el 80 por ciento de las ventas de un negocio proviene del 20 por ciento de sus clientes.

Identifica cuáles son esas tareas del 20 por ciento que están contribuyendo al 80 por ciento de tus resultados. Aumenta estas tareas. Por ejemplo, puede que notes que capacitar a tu personal y delegar tareas a ellos está consumiendo el 20 por ciento de tu tiempo pero generando el 80 por ciento de los resultados. Puede que quieras aumentar esto ya que claramente te está ayudando a aprovechar tu tiempo. De manera similar, identifica el 80 por ciento de esas tareas ineficaces que solo están contribuyendo al 20 por ciento de los resultados y Redúcelas.

Hábito 21 – Reserva un tiempo separado para enviar y responder correos electrónicos

Una de las cosas que consume mucho tiempo es responder correos electrónicos a lo largo del día, a menos que hayas contratado a alguien para que responda específicamente a los correos. También es una gran distracción tener correos que van llegando a lo largo del día cuando intentas concentrarte en completar una tarea importante.

La mejor manera de abordar la amenaza del correo electrónico es reservar un tiempo separado para revisar y responder correos electrónicos en lugar de hacerlo a lo largo del día y, en el proceso, interrumpir el flujo o el impulso de tu tarea. Si algo necesita atención inmediata, es probable que una persona te llame o te envíe un mensaje de texto. Es más difícil volver al ritmo de la tarea una vez que eres interrumpido. A menos que estés esperando un correo electrónico realmente importante, apaga tu correo electrónico y reserva un tiempo al final del día para responder a todos los mensajes.

Hábito 22 – Eliminando la procrastinación

Piensa en un tablero de dardos como las actividades de todo el día. Si has golpeado el tablero de dardos justo en el medio, has acertado en el blanco. Sin embargo, si estás merodeando alrededor del blanco, no estás dedicando tu tiempo a actividades constructivas y solo estás retrasando tareas importantes. La procrastinación es el virus insidioso que envenena tu productividad y reduce tu apetito por cumplir con tareas que contribuyen positivamente a tus objetivos. El enemigo número uno de la productividad, la gestión del tiempo y la autodisciplina es la procrastinación.

Aquí hay algunos consejos prácticos y altamente efectivos para superar la procrastinación.

Evita exagerar las tareas más allá de lo que son. A menudo, engañosamente hacemos que una tarea parezca desproporcionada al decirnos que toda nuestra carrera, vida o negocio depende de esta única cosa. Cuando crees que tu vida depende de esta única tarea, te estás imponiendo un estrés excesivo. Esto te hace caer en una mentalidad de excusas donde buscas una razón para retrasar la acción. Te presionas y te sientes abrumado, llevándote a la inacción.

Deja de decirte a ti mismo que solo porque no puedes realizar una tarea a la perfección, no deberías hacerla en absoluto o retrasarla hasta un momento en el que puedas hacerlo perfectamente. Esto no es más que una excusa envuelta en el elegante papel de la perfección. La acción imperfecta es a menudo mejor que no hacer nada. Comenzar es mejor que ser perfecto. Adquirirás la perfección a lo largo del camino una vez que comiences. No esperes no actuar y desarrollar la perfección automáticamente.

Cambia tu percepción sobre elegir hacer algo en lugar de tener que hacerlo. La procrastinación ocurre cuando crees que tienes que o estás obligado a hacer algo. Por el contrario, "elegir hacer", es algo que disfrutas hacer. Por ejemplo, cuando tu cónyuge te molesta para que arregles un problema de fontanería, procrastinas porque crees que "tienes que" hacer algo porque tu cónyuge quiere que lo hagas.

Esto te hace estar cerrado a la idea de completar la tarea y eliges pasar tiempo viendo películas y jugando en lugar de arreglar el problema de plomería. Sin embargo, cuando cambias la perspectiva y lo ves como algo que eliges para mantener tu casa en orden y a tu cónyuge feliz, es más probable que lo hagas. Un pequeño cambio en nuestra perspectiva puede eliminar la procrastinación. No "tienes que" arreglar el problema de plomería, "eliges" arreglar el problema de plomería.

Un consejo que funciona de maravilla para mí cuando se trata de vencer la procrastinación es desglosar una tarea grande en partes más pequeñas. Cuando la tarea que deseas abordar es bastante grande, es más fácil sentirse intimidado por la perspectiva de terminarla.

Una investigación realizada por científicos del comportamiento encontró que cuando los niños veían televisión y no entendían lo que estaban viendo, apartaban la mirada de la televisión. De manera similar, cuando no entiendes por dónde empezar y qué hacer, tendemos a buscar distracciones. En lugar de sentirte abrumado y no saber por dónde empezar, divide la tarea en partes más pequeñas y abórdalas una a la vez.

Del mismo modo, divide una tarea en plazos más pequeños para que no luches por completarla un día antes de la fecha límite. Por ejemplo, si tienes que entregar un informe de 12 páginas en las próximas 3 semanas, no te fijes un plazo de 21 días. En su lugar, establece un plazo de 7 días para cada 4 páginas. Terminas 4 días a la semana y comienzas con las siguientes 4 durante la semana siguiente. Desglosa un proyecto grande en subtareas y establece un plazo claro para cada subtarea. Esto asegura que trabajes en un proyecto de manera constante durante el período de 3 semanas en lugar de dejar las cosas para el final.

Dividir las tareas en plazos fraccionados significa que no estás desvelándote durante 48 horas para completar el informe un par de días antes de que se deba entregar. Te estás dando suficiente tiempo para escribir el informe bien y entregarlo a tiempo.

Haz que una tarea sea interesante si simplemente la estás posponiendo porque es aburrida. No comenzarás si encuentras algo poco inspirador y aburrido, lo que aplazará la tarea hasta que sea demasiado tarde. Por ejemplo, si estás posponiendo una visita a un supermercado porque lo ves como una tarea aburrida, encuentra formas de hacerlo más desafiante. Convierte esto en un juego en el que encuentres todos los artículos de tu lista en 30 minutos bajo un presupuesto previamente asignado. Si logras comprar todo dentro del tiempo y presupuesto dados, has ganado.

Date un capricho con una taza de café en tu cafetería favorita o cómprate un helado. Otro consejo increíble que funciona de maravilla es la penalización. Al igual que te recompensas cada vez que logras completar una tarea a tiempo o resistes la tentación de ceder ante un mal hábito, te impones una penalización si no completas una tarea según los plazos preestablecidos.

Por ejemplo, supongamos que decides escribir un capítulo de tu novela cada día. Cuando no logras escribir un capítulo, pones $15 en un fondo. Al final del mes, dona ese dinero a una fundación en la que no crees o que no te gusta. ¿Qué te parece esta penalización retorcida? Te odiarás por regalar dinero precioso a una fundación cuyas ideas no crees, lo que te motivará a cumplir tu objetivo cada día.

Aunque a simple vista programar tiempo para jugar puede parecer poco intuitivo, es uno de los mejores trucos para vencer la procrastinación. Cuando te das suficiente tiempo para relajarte, jugar y participar en actividades de ocio, reduces la urgencia de distraerte mientras completas una tarea importante.

Por ejemplo, si sabes que vas a salir a jugar golf con tus amigos después de las 4 pm, es más probable que te sientas más motivado para completar una tarea que si simplemente estás teniendo un día lleno de aburrimiento. Date algo que esperar para que estés suficientemente motivado para completar una tarea sin distracciones. Puede ser cualquier cosa, desde una película que planeas ver más tarde en la noche hasta una comida en tu restaurante favorito. La idea es hacer que la perspectiva de terminar tu trabajo sea interesante para que no lo retrases.

Hábito 23 - Selecciona tu propia canción de procrastinación

Elige una canción de tu elección que te haga sentir energizado, inspirado y listo para salir y conquistar el mundo. Reprodúcela cada vez que tengas que enfrentar una tarea que has estado procrastinando. El cerebro tiene un desencadenante para crear nuevos hábitos. Cada vez que reproduces la canción y haces las cosas, tu cerebro asocia la canción con "hacer". Es más probable que lleves a cabo tus tareas cuando te sientes maravilloso en tu cuerpo y mente.

Hábito 24 - Evita esperar hasta que estés de humor

Cuando se trata de hacer las cosas, seguimos diciéndonos que no estamos de humor. Le sucede a los mejores de nosotros. Esperamos hasta sentir que estamos en el "humor" para hacer algo. No tienes que estar de humor para tomar acción. Por ejemplo, si quieres ser autor, tienes que establecer un horario y una meta para escribir cada día, independientemente de si estás de humor o no. Elegirás un momento para sentarte y escribir un número determinado de páginas cada día. Así es como funciona cuando tienes que hacer las cosas.

No puedes estar emocionado e inspirado todo el tiempo, incluso si estás en una profesión creativa. A veces, simplemente tienes que salir y hacer el trabajo, ya sea que estés de humor o no. Tienes que actuar de manera consistente en la dirección de tus objetivos, sin importar si tienes ganas de hacer algo o no.

Hábito 25 - Establecer recordatorios periódicos

Establece alarmas en tu teléfono u otros dispositivos o crea recordatorios visuales de las tareas que deben completarse. Establece un recordatorio para la fecha límite final. Sin embargo, también establece recordatorios para las sub-fechas límite para mantenerte en el camino durante todo el proceso.

Por ejemplo, digamos que tienes un proyecto que debe entregarse en las próximas 3 semanas. Puede que quieras establecer recordatorios no solo al final de 21 días, sino también en los días 7, 10, 15 y 17. Esto asegura que no andes apresurado como un pájaro descabezado en el último día de tu plazo para completar la tarea. Te recordarán la tarea a lo largo de su desarrollo, lo que es más probable que te mantenga en el horario.

Hábito 26 - Siestas energéticas

Los siestas cortas funcionan maravillosamente bien para mí. Cuando estás trabajando durante mucho tiempo y tu cuerpo se siente como si se estuviera desvaneciendo, no luches ni resistas. En su lugar, escúchalo y disfruta de una breve siesta reparadora. Incluso una siesta de 7 a 15 minutos es suficiente para recargar tus sentidos y revitalizar tu espíritu. El cerebro obtiene el descanso tan necesario y estás listo para comenzar otra tarea.

No siempre es posible alejarse del trabajo o encontrar tiempo para hacer incluso un pequeño ejercicio de despejar la mente. En tal escenario, lo mejor es tomar un descanso para ir al baño o estirarse/meditar durante un par de minutos. ¡Todo lo que necesita tu cerebro son un par de minutos!

Capítulo Cinco: Dominando Hábitos Positivos

Los humanos son criaturas de hábitos. Si te rindes cuando las cosas se ponen difíciles, se vuelve mucho más fácil rendirse la próxima vez. Por otro lado, si te obligas a seguir adelante, la determinación comienza a crecer en ti. " – Travis Bradberry

En el corazón de casi todas las personas exitosas está su capacidad para ser autodisciplinadas, independientemente de si se trata de su vida personal o profesional. Comienza con una habilidad intrínseca para ejercer autocontrol y disciplina en todo lo que hacen. Todo, desde sus pensamientos hasta sus emociones, acciones y hábitos, está impulsado por un fuerte sentido de autodisciplina.

Si quieres alcanzar grandes objetivos, la autodisciplina es, de hecho, el ingrediente principal en la receta de tu éxito. Es integral al proceso de lograr tu objetivo y de llevar una vida más plena.

Aristotle once famously remarked, "Good habits formed at the youth can make all the difference." Formar estos hábitos no es posible si no tenemos la capacidad de disciplinar nuestros pensamientos y acciones. El 40 por ciento de nuestro comportamiento está impulsado por hábitos, lo que significa que son parte integral del proceso de lograr nuestros objetivos y llevar una vida más disciplinada. Cuando un comportamiento se repite constantemente, se convierte en un proceso subconsciente y permite que la mente se concentre en otras tareas.

Aquí hay algunos de los hábitos más positivos que, si se practican de manera constante, pueden transformar tu vida por completo.

Hábito 27 - Practica la gratitud

Mucho de nuestro tiempo de vida se pasa queriendo o deseando cosas, lo cual no es tan malo porque nos impulsa a alcanzar nuestro potencial. Sin embargo, practicar la gratitud nos lleva a contar nuestras bendiciones y nos ayuda a darnos cuenta de que tenemos la suerte de disfrutar de los regalos que tenemos, eliminando así lo negativo, como la codicia y los deseos excesivos. Desarrolla este simple hábito hoy y observa el cambio en tu vida durante los próximos días.

La gratitud tiene muchos beneficios positivos. No solo mejora nuestra salud mental y emocional, sino que también cambia la perspectiva de un estado de "falta de cosas" a un estado de "abundancia."

Piensa en vivir en un estado de escasez. ¿Cómo se siente cuando crees que te falta algo en lugar de creer que tienes algo en abundancia? Es prácticamente imposible concentrarse en ser autodisciplinado y lograr tus metas cuando operas desde un punto de vista de "escasez". Estamos tan consumidos por lo que nos falta que estamos eternamente viviendo en un estado de miedo e inseguridad. Nuestras energías mentales están enfocadas en lo que nos falta en lugar de en lo que podemos tener y en lo que podemos lograr aún más.

Hazte el hábito de expresar gratitud por tus bendiciones hoy. Al final de cada día, haz una lista de diez cosas que sucedieron durante el día por las que estás agradecido o diez regalos que te han sido otorgados por los que estás verdaderamente agradecido. Piensa en un conjunto diferente de regalos cada día.

Te sorprenderá la cantidad de bendiciones que tienes. Puede ser cualquier cosa, desde los ojos que te permiten ver el maravilloso mundo que te rodea, hasta las piernas que te ayudan a correr la maratón, la educación que te ayuda a crear excelentes informes en el trabajo, hasta el techo sobre tu cabeza. Expresa gratitud hacia las personas y las cosas que posees. Incluso si crees que no tienes nada por qué estar agradecido, piensa y busca con ahínco. Siempre encontrarás bendiciones por las que estar agradecido. Incluso la pluma y el papel que tienes en la mano mientras haces tu lista son una bendición.

El hábito de la gratitud te somete a un menor estrés, te ayuda a ser más positivo y transforma tus pensamientos. Te vuelves aún más motivado y decidido a lograr tus metas cuando eres consciente de las bendiciones en tu vida.

Hábito 28 - Practicar el perdón

Imagina pasar gran parte de tu día consumido por sentimientos de ira, odio, venganza, culpa y otras emociones negativas que te impiden concentrarte en actividades o tareas más productivas. El odio consume mucha más energía en comparación con el perdón y el amor. Cuando aprendemos a dejar ir las cosas, no le haces un favor a la otra persona.

De hecho, nos hacemos un gran favor al desviar la energía llena de odio hacia actividades más productivas. No te centres demasiado en cómo alguien te hizo daño o actuó de manera injusta contigo. Más bien, concentra tus pensamientos y energías en lograr tus objetivos.

Si alguien te hiere, simplemente aprende a perdonar. No

significa que hayas olvidado lo que te han hecho. Simplemente significa que has elegido liberar la energía negativa de tu cuerpo, mente y espíritu. Aunque el perdón no se relaciona inmediatamente con la autodisciplina a simple vista, si te adentras más, te sorprenderá notar cuánto de tu tiempo, energía y pensamientos son consumidos por pensamientos vengativos.

Escribe todo en papel para hacer el proceso de perdón aún más efectivo. Piensa en todos los que te han hecho daño o no te han tratado bien. Escribe la razón por la que has decidido perdonarlos en lugar de guardar rencor. Trata de ser más empático colocándote en su lugar.

Intenta entender por qué hicieron lo que hicieron. ¿Cómo actuarías en una situación similar? Uno de los mejores enfoques que siempre me funciona es tratar de encontrar algo de humor en la situación. Además, intenta aprender una lección importante y eventualmente dejarlo ir.

Te sorprenderá la cantidad de energía positiva que creas en tu vida cuando eres capaz de avanzar más allá del odio, el dolor y la animosidad. El tiempo que pasabas preocupándote y estresándote por lo negativo en tu vida ahora se utilizará para acercarte a tus metas o a la vida de tus sueños. Deja de pensar en lo que no querías y, en su lugar, concéntrate en la vida que deseas crear adelante.

Hábito 29 – Comer Saludable

Lo que no nos damos cuenta es que los seres humanos gastan una gran parte de su energía en procesar y digerir los alimentos que consumen. Cuando comemos alimentos que son ricos en carbohidratos o grasas, el cuerpo necesita mucha energía para procesar y digerir alimentos que tienen poco valor para el cuerpo.

Por otro lado, las frutas y verduras crudas nos ofrecen un aumento de energía. Son más fáciles de digerir y no consumen mucha energía en el proceso de digestión. Esto nos deja con más energía, por lo que nos sentimos más activos y concentrados. Es difícil ser disciplinado cuando no tenemos la energía para enfocarnos en una tarea. Si estás demasiado somnoliento después de comer comidas pesadas, grasosas y altas en carbohidratos, se vuelve un desafío concentrarse. Aleja esta sensación de letargo incluyendo más alimentos crudos, frescos y no procesados en tu dieta.

Resista la tentación de consumir alimentos procesados, enlatados y chatarra que son altos en almidón y endulzados artificialmente. En su lugar, elija alimentos integrales que sean ricos en nutrición y ofrezcan al cuerpo la energía adecuada para mantenerse enfocado y disciplinado. Intente comer en porciones pequeñas y ejercite la moderación o el equilibrio.

Créelo o no, la comida que comemos impacta la composición neurológica de nuestro cerebro. Tiene un impacto considerable en la conexión física y mental de nuestro cuerpo. Opta por granos integrales, alimentos crudos, nueces enteras y alimentos orgánicos, y disminuye la cantidad de comida chatarra en tu dieta. La próxima vez que sientas la tentación de picar una bolsa de patatas fritas, intenta reemplazarla con rodajas de verduras frescas sumergidas en hummus o en otro dip fresco y delicioso.

Hábito 30 – Desarrollar patrones de sueño saludables

El sueño es una gran parte de la autodisciplina. Está directamente relacionado con nuestra capacidad para enfocarnos y concentrarnos en las tareas que tenemos. Observa cómo cuando no duermes lo suficiente (no, no se trata de despertar por el lado equivocado de la cama), impacta negativamente en tu estado de ánimo, concentración, juicio, toma de decisiones, eficiencia, productividad y mucho más. Se vuelve aún más grave con investigaciones que sugieren que las personas privadas de sueño tienen un mayor riesgo de desarrollar enfermedades graves y un sistema inmunológico debilitado.

Es importante dormir al menos 7-8 horas cada día. Evita ver televisión o pasar tiempo en dispositivos un par de horas antes de irte a la cama para disfrutar de un sueño más relajado. Deja de consumir cafeína al menos 5-6 horas antes de irte a la cama para no interrumpir el flujo natural de tu ciclo de sueño. Si quieres dormir mejor, evita el consumo de alcohol, nicotina y comida chatarra.

Hábito 31 - Organiza tu espacio, pensamientos y vida

Organizar tu espacio, pensamientos y vida es integral al proceso de desarrollar una mayor autodisciplina.

Comienza con tu espacio personal y de trabajo. En lugar de tener documentos esparcidos, utiliza carpetas etiquetadas para almacenarlos. De esta manera, cuando necesites una hoja de papel importante, no perderás tiempo buscándola por todas partes.

Mantiene tu escritorio acogedor, positivo, organizado y con un aspecto limpio. Un espacio de trabajo limpio refleja una mente organizada y despejada que es capaz de generar ideas frescas.

Regala cosas que no necesitas o aquellas que ya no tienen un propósito en tu vida para hacer espacio para cosas nuevas. Dónalas a una ONG u organización para los desfavorecidos. A menudo, las cosas viejas están atadas a recuerdos dolorosos (especialmente pertenencias que nos recuerdan relaciones pasadas) que nos impiden avanzar. Nos retienen sentimientos de culpa, vergüenza y arrepentimiento, que nos impiden centrarnos en lo nuevo.

Si todo su espacio de oficina o su oficina en casa está desordenado, trate de abordar un cajón a la vez porque organizar todo de una vez puede ser abrumador. Tómese un pequeño espacio a la vez durante los próximos siete días. Incluso cuando se trata de deshacerse del desorden u organizar su hogar, aborde una habitación o una sección de una habitación a la vez en lugar de intentar ser sobrehumano al organizar toda la casa en un día. Si ha organizado o limpiado su hogar durante días, no será posible de repente tenerlo en funcionamiento, limpio y en orden en unas pocas horas a menos que tenga ayuda.

Asegúrate de que cuando recojas o uses algo, lo devuelvas a su lugar original, sin importar cuánto te tiente dejarlo por ahí. De esta manera, sabrás dónde buscarlo cuando lo necesites y ahorrarás tiempo precioso.

Invariablemente desarrollarás tu músculo de autodisciplina cuando tus pensamientos, el espacio que te rodea y tu vida estén más organizados.

Hábito 32 – Escribir un diario

Llevar un diario o escribir tus metas (usando un diario para la superación personal) es una de las mejores maneras de ganar mayor autodisciplina. Escribir tus metas no solo te compromete físicamente a esas metas, sino que también dirige tu mente subconsciente a cumplir esas metas, desarrollar nuevos hábitos o llevar una vida más disciplinada. Llevar un diario tiene múltiples beneficios, incluyendo el aumento de la creatividad, el impulso de la autodisciplina y la mejora de tu salud en general.

Cuando escribes tus metas, les das forma o las haces cobrar vida. Les das a las metas mentales una especie de forma tangible, lo que te hace aún más responsable de cumplirlas.

Mantén tus metas SMART. Deben ser específicas, medibles, alcanzables, realistas y con un límite de tiempo. Esto facilitará el seguimiento del progreso de tus metas.

Nuestra mente subconsciente es una herramienta muy poderosa. Cuando escribes sobre algo que quieres lograr, la mente subconsciente no puede diferenciar entre el presente y el futuro o el hecho de que tienes o quieres algo. Cree que ya lo tienes y, subsecuentemente, dirige tus acciones en línea con ese objetivo.

Por ejemplo, si deseas más dinero y prosperidad en tu vida y sigues escribiendo tu meta, la mente subconsciente cree que es tuyo y, invariablemente, alinea tus acciones para atraer aún más dinero y prosperidad.

El subconsciente no es capaz de diferenciar entre lo real y lo imaginado. Para él, todo es real. Por lo tanto, la mente subconsciente dirige tus acciones en línea con el objetivo, creyendo que es real. Así, canaliza tus acciones en la dirección de obtener recompensas financieras aún mayores y prosperidad en general.

Aquí hay algunos consejos para hacer que el proceso de llevar un diario sea aún más efectivo.

Comienza por donde estás actualmente en tu vida. ¿Dónde te encuentras en este momento de tu vida? Describe tu situación general de trabajo, vida y relaciones. ¿Estás realmente donde te visualizaste de niño o adolescente?

Luego, pasa a los objetivos que deseas alcanzar. ¿Dónde quieres verte al final del año o en los próximos cinco años? ¿Cuáles son los objetivos que deseas lograr al final de la semana, mes y año?

Escribe en un flujo de conciencia sin editar tu escritura.

Reserva la gramática, la ortografía, la estructura de las oraciones y las habilidades lingüísticas impecables para tu informe de trabajo. Los sentimientos, las emociones y los pensamientos no deberían ser editados. Escribe sin censurar tus pensamientos. Silencia al editor interno porque estás escribiendo solo para ti.

Inicia un diálogo con tu yo interior escribiendo con la mano no dominante. ¿Cuáles son los desafíos que experimentas?

Más tarde, comienza a incluir una lista de gratitud al final de cada día. Haz una lista de las cosas por las que estás agradecido a diario. Sigue actualizando la lista cada día encontrando nuevas cosas por las que estar agradecido. Gradualmente notarás que las cosas por las que estás agradecido aumentarán. Cuanto más agradecido estés, más cosas tendrás por las que estar agradecido en el futuro.

Tu diario es un relato personal que te define por completo. Incluye todo, desde tiras cómicas, stickers, citas motivacionales, fotografías personales, cuentos cortos, imágenes de Internet, y prácticamente cualquier cosa que te conecte con tus metas o una vida de tus sueños.

Mantén un registro de todos tus éxitos y logros. Puede ser algo tan simple como que alguien te elogie por tu letra. Sigue anotando los cumplidos, recompensas y logros que obtengas a lo largo de la semana, por pequeños que te parezcan. A medida que te vuelvas más consciente y cultives la lista, notarás que poco a poco crece hacia un mayor éxito.

Estás condicionando tu mente para actuar en conjunto con tus metas de una manera más consciente y intencionada.

Me gusta escribir sobre cosas que me preocupan o me perturban en un estilo más objetivo, en tercera persona. Esto te permitirá distanciarte del evento o la situación y verlo con una perspectiva más fresca. A veces, estamos tan involucrados en las circunstancias que nos afectan que no podemos verlo desde una perspectiva diferente. La autodisciplina también se trata de conectar con tu yo superior para cumplir tus objetivos.

Deja de usar tecnología (aplicaciones de diario) y opta por escribir a mano en tu diario en su lugar. El proceso físico de escribir tiene un impacto poderoso en tu mente y la condiciona para cumplir tus objetivos.

Puedes tener diferentes diarios, cada uno con un tema diferente. Conozco a muchas personas que llevan diferentes diarios, como un diario de pensamientos, un diario de sueños, un diario de metas y un diario de gratitud. Da a cada diario un propósito claro y convincente.

Si realmente admiras a una persona/celebridad, escribe una conversación imaginaria con ellos. Diles qué admiras de ellos y por qué su historia de vida te inspira. ¿Cómo planeas modelar tu vida en base a la suya? ¿Qué aspectos de su vida te gustaría incorporar en la tuya? Puede ser cualquiera, desde tu rockstar favorito hasta una persona fallecida que desearías que hubiera estado presente.

Uno de los mejores trucos de autodisciplina es rastrear tu progreso mientras avanzas hacia el cumplimiento de tu objetivo o dejas un mal hábito o desarrollas un hábito positivo. Sigue registrando tu progreso a medida que completes tareas importantes, dejes hábitos negativos o domines nuevas habilidades. ¿Qué te parece tener una barra de estado diaria, semanal y mensual? ¿O el porcentaje de cuánto has avanzado con tu objetivo?

También está bien ser aleatorio con tu diario y no seguir un solo tema si eso es lo que te hace sentir más cómodo. Si amas el arte o sientes una conexión con los artefactos, incluye imágenes de artefactos para potenciar la creatividad. Los diarios son excelentes salidas creativas para dibujar y pintar lo que quieres expresar a través de lo visual. No hay ninguna regla que diga que escribir en un diario se trata solo de escribir. Puedes dejar volar tu imaginación y pintar lo que deseas expresar a través de tus dibujos y bocetos.

Intenta escribir tu diario a una hora fija cada día para que se convierta en una parte integral de tu rutina.

Capítulo Seis: Construye tu red y relaciones

No vives en una jungla o en un agujero de conejo. Sin importar cuán talentoso, trabajador, disciplinado y perseverante creas que eres, necesitas de otras personas para tener éxito. Recuerda, construir riqueza sostenible a largo plazo no se trata de correr un maratón, sino de correr una carrera de relevos donde aprovecharás el tiempo, las habilidades y los esfuerzos de otras personas. Para tener éxito, necesitas sólidas habilidades de networking para construir contactos, una excelente relación con las personas con las que haces negocios o trabajas, y personas de las que puedes aprender. Según estudios, nos volvemos como las cinco personas con las que pasamos más tiempo. Si pasas el máximo tiempo con personas exitosas, observando y admirando sus estrategias de éxito, tus posibilidades de éxito aumentan multiplicadamente. Construir grandes relaciones y tener acceso a excelentes mentores es la clave del éxito, lo cual es lamentablemente pasado por alto por muchas personas.

Aquí hay algunos consejos para hacer networking y construir relaciones para el éxito.

Hábito 33 - Usa el poder de las redes sociales

No hay mejor manera de establecer contactos laborales que interactuar virtualmente con las personas en LinkedIn y otras plataformas. Hay muchos grupos especializados en LinkedIn y

Facebook donde puedes conectarte con personas afines para oportunidades, asociaciones o simplemente para pedir consejo. Aprovecha el poder de las redes virtuales para hacer crecer tu negocio/trabajo y tu riqueza. Hay poca presión asociada a estas reuniones en comparación con conocer a las personas cara a cara. Además, estos profesionales afines en Google Plus, LinkedIn y Twitter pueden abrirte varias puertas de oportunidades que de otro modo puede que no hubieras considerado posibles. Comenta en sus publicaciones, construye discusiones inteligentes en los grupos, deja un comentario valioso y perspicaz en un blog que disfrutaste leer y comienza una conversación en cualquier oportunidad que tengas. De esta manera, no solo conocerás a nuevas personas, sino que tendrás muchas cosas que decirles cuando los encuentres en persona.

Hábito 34 – Pedir referencias a personas existentes

Otra gran manera de conocer gente es a través de las personas que ya conoces. De esta manera, estás ampliando constantemente tu lista de contactos. Si estás buscando conocer a algunas personas importantes, acompaña a quienes las conocen durante un tiempo antes de pedir sus datos de contacto o solicitar una cita. Puedes preguntar educadamente por una introducción a las personas con las que deseas establecer una red. Únete a la conversación y es posible que recibas una cálida bienvenida. También hay una herramienta de introducción en LinkedIn donde puedes ser presentado a nuevos conocidos a través de contactos existentes.

Si ves un círculo de personas en un evento de networking y conoces a algunos de ellos, acércate y preséntate. Intercambia tarjetas de presentación y consigue tantos números como puedas para mantener el contacto. No pidas trabajo o negocios de inmediato. Si buscas asociaciones a largo plazo con personas y estás enfocado en aprovechar estos contactos para el éxito y la riqueza en el futuro, no pidas favores inmediatos.

Supongamos que estás buscando un trabajo. Evita pedir directamente trabajo a las personas. En su lugar, busca su consejo pidiéndoles consejos que ayuden en tu búsqueda de empleo. Esto te hará parecer más profesional y creíble.

Tu objetivo principal debe ser construir una gran relación y conexión con las personas, los favores pueden seguir. De esta manera, cuando surja una oportunidad, estarás en la mente de ellos. Abre tantas puertas de oportunidad como sea posible diversificando tu lista de contactos sociales. Nunca sabes quién será esa persona que puede cambiar tu fortuna. Uno de mis consejos favoritos en los primeros años, cuando se trataba de aprovechar al máximo mis oportunidades de conseguir un trabajo, era pedir a las personas que revisaran mi currículum. Nunca pediría directamente un trabajo.

Sin embargo, revisar mi currículum fue una buena forma de hacer que la gente conociera mi trayectoria, habilidades, trabajos anteriores y más. De esta manera, muchas veces, me proporcionaban algunas pistas que coincidían con mi experiencia o las tenían en cuenta cuando surgían oportunidades similares. Es un truco ingenioso. A la gente le agrada que les pidas que revisen tu currículum, y tú también terminas haciendo incursiones en su círculo.

Pide sugerencias sobre cómo hacer crecer tu red. Cada nueva persona que conoces conocerá aproximadamente a 200 personas. Estás accediendo a una fuente de red valiosa. Si obtienes acceso a contactos tomando sugerencias de contactos existentes, expandirás rápidamente tu red. Pregunta por organizaciones profesionales, clubes y sugerencias o nombres de personas que ellos piensen que pueden ser buenas para una asociación contigo. La mayoría de las personas son abiertas y serviciales cuando se trata de sugerir personas de su lista de contactos, y estarán aún más felices de hacerlo si puedes darles algunos contactos de tu lista también. Es un mundo de 'tú me rascas la espalda, yo te rasco la espalda'.

Hábito 35 - Encuentra o crea razones para hacer un seguimiento

Crea razones para mantener una relación con las personas de manera continua una vez que las hayas conocido. Supongamos que conociste a alguien en un evento de networking y discutieron un tema en particular. Envía un correo electrónico con un blog o artículo que disfrutaste leer sobre el tema y menciona la conversación.

Les envías información valiosa que puede beneficiarlos o una nota de agradecimiento si te ayudaron con algo. Enviar saludos y deseos en festivales también es una buena manera de mantener la relación. Si no te mantienes en contacto con las personas, te olvidarán después de un tiempo. Piensa en dos o tres oportunidades al año para reconectar con ellos en persona. No solo quieres seguir conociendo gente nueva sin mantener el contacto con ellos.

Hábito 36 – Participa en la mayor cantidad posible de eventos de networking

Participa en estos almuerzos, reuniones de networking, conferencias y eventos. Ten tus tarjetas de presentación listas. Preséntate a las personas diciéndoles lo que haces. Puede que no tengan algo para ti de inmediato. Sin embargo, si dejas una impresión positiva, probablemente serás el primer nombre que venga a su mente cuando haya algo para ti. Un consejo profesional para mantenerte visible dentro de tu organización es asumir responsabilidades adicionales de voluntariado dentro de tu organización. Esta es una excelente manera de retribuir a la empresa y mantenerte visible. También mostrará a las personas que vas más allá de tu deber, lo que significa que es más probable que te elijan sobre otros cuando surja una oportunidad adecuada.

Hábito 37 - Rodéate de personas positivas y exitosas

Si quieres ser rico y exitoso, haz un esfuerzo consciente por rodearte de personas exitosas. Sus consejos, sugerencias, hábitos, estilo de vida, mentalidad, creencias y ética laboral sin duda impactarán tu propia mentalidad y forma de pensar. Desarrollarás una mentalidad de creación de riqueza e ingresos, y comenzarás a adoptar hábitos que canalicen tus esfuerzos hacia el éxito.

Su aura positiva y frecuencia de pensamiento te afectarán a un nivel más profundo y subconsciente. Comenzarás a comportarte y pensar como una persona rica y exitosa. Encuentra mentores que te guíen en la dirección correcta.

Una de las mejores maneras de hacer que alguien sea tu mentor es decirle cuánto admiras su trabajo y pedirle sugerencias.

Capítulo Siete: ¿Obstáculos u Oportunidades?

Cuando se trata de limitar o mejorar tus posibilidades de éxito, el factor más importante es tu percepción. Al alterar tu percepción, puedes programar tu mente para un mayor éxito. La buena noticia es que no es difícil crear una mentalidad innovadora que perciba los contratiempos como oportunidades de aprendizaje y no como obstáculos. Puedes trabajar fácilmente a través de las barreras que te imponen limitaciones y desarrollar estrategias para contrarrestar esos llamados obstáculos que se interponen en el camino de tu éxito y abundancia.

Hay una historia budista sobre un rey cuyo reino estaba lleno de ciudadanos que se creían con derechos. No contento con esto, decidió darles una lección que no olvidarían. Tenía un plan simple e ingenioso. Colocó una enorme roca justo en el centro de la calle principal, bloqueando la entrada de la gente. El rey decidió esconderse en los arbustos cercanos y observar las reacciones de sus ciudadanos.

Se preguntó cómo reaccionarían. ¿Se reunirían y lo deshecharían? ¿Se sentirían desilusionados y regresarían? El rey observó con decepción cómo un súbdito tras otro se rendía y regresaba, en lugar de intentar quitar la roca de su camino. En el mejor de los casos, algunos intentaron levantarla de mala gana, pero rápidamente se dieron por vencidos. Muchas personas abusaron abiertamente del rey o se quejaron de la incomodidad sin pensar en formas de superarlo.

Después de unos días, un campesino se topó con la roca. En lugar de volver atrás como los demás, intentó empujar la roca fuera de su camino varias veces. Luego, de repente, se le ocurrió una idea. Fue a los bosques adyacentes a buscar una rama grande que usó como palanca y desalojo la enorme roca de la calle. Tan pronto como la roca masiva se movió, debajo había una bolsa de monedas de oro y una nota escrita a mano del rey que decía: "El obstáculo en el camino se convierte en el camino. Nunca olvides, dentro de cada obstáculo hay una oportunidad para mejorar nuestra condición."

¿Estás utilizando los obstáculos en tu camino a tu favor? ¿Estás aprovechando el poder de los desafíos en tu vida para convertirlos en oportunidades? Como discutimos anteriormente, los obstáculos son oportunidades disfrazadas. ¿Tienes la previsión para convertir las desilusiones en tu vida en riqueza y éxito? Aquí hay algunas estrategias para cambiar tu percepción hacia los desafíos y utilizarlas para construir una mayor riqueza y éxito.

Hábito 38 - Modifica tu perspectiva

Recuerda, no siempre puedes elegir tus circunstancias y las cosas que te suceden en la vida. Sin embargo, puedes elegir tu reacción ante ellas. No siempre puedes determinar el curso que puede tomar tu vida, pero puedes elegir tu percepción y respuesta a ello. Los ganadores ven oportunidades, los perdedores ven excusas. Controla cómo percibes y enfrentas un obstáculo. Esto se puede hacer controlando tu pensamiento catastrófico o tus emociones irracionales. No pienses en términos de extremos. Un fracaso o un despido no significan la ruina para tu carrera. Un mal negocio no significa que sea el momento de cerrar la tienda. Evita exagerar las cosas y míralas con una perspectiva más equilibrada. Ve las cosas como son y no como crees que son. Estás reorientando tu mente o editando selectivamente tus pensamientos para desarrollar una mentalidad de victoria incluso en medio de lo que se llama fracaso. La perspectiva correcta puede llevar a acciones positivas.

Hábito 39 - Da la vuelta al monstruo

Hay muchos aspectos positivos en todo si solo tenemos la visión para buscarlos. Las cosas que creemos que son negativas pueden contener muchos positivos. Un fallo técnico que piensas que ha destruido todo tu trabajo es una oportunidad para que lo trabajes de nuevo y lo hagas incluso mejor que el anterior porque ahora estás más preparado y informado. Recuerda, ¿el amigo que perdió su trabajo y luego decidió crear su propia empresa rentable? ¿Qué pasaría si no lo hubieran despedido de su organización? Él seguiría siendo un cargador de cubos, trabajando las 24 horas para lograr las ganancias de otra persona en lugar de construir riqueza para sí mismo.

Tener un jefe que es negativo y desalentador es una maravillosa oportunidad para aprender lo que no deberías ser como jefe o actualizar tu currículum para un mejor trabajo en otra organización. Confía en mí, cada situación tendrá algo bueno en ella. Solo tienes que ser lo suficientemente perceptivo para verlo.

Hábito 40 - Mantén en mente el panorama general

A veces, cuando te encuentras atrapado en medio de una situación aparentemente imposible, lo mejor que puedes hacer es – ¡pensar! Creas muchas oportunidades y caminos al pensar de manera racional y objetiva. Crea movimiento al pensar en cosas como ¿cómo puedo resolver este problema o desafío? Si no puedo resolverlo, ¿cómo puedo mejorarlo para mí y para otras personas? Te sorprenderá cómo unas pocas preguntas simples y positivas pueden cambiar la forma en que abordas el problema que tienes delante. Piensa en otras personas, especialmente en tus seres queridos.

Esto te da la fuerza para superar desafíos. La próxima vez que te sientas abrumado por un desafío, no te sientes ahí y maldigas tu destino. Si no lo intentas, no irás lejos de donde estás actualmente y nunca crecerás. Todas las personas que admiras han enfrentado y superado obstáculos en algún momento u otro, lo que es responsable de su gloria actual. En lugar de sufrir sus circunstancias menos que deseables, aprovecharon al máximo los desafíos que se les presentaron. Si tu objetivo más grande es jubilarte a los 40 años o conseguir la libertad financiera para tu familia o cualquier otra razón convincente, seguirás adelante a pesar de los obstáculos.

Hábito 41 - Deja ir los desafíos que están más allá de tu control

Por mucho que te gustaría controlar todo en tu vida, algunos desafíos estarán más allá de tu control. Piensa en la devaluación de tu casa debido a una calamidad natural en la región o en perder tu trabajo debido a una fusión o a una recesión global. Estas son circunstancias en las que tienes poco control. En cambio, concéntrate en los desafíos que puedes controlar.

Por ejemplo, no conocer una habilidad particular que puede ayudarte a ganar más dinero o hacer crecer tu negocio es un desafío que puedes superar fácilmente dominándolo. Si aún no te has graduado, lo que está representando un desafío en tus perspectivas laborales futuras o para ganar más dinero, ve y obtén ese título. Desvía la atención de los desafíos que no se pueden controlar y, en su lugar, presta atención a aquellos que se pueden superar.

Hábito 42 – Crecer más que el desafío

Mientras que la mentalidad pobre ve su problema y a menudo lo atribuye a la mala suerte o las circunstancias, la mentalidad rica se rascará la cabeza con fuerza hasta que descubra una solución. Rara vez se rendirán. En cambio, cambiarán el curso de su acción o intentarán una forma diferente de hacerlo.

Los ricos, a diferencia de los Joe promedio, no tienen una mentalidad de "esto o aquello". Puedo comprar esto o aquello. En cambio, encontrarán la manera de comprar ambos al retrasar la gratificación. No buscarán el placer inmediato, sino que trabajarán para obtener todo lo que quieren. Supongamos que una persona con una mentalidad rica tiene $10.

Ahora, quieren tanto helado como caramelos por $10. En lugar de pensar que pueden tener caramelos o helado, evitarán comprar ambos. Van a comprar cuatro docenas de botellas de agua embotellada y las venderán a viajeros sedientos por 50 centavos cada una para hacer un atractivo $24. Ahora pueden comprar caramelos, helado y tener unos dólares de sobra. Los ricos tienen una mentalidad de "ambos" y no de "ya sea uno u otro".

Capítulo Ocho: Ejercicio Diario y Salud

Somos lo que comemos no es una afirmación descabellada, sino la verdad. Nos convertimos en lo que comemos. Si estás comiendo comidas poco saludables, tu cuerpo y mente se vuelven letárgicos, lo que no te coloca en el marco adecuado de productividad. Necesitas energía para trabajar largas horas, que a su vez se alimenta de una dieta equilibrada, nutritiva y controlada. Combina esto con ejercicio y un régimen de acondicionamiento físico regular y tienes la receta perfecta para una buena salud.

Aquí hay algunos consejos seleccionados para una alimentación saludable y el ejercicio.

Hábito 43 – Desayunar una hora antes del entrenamiento

Si haces ejercicio o practicas alguna forma de acondicionamiento físico, desayuna al menos una hora antes del entrenamiento. Estarás suficientemente energizado para el entrenamiento. Según investigaciones, consumir carbohidratos antes de hacer ejercicio puede mejorar tu rendimiento y permitirte mantener tu entrenamiento por más tiempo o aumentar su intensidad. No comer puede hacer que te sientas con poca energía o lento. Toma un desayuno ligero si estás ejercitándote después del desayuno o elige una bebida deportiva energética. Obtén carbohidratos para un rendimiento óptimo.

Hábito 44 – Tamaño de tus comidas

Coma alrededor de tres a cuatro comidas grandes si está haciendo ejercicio. Además, coma comidas o bocadillos más pequeños y saludables entre ellas. Incluya nueces enteras, frutas y verduras crudas, y dips caseros como el hummus. Evite picar comida chatarra, alimentos grasientos, y golosinas artificialmente saborizadas y endulzadas con frecuencia. También se deben evitar los alimentos enlatados y cargados de conservantes. No añaden ningún valor nutricional a su cuerpo y terminan haciéndolo sentir letárgico.

Hábito 45 – Come bocadillos saludables

Los bocadillos evitan los ataques de hambre entre las comidas. Sin embargo, evita picar cosas poco saludables que te hagan sentir somnoliento, con poca energía, irritable y con baja productividad. Aquí hay algunas opciones de bocadillos saludables: barras de energía, frutas frescas, yogur, batidos de frutas frescas, barras de granola, palitos de verduras crudas y otros alimentos similares para picar.

Hábito 46 – Crea un plan de comidas

Un plan de comidas es maravilloso cuando se trata de hacer cambios en tu estilo de alimentación y de comer de manera más disciplinada, con comidas llenas de nutrientes. Trátalo como un plano de tus elecciones de comidas. Incluye opciones sobre lo que planeas comer para el desayuno, el almuerzo y la cena cada día de la semana, junto con una estimación aproximada de la nutrición que consumirás con cada comida. Tener algunas comidas mencionadas en detalle puede ayudarte a verificar si estás haciendo elecciones alimentarias inteligentes. Puede que te des cuenta de que tu ingesta de vegetales es baja o que tu cena no es muy equilibrada. Deja que tu plan de comidas te guíe hacia hacer elecciones alimentarias inteligentes. También puede ayudarte a hacer tu lista de compras, lo que conducirá a compras inteligentes y a determinar si estás cumpliendo tus objetivos dietéticos.

Hábito 47 - Consume proteínas magras

La proteína magra es un componente importante cuando se trata de proporcionar a tu cuerpo componentes dietéticos esenciales. Para cumplir con los requisitos nutricionales diarios, incluye de 3 a 4 onzas de porción de proteínas en cada comida. Las proteínas magras son buenas porque son bajas en grasas y calorías. Elige alimentos como huevos, tofu, aves, mariscos, legumbres y carne magra. Limita las proteínas grasas como el tocino, las salchichas y la carne procesada.

Habit 48 – Adhiérete a los alimentos a base de granos

Incluye alimentos a base de granos como pan integral de trigo, pasta, arroz integral y otros alimentos 100% integrales en tu dieta. Los granos enteros son deliciosos y constituyen elecciones saludables de alimentos. Requieren un procesamiento mínimo y conservan la bondad de cada porción de grano.

Los granos enteros son ricos en fibra, ricos en proteínas y tienen muchos nutrientes beneficiosos. Cambia a quinoa, avena, cebada, pan integral y mijo en lugar de pan blanco y pasta.

Hábito 49 – Toma más vitaminas y minerales

Los estadounidenses no obtienen la ingesta requerida de minerales y vitaminas según varias investigaciones nutricionales. Se basa más en alimentos procesados, carbohidratos, azúcares refinados y otros alimentos poco saludables. Encuentra suplementos de vitaminas y minerales que se pueden consumir a diario para compensar cualquier deficiencia. La consecuencia de ignorar las necesidades de tu cuerpo puede no ser inmediata, sin embargo, durante un período de tiempo más largo, puede ser considerablemente perjudicial. Esto nos impacta a lo largo de un período más prolongado en lo que respecta a la claridad física, mental, emocional y espiritual.

Hábito 50 - Bebe suficientes líquidos

Consume suficiente agua a lo largo del día para mantener tu cuerpo hidratado. La mayoría de los profesionales de la salud recomiendan beber un mínimo de ocho vasos de 8 onzas de agua cada día. Evita las bebidas con cafeína y artificialmente endulzadas. Mantente con bebidas claras, naturales y sin azúcar. Además, limita el consumo de alcohol.

Hábito 51 – Salir al aire libre

Pocas cosas pueden hacerle bien a tu cuerpo, mente y alma como salir al aire libre como parte de tu régimen de acondicionamiento físico. Haz cualquier cosa, desde caminar hasta correr o andar en bicicleta. Nadar, jugar al tenis y saltar en tu patio trasero son maravillosos. Aprovecha un poco de sol temprano en el día si puedes. Sal a los bosques y experimenta la naturaleza. ¡Te sorprenderá lo vigoroso y rejuvenecido que terminarás sintiéndote!

Hábito 52 - Incluye más entrenamientos agradables y equilibrados en tu agenda.

¿Quién dice que los entrenamientos tienen que ser aburridos y monótonos? Te diviertes mucho bailando, haciendo aeróbicos, Zumba, kickboxing y simplemente saltando. Hay varias maneras de estar más activo y añadir actividad física estimulante a tu agenda. Cuanto más te diviertas haciendo estos entrenamientos, menores serán tus posibilidades de rendirte a largo plazo. Incluye una mezcla de cardio y fuerza para disfrutar de un régimen de acondicionamiento físico más equilibrado.

Hábito 53 - Consigue un compañero de gimnasio para responsabilidad

Inscríbete en el gimnasio local con un compañero de entrenamiento que pueda mantenerte responsable por tus ejercicios. También puedes unirte a clases grupales o a una clase de yoga. El fitness no siempre requiere que salgas de casa. Si llevas una vida ocupada, simplemente busca vídeos de ejercicios o yoga en línea o compra DVDs. Programa estas actividades en tu horario semanal.

Hábito 54 - Aumenta tus actividades básicas

Aunque estos pueden no estar incorporados en tu rutina diaria de ejercicios, haz un hábito consciente de aumentar tus actividades físicas diarias. Experimentarás muchos beneficios para la salud al hacer pequeños cambios en tus actividades básicas. Haz cambios lentos pero graduales en tu estilo de vida que te pueden ayudar a largo plazo. Camina a la tienda de conveniencia en lugar de conducir. Toma las escaleras en lugar del ascensor. Rastrilla las hojas en tu patio trasero. Estas actividades pueden sumar rápidamente un equivalente de más de 2 horas de cardio a la semana.

Hábito 55 – Comienza un blog o diario de responsabilidad

Tu compromiso y responsabilidad con una resolución aumentan cuando la haces pública. Obviamente, nadie quiere ser visto como una persona que no cumple su palabra. Comienza a poner las cosas por escrito (o en un blog si lo prefieres) para rastrear tu progreso en fitness. Al final de cada día, menciona tu dieta, actividades físicas y régimen de entrenamiento.

Escribe sobre los viejos hábitos de los que quieres deshacerte y cómo los estás reemplazando con hábitos nuevos y más positivos para presenciar una transformación completa. Menciona cómo el nuevo plan y los alimentos están impactando tu cuerpo, mente y espíritu de manera positiva. Si hay algún desafío en el camino, menciónalos y también las medidas que tomaste para superarlos. Lleva un registro del progreso que haces en dirección a tus metas.

Hábito 56 - Hazte chequeos de salud regulares

Además de comer saludablemente y llevar una vida físicamente activa, es importante realizarse un chequeo físico regular. Esto puede ayudar a apoyar tus metas de fitness y salud, al mismo tiempo que pone de manifiesto cualquier disfunción. Consulta a un dietista, médico o nutricionista profesional antes de intentar cualquier nuevo plan de dieta. También puedes recurrir a los servicios de un entrenador personal para guiarte hacia tus metas de salud y fitness.

Capítulo Nueve: ¿Por qué reinventar la rueda?

La mayoría de las cosas en la vida no necesitan ser reinventadas. Probablemente necesites mejorar una idea, concepto o pensamiento existente. Quizás encontrar una manera de hacer las cosas de manera diferente para producir una mayor eficiencia o resultados. Sin embargo, no es necesario reinventar la rueda todo el tiempo.

Piensa en ello, tu tiempo en la tierra es limitado, y solo tienes unos pocos años para ser productivo y construir riqueza. ¿Por qué harías algo desde cero que consume todo tu tiempo cuando puedes simplemente copiar y pegar un sistema que ya está funcionando bien para otros? La forma más inteligente de progresar en el mundo de hoy es seguir algo que ya ha demostrado ser un éxito o emular un modelo probado.

Hábito 57 – Comienza donde empezaron tus ídolos, no donde están actualmente

El éxito radica en los detalles. Duplicar un sistema con éxito también es un arte. Por ejemplo, no puedes modelar tu negocio a partir de alguien que está 2000 pasos por delante de ti. Si estás construyendo una red social para viajeros, no puedes emular lo que Facebook está haciendo ahora. Tendrás que retroceder a lo que hizo Zuckerberg cuando lanzó Facebook. El enfoque correcto sería identificar todos los puntos clave que implementó para ayudar a Facebook a ganar la tracción inicial adecuada. Por ejemplo, enfocándose en estudiantes de Harvard, induciendo un sentimiento de ser parte de una comunidad exclusiva y desarrollando una plataforma para personas con intereses similares.

En resumen, toma el principio fundamental básico de un plan y aplícalo a tu idea. En el ejemplo anterior, usamos los principios fundacionales básicos de Facebook para construir una red social exclusivamente para viajeros. Entiendes la idea, ¿verdad? Tienes que elegir con juicio lo que ellos hicieron en el mismo estadio o nivel en el que te encuentras actualmente.

Supongamos que eres una start-up de entrega de comida que tiene cuatro empleados. Ahora, no te modelas alrededor de lo que un gigante de la entrega de comida está haciendo actualmente con más de 2000 empleados. Emulas lo que ellos hicieron cuando comenzaron con cuatro empleados. ¿Cómo puedes modelar los métodos actuales de un multimillonario con $200 en tu bolsillo? Tienes que adoptar los métodos que él/ella adoptó para convertirse en multimillonario cuando tenía $200.

Hábito 58 – Mantente al día con las tendencias cambiantes dinámicamente

Los principios de la tecnología, hacer negocios y comprar pueden no ser los mismos hoy que hace unas décadas o años. También hay que considerar el tiempo, las tendencias cambiantes y un cambio en la forma en que se hacen los negocios. Por ejemplo, hace unos años, los minoristas de comercio electrónico dependían únicamente de las computadoras para generar ventas. Hoy, si ignoras a los usuarios de teléfonos inteligentes y tabletas, dejarás mucho dinero sobre la mesa para los competidores.

Si quieres emular un negocio, observa los principios en los que se basa en lugar de cómo lograron exactamente algo. Las cosas cambian dinámicamente en la era actual. Para mantenerte al día con el mundo empresarial de ritmo rápido y lleno de acción, busca principios más amplios que la técnica exacta. Sin embargo, si puedes encontrar el éxito utilizando lo exacto, ¿qué te impide usarlo?

Hábito 59 - Por qué no crear un método único

Puede que te preguntes por qué no se debería crear sus propios métodos y sistemas únicos. Si estás en el negocio de la invención, entonces sí, por supuesto, crea tus propios métodos y sistemas a través de prueba y error. Sin embargo, si tu objetivo es tener éxito en un campo que ya está establecido, no hay necesidad de reinventar la rueda ni de gastar tiempo, dinero y esfuerzo tratando de encontrar una manera diferente de hacer las cosas (cuando el método actual claramente está funcionando).

Identifica lo que es efectivo para otros, imítalo inteligentemente y añade tu propio giro único para luego recrear un modelo diferente y mejor. Necesitas ideas para inspirar las tuyas, un proceso de trabajo ya establecido que emular. Piensa en corporaciones como Apple. Ciertamente no fue la primera en inventar su línea de productos. Fueron lo suficientemente ingeniosos como para innovar sobre cosas que ya existían.

¡Los emprendedores inteligentes son imitadores más astutos! No pierden tiempo creando cada parte de la rueda o cada aspecto de su modelo de negocio. Son innovadores astutos, no inventores que consumen tiempo. La mayoría de las grandes organizaciones llegaron a su gloria a través de la innovación y la imitación.

¿Por qué crees que los mercadólogos en internet están ganando una fortuna vendiendo sus estrategias secretas para ganar dinero en línea? Ganan más dinero enseñando sobre estas estrategias de lo que probablemente ganan con su negocio en línea. Lógicamente, si estuvieran ganando más con el negocio, ¿no estarían guardando estos secretos para sí mismos en lugar de invitar a más competencia? Esto se debe a que hay una gran demanda de sistemas imitadores en el mundo en línea y fuera de línea hoy en día. La gente quiere invertir su dinero, tiempo y energía en cosas que ya se ha demostrado que funcionan.

Construir algo desde cero lleva mucho tiempo, dinero y esfuerzo, y ofrece resultados mínimos. El tiempo es precioso. Pasas una gran cantidad de tiempo tratando de construir un negocio solo para darte cuenta de que has gastado tu tiempo en una mala inversión o que has obtenido pocos resultados que simplemente no valen la pena. Ajusta lo que ya está en su lugar y apropíate de ello como un jefe. ¡Esa es la manera inteligente de hacer negocios hoy en día! Piensa en productividad y eficiencia: piensa en términos de crear grandes resultados en un período de tiempo más corto para aprovechar al máximo tu tiempo, esfuerzo e inversión de dinero. Las empresas efectivas generan grandes ganancias en un período de tiempo relativamente corto. En lugar de buscar nuevos sistemas y probar plataformas tecnológicas, encuentra un negocio exitoso en tu campo y copia el sistema que utilizan. ¡Obviamente lo están haciendo muy bien!

Hábito 60 - Encuentra un líder empresarial en tu industria

Identifica a una persona que tenga éxito en un negocio similar al tuyo o en uno en el que aspiras a entrar. Si estás presenciando un crecimiento lento en algún aspecto del negocio, sería inteligente identificar quién tiene éxito o buscar un líder en el mismo campo comercial y copiar su método. Por ejemplo, si estás teniendo un buen desempeño en la retención de clientes pero el negocio flaquea cuando se trata de adquirir nuevos clientes. Identifica un negocio en tu industria que esté teniendo un gran éxito en la adquisición de nuevos clientes. A continuación, copia sus métodos de adquisición de clientes (quizás añade tus propios giros innovadores).

Hábito 61 - Aspira a estar más cerca del líder de la industria

Estudia cuidadosamente al líder empresarial acercándote tanto como sea posible a su círculo íntimo. Opta por estar en la lista de líderes de ellos. Inscríbete en sus boletines informativos. Síguelos en sus redes sociales para ver qué tipo de publicaciones generan la máxima reacción. Observa qué provoca que su audiencia se involucre, converse y tome acción. Intenta establecer una relación con el fundador, líder de pensamiento o influencer del negocio. Asiste a seminarios que ellos conduzcan o donde puedas encontrarlos. Síguelos en Facebook, LinkedIn y Twitter. Conéctate para abrirte camino en su círculo íntimo.

Una de las mejores maneras de hacer esto es dejando consistentemente comentarios perspicaces en sus blogs y publicaciones en redes sociales. Cuando dejas comentarios valiosos en las publicaciones de alguien o contribuyes a la discusión de manera perspicaz, la gente se da cuenta. Tarde o temprano, el líder te notará. Agrega valor y sigue ayudando a otros para que estos líderes de pensamiento te noten y te ayuden cuando necesites colaboración, sugerencias y consejos. Los líderes de pensamiento se sienten naturalmente atraídos por otros pensadores perspicaces y conocedores que presentan ideas y soluciones innovadoras.

Otro consejo súper para acercarse a los líderes de pensamiento es enviarles un correo electrónico y contarles por qué los admiras. No pidas ningún favor o sugerencia. Simplemente menciona una o dos razones específicas por las que los admiras. Por ejemplo, "Realmente aprecio la forma en que aportas soluciones estratégicas y creativas para la retención de empleados" o "tus opiniones sobre fusiones y adquisiciones fueron inusuales y bien pensadas". No hagas cumplidos vagos como "Realmente me encanta tu blog" o "Soy fan de tu escritura y opiniones". Ser específico es la clave. No parezcas desesperado cuando les envíes un correo. También recomendaría usar sus productos o servicios y compartir tus reseñas/comentarios al respecto.

Hábito 62 - Observa cómo hace negocios

Persigue (bueno, no literalmente) a tu líder empresarial para aprender cómo hacen negocios y por qué. Identifica y destaca sus mejores prácticas. Observa cómo llevan a cabo su negocio. Cuando aprendes cómo lo hacen los maestros, ¿por qué hacerlo de otra manera? ¿Cómo opera la persona su negocio? ¿Cuáles son los distintos aspectos de su negocio? Comprende su modelo de negocio y monetización.

Recoge una o dos cosas de su operación para acelerar tu negocio. Por ejemplo, puedes observar que los mejores desempeñadores y fundadores de la empresa están casi siempre involucrados en dar presentaciones a los clientes para mejorar sus resultados, mientras que han contratado personal de apoyo para actividades que consumen tiempo, como enviar correos electrónicos en su nombre a clientes potenciales. Te das cuenta de que la delegación maximiza el tiempo, los esfuerzos y las habilidades. Sigue su ejemplo y emplea las mismas estrategias para tu negocio.

En el mundo de hoy, es fácil comprender un modelo de negocio porque todo está en línea. Estudia el negocio a fondo en línea para conocer su funcionamiento interno. ¿Tiene el negocio una presencia en línea? ¿Cómo están diseñadas sus páginas de aterrizaje, blogs y sitios web? ¿Cómo están redactados sus correos electrónicos y publicaciones en redes sociales? ¿Cómo se redacta su texto de ventas? ¿Cómo se escriben sus blogs? ¿Cómo interactúan el propietario/fundador/personal con los seguidores en los canales de redes sociales? ¿Cómo lanzan sus productos? ¿Cómo generan expectativa antes, durante y después del lanzamiento?

Líderes empresariales imitadores. Comienza a aplicar las prácticas más efectivas de tu mentor empresarial a tu negocio, un pequeño paso a la vez. Varios negocios en línea y fuera de línea han encontrado un gran éxito al emular e innovar sobre los sistemas de otras empresas exitosas.

Por supuesto, el trabajo duro no se puede descontar. Sin embargo, hoy en día, también se trata de estrategias de trabajo inteligente y una de las cosas más inteligentes que puedes hacer para disparar tu camino hacia la riqueza y el éxito es seguir sistemas de generación de dinero establecidos.

Si piensas que el empaque de un producto es enormemente atractivo para los clientes, ¿por qué optar por otros colores? De manera similar, si la fuente y la ubicación de la imagen están funcionando maravillosamente para el diseño de una cubierta de libro, ¿por qué experimentar con algo más? Ha habido personas exitosas antes que tú que ya han hecho el trabajo duro al experimentar. Ahorra el sudor y simplemente imita tu camino hacia el éxito siguiendo lo que está demostrado que funciona.

Hábito 63 – Lleva un registro de todo lo que te inspira

Un astuto imitador siempre tiene un álbum de recortes lleno de ideas. Hay muchas aplicaciones y funciones de notas que puedes usar en tu smartphone o tableta para el proceso de creación de ideas o toma de notas. Observa a cualquier visionario exitoso con muchas ideas. Sus libros y aplicaciones siempre están llenos de bocetos, imágenes, historias, pistas de una palabra y ideas escritas de manera aproximada.

De esta manera, cuando te encuentres con una idea que puedas usar para tu propio negocio, puedes anotarla rápidamente para futuras referencias. Las ideas a menudo se pierden cuando no se comprometen a un documento porque nuestro cerebro hiperactivo solo puede recordar tanto. Hazte el hábito de registrar tus ideas y sistemas que deseas emular. Puede ser cualquier cosa, desde una nueva palabra o frase utilizada por un competidor que se pueda usar en tu propio contenido o un sistema que una empresa esté utilizando para reducir sus costos operativos.

A veces, las ideas de otra persona te inspirarán y motivarán a construir tus propias ideas en torno a ellas. Nuestras propias ideas provienen de una combinación de diferentes ideas, que fueron creadas por otros líderes en fragmentos imprecisos.

Hábito 64 – Copiar ideas y conceptos

A menos que haya una clara ley o legislación de derechos de autor intelectual en tu región de la que no tenga conocimiento, afortunadamente, no hay nada que te impida tomar prestadas las ideas de otras personas. Consideremos un ejemplo. Digamos que quieres tener un gran éxito en la industria de la auto-publicación. Ahora, notas que un autor de eBooks exitoso está ganando mucho dinero al auto-publicar libros en Kindle.

Obviamente no puedes copiar lo que escriben, ya que está protegido por derechos de autor. Sin embargo, hay ideas y conceptos que puedes tomar prestados para experimentar el mismo éxito que tiene el autor más vendido.

Así que notas que el autor no solo crea eBooks, sino también versiones de audio y discursos a partir de ellos. Esta es la fórmula principal de su éxito. O probablemente ofrezcan libros en versión empaquetada para dar un mayor valor a sus lectores. ¡No hay nada que te impida usar su fórmula de éxito! Así que, aunque no puedes, en esencia, copiar todo, puedes tomar prestadas ideas, fórmulas, conceptos y estrategias exitosas para tu propio trabajo o negocio.

Como imitador, es extremadamente importante cumplir con las leyes y la cortesía básica. Sé respetuoso con el trabajo de otras personas. Da crédito donde se debe. No hagas a otros lo que no te gustaría que te hicieran a ti. Ten en cuenta los derechos de autor y otras leyes antes de simplemente copiar y pegar el sistema o las ideas de alguien. Mira a tu alrededor y encontrarás imitadores por todas partes. FedEx tomó prestado del Servicio Postal de EE. UU. y creó su propia tarifa plana de envío. ¿Es una idea nueva? Si viste The Costco Craze de CNBC, Inside the Warehouse Giant, sabrás de qué hablo. Costco envió a sus empleados a las tiendas de la competencia para rastrear y enviar detalles de productos y precios a la oficina central de la empresa. Lo llamaron inteligentemente investigación de mercado, cuando en realidad no era más que imitación. No te presiones a ti mismo para crear nuevas ideas todo el tiempo. La originalidad a veces está un poco sobrevalorada, a menos que se te ocurra algo realmente revolucionario y rompedor. En su lugar, sal y busca ideas ganadoras que puedas copiar o mejorar.

En el ejemplo anterior, escribe tu propio eBook exitoso sobre un tema que funcione pero dale tu propio giro único. Por ejemplo, si te das cuenta de que los libros sobre cómo disfrutar de un matrimonio feliz funcionan bien, puedes darle tu propio enfoque sobre cómo reconstruir la confianza y disfrutar de un matrimonio feliz después de una infidelidad. Estás tomando un tema ya establecido y probado, pero también agregando tu propio ángulo único para definir a tus lectores. Las costillas y los huesos ya están ahí, solo agrega el cuerpo. La hamburguesa está lista, disfrútala con tu propia salsa original. ¿Entiendes?

Hábito 65 – Formar asociaciones benéficas

Las colaboraciones y asociaciones mutuamente beneficiosas

son una excelente manera de hacer crecer tu negocio a largo plazo. Puedes tener una página de redes sociales o una comunidad para madres o viajeros. ¿Cómo puedes monetizar ahora? Quizás acercarte a otras comunidades similares y unir fuerzas para acercarte a marcas de productos para mamás y bebés o de viajes para publicidad con un mayor número de seguidores. De manera similar, un negocio puede beneficiarse de algo que tú tienes, como una audiencia más grande, mientras tú puedes aprovechar su experiencia en el tema. Es una situación en la que todos ganan, al mismo tiempo que ayuda a ambas empresas a ahorrar dinero, tiempo y esfuerzo precioso.

Capítulo Diez: Consigue un Mentor

"Dicho esto, también debo agregar que aprendí mucho al ser admitido en estos círculos privilegiados y estoy agradecido por la oportunidad de haber trabajado de cerca con algunas de las personas más poderosas y exitosas del negocio, incluyendo a Steven Spielberg y Ted Turner." — Douglas Wood

¿Te preguntas cómo adquirieron conocimientos las personas antes de Google, las universidades o incluso los libros? Aprendieron de otras personas. Acercarse y aprender de otros se ha vuelto aún más fácil ahora con la llegada de internet y las redes sociales. Los influencers, líderes empresariales y líderes de pensamiento son más accesibles y están más abiertos a interactuar con su audiencia que nunca. El mentorazgo se remonta a la antigua era griega, cuando los filósofos tenían sus propias disciplinas a través de las cuales transmitían todo su conocimiento y sabiduría. Es un método probado y comprobado de aprender de la experiencia, sabiduría y estrategias de los jugadores experimentados en el mercado.

Conseguir un mentor sólido, experimentado y conocedor puede acelerar tu éxito 10 veces más rápido. ¿No sabes cuáles son las mejores prácticas para conseguir un mentor? ¡Estoy revelando todos los secretos aquí!

Hábito 66 – Nunca pidas directamente

La cosa más estúpida que alguien ha hecho es acercarse a mí con correos electrónicos preguntando si sería su mentor. ¡Un gran no! Nunca acerques a los líderes que admiras con correos urgentes pidiéndoles que sean tu mentor. Pensarán que estás siendo groseramente delirante. La mayoría de las personas son serviciales y no les importa colaborar cuando necesitas orientación o sugerencias, pero no van a estar pegados a ti. Así que la palabra mentor probablemente los hará huir en otra dirección.

Además, la ayuda no es un camino de una sola dirección. Si las personas se esfuerzan por hacer algo por ti, esperarán que tú también devuelvas el favor. ¡No hay almuerzos gratis en el mundo! Mantén tu comunicación breve, directa y simple. Puedes hacerles una o dos preguntas o hacerles un cumplido específico (como se discutió en el capítulo anterior). Evita pedir un gran favor desde el principio.

Cuando alguien te está ofreciendo un gran valor, no lo menosprecies ofreciendo comprarle un café o algo tonto en ese sentido. Tienes que ser lo suficientemente convincente como para merecer el tiempo y la atención de alguien.

He probado múltiples enfoques a la hora de acercarme a mentores, el que funciona de manera efectiva para mí es ofrecer un cumplido específico al mentor líder de pensamiento, seguido de mi propia opinión sobre algo de lo que han escrito recientemente en su blog, y finalmente terminar con una pregunta en la que necesito más orientación. ¡Casi siempre funciona! Has satisfecho su ego al decirles que admiras su trabajo y luego has revelado tu conocimiento / inteligencia al ofrecer tu propia perspectiva única sobre un tema que discutieron recientemente. ¡Finalmente, dándoles la máxima importancia al buscar sus valiosas aportaciones sobre un problema, cuestión o tema! ¿A quién no le gusta que las personas busquen su orientación y sugerencias?

Hay toneladas de hilos de discusión y comunidades en LinkedIn, que es una mina de oro para mentores. Encuentra un hilo o comunidad que sea relevante para tu negocio/industria, busca líderes de pensamiento activos y mentores que inicien conversaciones regularmente, y añade valor a las discusiones que ellos inicien. Así es como construyes tu presencia. ¡No solo le pides a alguien algo, sino que ganas tu lugar como su mentee!

Diga que está buscando trabajo y se encuentra con alguien influyente dentro de una industria donde desea establecerse. Se le presenta a la persona en un evento de networking/seminario. ¿Qué hace a continuación? ¿Les pide un trabajo? ¡Se verá como un completo perdedor! En su lugar, ¿qué tal si les pide un pequeño favor (examinar su CV en busca de sugerencias o comentarios antes de enviarlo a empleadores potenciales)?

De esta manera, presentarás ingeniosamente todo tu conjunto de habilidades a ellos, mientras también permaneces en su mente cuando surja un rol similar. Pueden conocer a alguien que podría necesitar tus habilidades o pueden contactarte para un puesto en su organización o en la de sus referencias. No le pediste directamente al influencer un trabajo, pero aún así hiciste progresos en el mundo de oportunidades dentro de su organización o industria. Ser inteligente y ingenioso es la clave.

Además, las personas se sienten realmente bien cuando les pides que compartan su opinión sobre algo. Así que, estás cumpliendo un doble objetivo al pedir a mentores de alto nivel que revisen tu currículum.

Hábito 67 – Pasar tiempo con personas activas aumenta nuestra propia energía de 'hacer'

La investigación ha demostrado que nos volvemos más

parecidos a las cinco personas con las que pasamos más tiempo. Obviamente, cuando pasas tiempo con personas, te guste o no, acabas asumiendo su energía a un nivel subconsciente. Ocurre de manera tan sutil y desconocida que ni siquiera te das cuenta. Así, si pasas más tiempo con personas atrapadas por la inercia, la procrastinación, la pereza, la negatividad, etc., comienzas a pensar y sentir como ellas.

En su lugar, elige a las personas con las que pasas la mayor parte del tiempo.

Asóciate con los exitosos y ricos para adquirir su energía dinámica, mentalidad y acciones. Rodéate de personas que discutan ideas y soluciones en lugar de problemas. Pregúntate si interactuar con una persona agrega valor a la búsqueda de ser exitoso y rico. ¿Contribuyen a tu crecimiento general?

Me gustaría que hicieras un pequeño experimento la próxima vez que estés con un grupo mixto de personas o en una fiesta de oficina. Interactúa con un grupo de personas de alto rendimiento o exitosas y con un grupo de personas que no rinden tan bien o que tienen un rendimiento promedio. Las conversaciones del primer grupo serán muy diferentes de las del segundo.

Mientras que los performers siempre piensan en términos de su próxima acción, ideas o soluciones, los performers promedio estarán ocupados culpando al sistema, a otras personas y a las circunstancias por su inacción. Tendrán un enfoque más reactivo que proactivo. ¡Sus conversaciones estarán centradas en excusas y problemas, no en soluciones e ideas!

Rápidamente aprenderás a diferenciar entre estos dos grupos y harás un esfuerzo por rodearte de personas exitosas una vez que observes cómo impacta en tus propios pensamientos, acciones, mentalidad y hábitos.

La mayoría de las personas exitosas y ricas no se volvieron ricas y exitosas de la noche a la mañana. Transformaron su vida al provocar una transformación en su mentalidad. Antes de poder adquirir riqueza y éxito personalmente, empezaron a pensar como ricos y exitosos. Cuando te relacionas con estas personas ricas y exitosas, desarrollas las mismas ideas ganadoras y una mentalidad que proporciona soluciones.

Hábito 68 – Mantente en contacto

No esperes recibir una respuesta con un solo correo electrónico o comentario en redes sociales. Cuando te acercas a las personas directamente para que sean tu mentor, hay diferentes maneras de hacerlo. Probablemente los conociste en un evento de networking y no quieres que te olviden, en cuyo caso puedes enviarles un mensaje o correo electrónico diciendo que fue maravilloso conocerlos y que te gustaría mantenerte en contacto con ellos para futuras asociaciones/colaboraciones.

Deja mensajes en días festivos y celebraciones para que sigas presente en su mente. A veces, cuando pides algo, pueden no responder o pueden contestar negativamente, diciendo que están ocupados. Acepta esto con gracia y diles que entiendes. Intenta enviarles información o enlaces que sean relevantes e interesantes para ellos en el futuro. Intercambiar correos electrónicos sobre recomendaciones de libros, blogs, artículos de periódicos y preguntas es una buena manera de mantenerte conectado con tus mentores.

Es posible que no te encuentres con estas personas con frecuencia. Sin embargo, pregúntales amablemente por sus sugerencias y aplícalas. Dale tiempo a la relación para que crezca. Sin embargo, mantén el impulso estando en contacto con ellos regularmente. Si te ofrecen una sugerencia, consejo o recomendación que funcionó, no olvides enviarles un correo mencionándolo. Los mentores estarán aún más motivados para ofrecer sus consejos, sugerencias y recomendaciones a personas que realmente lo aprecian.

Crea razones inteligentes para hacer un seguimiento con la persona para mantener la conexión y la relación de manera continua. Si discutiste un tema específico con ellos durante tu reunión cara a cara, envíales blogs o artículos relacionados con él junto con una nota sobre cómo disfrutaste discutir el tema con ellos y pensé que podrían encontrar el blog/artículo interesante o valioso. Agrega referencias o fragmentos de la conversación que ambos compartieron.

Nunca olvides enviar una nota de agradecimiento si te hacen un favor o te ofrecen valiosos consejos/sugerencias/recomendaciones. Si algo de lo que los mentores te dijeron funcionó maravillosamente bien, no olvides mencionárselo. Sigue buscando razones y oportunidades para mantenerte conectado. No tiene sentido construir tu red sin hacer un esfuerzo por mantener el contacto regularmente.

Hábito 69 - Tómate en serio tu oficio

Cuando te acerques a alguien que es muy exitoso en su campo, hay altas probabilidades de que se tome su oficio muy en serio. Las personas exitosas y de alto nivel menosprecian a los que desperdician energía y tiempo. Tienes que demostrar que te tomas tu oficio en serio para que ellos te tomen en serio. Mantén la misma intensidad, pasión, energía y fervor por el trabajo que ellos. Muéstrales cómo estás dispuesto a hacer un esfuerzo adicional solo para aprender de ellos. Rompe los límites. Deja que tu energía y entusiasmo contagien a otros.

Hábito 70 - Evita ser un aprendiz pasivo

Conozco a personas que piensan que han alcanzado el éxito mundial una vez que se enganchan a un mentor. No funciona de esa manera. No eres un aprendiz pasivo. Estás a cargo de tus metas, cultivando una relación con tu mentor, buscando activamente su consejo y asistiendo a eventos siempre que tengas la oportunidad.

Tus esfuerzos no deberían terminar una vez que consigas un mentor. Construir una red fabulosa de mentores requiere compromiso, tiempo y energía. A veces, tendrás que viajar a lugares lejanos solo para conocer a alguien que siempre has admirado en una industria. Conócete a ti mismo, tus valores y tu estilo de trabajo para obtener el máximo valor de tu relación con el mentor.

Hábito 71 – Encuentra a alguien que llene los vacíos en tu conjunto de habilidades

No persigas a un mentor que sea tu clon. Por supuesto, quieres encontrar a alguien cuyas ideologías, valores y estilo de trabajo coincidan con los tuyos. Sin embargo, busca a alguien que pueda compensar las lagunas en tus habilidades. Hay valor en hacer tus fortalezas aún más fuertes, pero hay un mayor valor cuando alguien puede ofrecerte orientación y consejo en un área en la que claramente tienes dificultades. Alguien que pueda complementar tus habilidades es un gran mentor.

Construir éxito y riqueza se trata de estar en un estado constante de aprendizaje y tener a las personas adecuadas a tu alrededor para acelerar el proceso de aprendizaje. Es importante que el mentor complemente tus propias fortalezas.

Por ejemplo, puedes ser un maravilloso diseñador de aplicaciones que crea las aplicaciones más elegantes con la habilidad tecnológica necesaria. Sin embargo, puede que te falte el ingenio para el marketing para promocionar estas aplicaciones a los usuarios. Un buen mentor es alguien que puede intervenir y llenar ese vacío para ayudarte a generar mejores ideas de marketing y promoción.

Hábito 72 – Evitar seguir a un mentor ciegamente

Entiende que nadie puede vivir tu vida. Los mentores están ahí para ofrecerte consejos, sugerencias y perspectivas basadas en su experiencia. Sin embargo, estos pueden no ser adecuados para ti o pueden necesitar algunos ajustes o puede que necesites construir sobre sus ideas. Los mentores no pueden tomar decisiones drásticas o unilaterales por ti.

Solo pueden ofrecer sugerencias. Si aplica estas sugerencias y recomendaciones a su negocio/trabajo debe ser su decisión y discreción. El papel de un mentor es más ayudarle a reflexionar sobre algo que seguirlo ciegamente.

Hábito 73 – Tómate el tiempo para hacer conexiones genuinas

No pretendas ser una mariposa social saltando de un grupo a otro, dando la impresión de que conoces a muchas personas. Lo que importa es la calidad de tus conexiones, no la cantidad. Tómate el tiempo para hacer conexiones genuinas con cada persona. Explora cómo puedes agregar valor a lo que están haciendo y cómo puedes beneficiarte de su experiencia y conocimiento. No te apresures de una persona a otra en un intento de adquirir muchas tarjetas de presentación. Sin embargo, pasar media hora con un buen contacto es más valioso que pasar 2-3 minutos con 10 contactos.

Aprovecharás al máximo tus oportunidades de networking al enfocarte en contactos genuinos. Identifica a un grupo selecto de líderes, mentores y contactos, y concéntrate en ellos en lugar de adquirir una bolsa llena de tarjetas de visita sin significado, donde las personas ni siquiera recuerdan haberte conocido. Tómate el tiempo para averiguar cómo tú y el líder/mentor pueden agregar valor a los proyectos o negocios del otro. Si les ofreces una propuesta de valor sólida, es probable que se asocien contigo de alguna manera.

Construir conexiones se trata de cultivar relaciones. No olvides agradecer a tus mentores, influencers o líderes de pensamiento por sus sugerencias, información o ayuda. Toma notas sobre lo que se discutió en tu última interacción con ellos para que puedas impresionarlos mencionando la conversación anterior. Esto añade un toque personalizado a la correspondencia.

Hábito 74 - Trata de ser parte de la mayor cantidad posible de grupos profesionales

Sé parte de grupos profesionales, organizaciones, cuerpos de negocios y clubes tanto en línea como fuera de línea, donde las personas de tu industria probablemente se reúnan. Estos son excelentes lugares para encontrarte con personas afines de las que puedes aprender o colaborar en el futuro. No te pierdas los eventos de networking empresarial, seminarios, conferencias, charlas, exposiciones y almuerzos dentro de tu ciudad o industria. Estos son los mejores lugares para conocer a personas de tu campo.

Hábito 75 – Ofrecerse como voluntario para contactar a las personas

Un consejo profesional que puedo ofrecerte para causar una impresión positiva en las personas es el voluntariado. Asume responsabilidades adicionales dentro de tu organización/fuera de la organización o ofrece ayudar al mentor yendo más allá de tu deber. Esta es una excelente manera de captar la atención de las personas y aumentar tu visibilidad. Cuando haya una oportunidad adecuada para una colaboración, asociación o trabajo, tu disposición proactiva aumentará tus posibilidades de ser considerado por encima de otros. Intenta buscar consejos de expertos sobre cómo expandir tu red.

Hábito 76 – Aprovecha el poder de tus contactos sociales pidiendo referencias

¿Recuerdas la regla de los seis grados de separación? Dice que cada persona en el planeta puede estar conectada a otra persona a través de un vínculo que comprende un máximo de cinco conocidos o contactos. Significa que estás más cerca de tu mentor de lo que piensas. Simplemente tienes que aprovechar el poder de tu lista de contactos existente para construir más contactos o adquirir un mentor. Conocer gente a través de contactos que ya conoces te ahorra el trastorno de acercarte a tu mentor como un extraño. Si quieres que te presenten a un gran líder o mentor en la industria, pasa tiempo con personas que lo/la conozcan.

No pidas sus datos de contacto ni solicites una cita de inmediato. Haz una petición cortés para ser presentado al importante. Presta atención a la función de introducción en LinkedIn, donde los contactos existentes pueden presentarte a nuevos conocidos profesionales.

Cuando veas un gran grupo en un evento de networking empresarial y conozcas a algunas personas del grupo, acércate y saluda a las personas que conoces, mientras te presentas a nuevos conocidos. Intercambia tarjetas de negocios y trata de obtener los datos de contacto de todos. Por supuesto, este no es el lugar para pedir trabajo, asociación, mentoría, negocios o cualquier favor. En cambio, pregunta por las sugerencias, consejos o recomendaciones de la persona.

Recuerda, estás aprovechando estos contactos para el futuro, lo que significa que pedir favores inmediatos es un gran no-no. Por ejemplo, si estás buscando trabajo, no puedes pedirle a alguien un trabajo de inmediato. En su lugar, puedes solicitar su consejo sobre consejos que puedan ayudar en tu búsqueda de empleo. Esto te presenta como un profesional menos desesperado y más creíble.

El objetivo principal al relacionarte con personas antes de acercarte a un mentor debe ser crear un vínculo y desarrollar asociaciones profesionales sostenibles y a largo plazo. No busques ganancias rápidas y a corto plazo cuando se trata de construir relaciones con mentores o personas influyentes en tu industria.

Sigue pidiendo a tus contactos actuales referencias o presentaciones. Cada persona que conoces, a su vez, conoce a unas 200 personas. No dejes sin aprovechar una fuente de red valiosa. Una de las formas más rápidas de hacer crecer tu red es solicitar recomendaciones a contactos existentes. Estarán aún más felices de compartir nombres de su lista de contactos si tú compartes algunos de la tuya.

Hábito 77 - Consigue un compañero de escucha

Cuando hablas, solo refuerzas lo que ya sabes. Sin embargo, cuando escuchas, aprendes algo nuevo. Evita hablar demasiado para impresionar a un posible mentor y escucha. Pide el consejo, la opinión y la perspectiva de la otra persona sobre un asunto importante dentro de la industria.

Deja que añadan valor a tu conocimiento. Si sigues hablando, la otra persona tiene la impresión de que no estás interesado en lo que están diciendo. Además, ofrece reconocimientos verbales y no verbales de que los estás escuchando atentamente. Las pistas verbales pueden ser "aha", "ohh" y "hmm", mientras que las pistas de escucha no verbales pueden ser asentir con la cabeza. También puedes parafrasear lo que la otra persona ha dicho para demostrar que has estado escuchándolos activamente. A mí también me gusta hacerle preguntas a la persona sobre lo que él/ella dijo, no solo para verificar mi comprensión, sino también para señalar de manera inteligente a la otra persona que he estado escuchándolos atentamente. A menudo no nos damos cuenta de que nuestras habilidades de escucha impresionan a las personas tanto como nuestras habilidades de habla. Puedes plantear preguntas perspicaces sobre algo que han dicho para sorprenderlos.

Consejos para acercarse a influenciadores y líderes de opinión en redes sociales y otras plataformas en línea

Hábitos 78 - Investigación y más investigación

Hay múltiples herramientas como Buzzsumo (con su potente suite de influencers) que te permiten no solo descubrir, sino también contactar y estudiar datos de influencers. Tienen un práctico motor de búsqueda que permite a las personas encontrar a los influencers más poderosos en cualquier tema/industria. También hay características adicionales que ayudan con tu plan de alcance. Otra aplicación útil que te permite identificar influencers en redes sociales y monitorear conversaciones es Hootsuite. Puedes crear y guardar una lista de Twitter en la plataforma para seguir fácilmente los detalles de tus influencers y el compromiso. ¿Qué tan genial es eso?

Hábito 79 – Únete a chats en línea en los que tu influencer objetivo esté especialmente activo.

Hay muchas conversaciones ocurriendo en plataformas en línea si estás tratando de perseguir una relación con el influencer deseado y luego participar activamente en las conversaciones. Encuentra las conversaciones más activas y expertos en Reddit, Quora, Grupos de LinkedIn y otros seminarios web de nicho. Identifica dónde pasan el tiempo tus influencers y comienza a hacer sentir tu presencia en estas plataformas. Twitter es un buen lugar para empezar a impresionar a los influencers dentro de tu industria. Organizadas por un hashtag, hay muchas conversaciones ocurriendo en el mundo en línea. Encuentra las que sean relevantes para tu industria o área de especialización y ¡destaca!

Hábito 80 – Aprovechar contactos mutuos

Esta no es la estrategia más revolucionaria, pero a menudo son los conceptos básicos que ignoramos. Busca cualquier conexión mutua entre tú y el influencer. El mundo es más pequeño de lo que creemos. Acércate a tu propio contacto de redes sociales o seguidor y pídeles que te presenten al influencer. De esta manera, no se sentirán sorprendidos.

Hábito 81 - Manténlo organizado

Si estás contactando a muchos influencers con la esperanza de que uno de ellos acceda a ser tu mentor, mantén todo organizado. Lleva un registro de las fechas en las que te acercaste a ellos, las conversaciones que tuviste, la fecha/hora en que te pidieron que les contactaras de nuevo y más. De esta manera, es probable que impresionen a estos influencers con tu diligencia y esfuerzos disciplinados. Además, evitarás muchas situaciones incómodas.

Hábito 82 - Prueba MicroMentor o Mentoring de SCORE

Estas dos son plataformas en línea que brindan a los propietarios de pequeñas empresas y principiantes acceso a un mentor. Puedes encontrar muchos mentores aquí o incluso ofrecerte como uno tú mismo. SCORE Mentoring cuenta con voluntarios con experiencia en 62 industrias, por lo que hay muchas posibilidades de que encuentres a alguien que conozca tu industria al dedillo. Aprovecha el poder de estas plataformas para encontrar a tus mentores en línea.

Cómo encontrar y retener a un mentor - los pasos

La mayoría de las personas no entienden el concepto de mentoría, y eso incluye mis primeros días también. A menudo pensamos que la mentoría se trata de nosotros y de encontrar al mejor mentor/maestro. ¡No! Necesitas a alguien que no solo conozca bien su oficio, sino también a alguien que invierta en ti y te enseñe. Y, finalmente, tienes que hacer el trabajo; ¡el mentor solo te guiará hacia ello! Aquí están mis pasos secretos para no solo conseguir un mentor increíble, sino también mantenerlo.

Hábito 83 - Busca a alguien a quien quieras emular

No te dediques solo a buscar un mentor y agarra al primer pato que encuentres. No solo necesitas a alguien que sea rico, exitoso y bueno en su trabajo. También quieres a alguien cuyos valores, estilo de trabajo y perspectiva coincidan con los tuyos. ¿A quién aspiras a parecerte? Encuentra a alguien que admires, te guste y con quien puedas identificarte. Tómate tu tiempo para evaluar varios candidatos antes de decidirte por tu mentor, que es muy probablemente la persona en la que quieres convertirte en unos años.

Hábito 84 - Investigar a la persona

Una vez que hayas identificado a un mentor o un par de mentores, conócelos a fondo. Sigue sus blogs y cuentas de redes sociales. ¿Te gusta su persona pública? Asegúrate de entender sus fortalezas y limitaciones. Mantén expectativas realistas.

Hábito 85 – Programar una reunión

Como discutimos anteriormente, no le pidas a la persona que

sea tu mentor. En su lugar, prepara una lista de preguntas, pero no la saques frente al mentor. Úsala para guiar tus conversaciones, que deben fluir de manera orgánica. Adáptate al estilo de comunicación del mentor. Si él/ella se muestra más formal, adopta un enfoque similar. Sin embargo, no caigas en la trampa de actuar como viejos amigos si él/ella se comporta de manera muy fresca y casual. Evita tomarte libertades con tu mentor y mantiene la ecuación de mentor y aprendiz a lo largo de todo el proceso.

En lugar de solicitar una reunión formal, pide hablar con tu mentor durante un café o un brunch. Mantén la reunión por menos de un par de horas. La primera reunión debe ser breve y al grano para que tengan ganas de volver a conocerte. Si se extiende demasiado, los harás huir.

Hábito 86 - Evaluar la interacción

Una vez que conozcas a esta persona, pregúntate si quieres pasar más tiempo interactuando con ellos. ¿Cómo son sus vibras? ¿Te hacen sentir positivo, inspirado y alentado a alcanzar tus metas? ¿Te hicieron suficientes preguntas y las correctas? ¿Te proporcionaron respuestas a las preguntas que planteaste? ¿Sentiste una conexión con ellos? ¿Crees que la relación puede continuar durante un período de tiempo? Si la respuesta es mayormente sí, crea un plan de seguimiento.

Hábito 87 - Seguimiento

Está bien, ahora esto no es como salir. Puedes parecer ansioso y excesivamente ambicioso. De hecho, deberías mostrar un entusiasmo extra por ser el aprendiz de alguien. Solo asegúrate de no parecer demasiado desesperado. Hay una delgada línea entre los dos. Haz un seguimiento agradeciendo al mentor por su tiempo, paciencia y conocimientos. Puedes enviar un correo electrónico o un mensaje de texto sin parecer demasiado exigente.

Aprovecha esta oportunidad para mencionar que te gustaría volver a encontrarte con ellos. Si él/ella acepta, toma un calendario y fija una fecha y hora de inmediato si puedes. Asegúrate de que el mentor esté relajado y no sienta presión para ceder a tu solicitud.

Habit 88 – Deja que la relación se desarrolle de forma natural

No pongas demasiadas expectativas en la mentoría ni forcés la construcción de relaciones. Permite que evolucione de manera natural a lo largo del tiempo. Es bastante parecido a cualquier otra relación, basada en la confianza mutua, la lealtad y el respeto. Dale tiempo para florecer. Forzar la relación solo matará una relación que de otro modo sería maravillosa.

Capítulo Once: Mantén un Enfoque Proactivo, No Reactivo

Una joven pareja estaba preparando la cena. La señora cortó los bordes del jamón antes de ponerlo en una bandeja para hornear. Su esposo le preguntó por qué lo hacía, ya que parecía ser un desperdicio.

La señora respondió. "Realmente no lo sé." Corté los bordes del jamón antes de hornearlo porque eso es lo que vi hacer a mi mamá."

La pareja luego se acercó a la madre de la señora y le preguntó por qué cortaba los bordes del jamón antes de hornearlo. "No lo sé. Mi madre siempre lo hacía y yo seguí su ejemplo."

A continuación, van a la abuela de la señora y le preguntan por qué siempre cortaba los extremos del jamón antes de hornearlo. Pat dio la respuesta: "esa era realmente la única forma en que podía hacer que el jamón entrara en mi sartén pequeña."

Esto es básicamente lo que la mayoría de las personas hacen en su vida. Viven su vida en piloto automático, haciendo lo que otras personas hacen sin tomar el control de su vida o saber por qué hacen lo que hacen. Caminar dormido a través de la vida no te llevará a ninguna parte. Apenas nos detenemos a reflexionar sobre por qué hacemos lo que hacemos.

Simplemente reaccionamos a lo que se nos presenta en lugar de ser lo suficientemente valientes para construir nuestro propio camino. Hay múltiples opciones disponibles para nosotros y en nuestra limitada perspectiva reactiva de las cosas — no logramos ver el panorama general.

No hagas lo que otros hicieron con su 'pan.' Tienes tu propio 'pan' único. Sé lo suficientemente proactivo para determinar cómo y por qué haces algo.

Permíteme ser completamente claro aquí: rara vez vas a construir una vida rica, exitosa y satisfactoria adoptando un enfoque reactivo. Las personas reactivas son guiadas por sus circunstancias externas, otras personas y cosas fuera de su control, lo que significa que si tienes un enfoque reactivo, estás limitando tus posibilidades de éxito. Si tu empresa está en un proceso de despidos masivos para reducir costos y pierdes tu trabajo, ese es el fin del mundo para ti. Las personas reactivas responden a las circunstancias y otras cosas más allá de su control, mientras que las personas proactivas aceptan la responsabilidad por sus acciones, independientemente de sus circunstancias, personas y otros factores que están fuera de su control. Ellos sostienen el volante de su vida y lo llevan a donde quieren, sin importar los baches y obstáculos a su alrededor. En lugar de ofrecer excusas o culpar a la gente o esperar a que una oportunidad llame a su puerta, ¡salen y crean puertas!

Las personas proactivas aceptan la responsabilidad por sus acciones y se hacen responsables de todo lo que hacen. O tienes una razón para tener éxito, donde triunfas a pesar de todos los obstáculos, o tienes una excusa para no tener éxito, donde fracasas a pesar de que se te ofrecen varias oportunidades. No puedes tener ambas cosas. Las personas reactivas tienen excusas, mientras que las personas proactivas tienen razones convincentes para tener éxito (sus motivos).

Acepta lo que está más allá de tu control y trabaja en ello. Hay algunas cosas que estarán más allá de tu control por mucho que desees cambiarlas. Tu raza, color de piel, etnicidad, antecedentes familiares, circunstancias de crecimiento, altura, lugar de nacimiento o lugar donde creciste, entre otros. Estos son algunos ejemplos de factores que están fuera de tu control. Simplemente no puedes hacer nada al respecto.

Todo lo que puedes controlar es cómo reaccionas a ello. Puedes quejarte del hecho de que naciste en un entorno desfavorecido y racial, o puedes convertir tus supuestas debilidades en fortalezas y pasar a convertirte en un campeón de la empatía con personas de diferentes ámbitos de la vida, siendo el presentador de televisión mejor pagado - piensa en Oprah Winfrey. Las personas exitosas se dan cuenta bastante pronto de que están a cargo de su vida y que la clave para desbloquear su destino soñado está en sus manos.

Sé que algunos de ustedes están pensando, sé que es genial ser proactivo, pero estoy luchando por desarrollar una mentalidad proactiva. No se preocupen, al igual que otras estrategias y principios para el éxito, aquí también les tengo cubiertos. Aquí están algunos de mis mejores consejos para desarrollar un enfoque más proactivo.

Hábito 89 – Enfócate en soluciones, no en problemas

Una gran diferencia entre las personas proactivas y las reactivas es que, mientras que las personas reactivas se centran en los problemas, las personas proactivas son centradas en la solución. Ellos eligen concentrarse en la solución en lugar de obsesionarse con un problema. ¡Todos se enfrentan a desafíos y circunstancias que están más allá de su control! Sin embargo, la forma de abordar estos obstáculos es lo que distingue a un ganador de un perdedor. Olvida lo que está fuera de tu ámbito de control y, en su lugar, concéntrate en lo que puedes hacer.

En el ejemplo de despido mencionado, no puedes controlar la recesión global y el aumento de los costos operativos. Sin embargo, puedes controlar cómo decides usar el tiempo que tienes una vez que estés despedido. Puedes volver a la universidad, aprender un curso para mejorar tus habilidades, tomar un trabajo a tiempo parcial mientras estudias, construir un negocio en línea desde casa o hacer varias otras cosas similares. Este es un enfoque proactivo. Un enfoque reactivo o de víctima sería: "He sido despedido o he sido golpeado por difíciles condiciones del mercado. No puedo hacer nada al respecto, solo esperar otro trabajo. Este es mi destino miserable." ¿Ves la diferencia? Las personas proactivas nunca jugarán a ser víctimas. Tendrán una visión más dinámica, amplia y orientada a soluciones de la vida.

Aprende a ganar tus desafíos en lugar de culpar a otras personas o circunstancias por ello. Solo tú eres responsable de alcanzar tus metas y solucionar tus problemas. Aunque muchas personas te apoyarán y te impulsarán, solo tú eres responsable de tu éxito o fracaso. Asume la responsabilidad de los desafíos en tu vida y conviértelos en oportunidades. Trabaja para resolver tus problemas en lugar de culpar a los demás.

Hábito 90 - Crea tu propia suerte

No puedes dormir hasta que la oportunidad correcta llegue a ti. Tienes que salir ahí fuera y crear tus propias oportunidades. ¿Qué tal dar unos pasos cada día para ser mejor de lo que eras el día anterior mientras avanzas en una trayectoria progresiva y positiva?

Haz un plano en papel sobre dónde quieres estar. Traza hitos para ti mismo con plazos precisos. Las cosas no suceden solo porque las desees desesperadamente. Ocurren cuando haces que sucedan.

Hábito 91 - Anticipa el futuro y ten tu plan listo

Las personas proactivas no se quedan sentadas esperando ser arrastradas por la lluvia. Estarán listas con sus paraguas. Desarrolla un enfoque más proactivo hacia la vida anticipando el futuro y preparándote con suficiente antelación. Al considerar los problemas potenciales que pueden surgir en el futuro, puedes planificar con suficiente antelación. Supongamos que has planeado unas vacaciones para dentro de unos meses. Comienzas a ahorrar fondos para las vacaciones reduciendo las salidas a comer y, en su lugar, optando por comidas caseras o eligiendo café en la máquina expendedora en lugar de comprarlo en cafeterías.

Esto te ayuda a cuidar tus gastos de comida, viajes y actividad durante el destino. Un enfoque reactivo sería planificar actividades, comida y otros gastos dependiendo de la cantidad que te quede durante el tiempo de tus vacaciones. El primer punto en el que trabajar para desarrollar un enfoque proactivo es anticipar el futuro y prepararse para ello.

Las personas con una mentalidad proactiva tienen una gran previsión. Rara vez son sorprendidas o están despreparedas para cualquier problema. Entienden cómo funciona todo a su alrededor. Observar patrones, identificar rutinas regulares y anticipar lo inesperado. ¿Cuáles son las prácticas diarias en su trabajo o negocio? ¿Cuáles son sus ciclos naturales? ¿Cuáles son los factores inesperados que pueden impactar su negocio o trabajo? De igual manera, no se sienta restringido por el pasado cuando se trata de hacer predicciones o anticipar el futuro.

Utiliza tu imaginación para anticipar resultados futuros. Usa una combinación de lógica, ingenio y creatividad. Piensa en varios escenarios de cómo pueden desarrollarse los eventos en el futuro. Algunas de las personas más proactivas que conozco están siempre en movimiento - anticipando, pensando, planificando y ejecutando. Son personas trabajadoras que no creen en permanecer inactivas o volverse complacientes.

Hábito 92 - Participa en lugar de ser una audiencia pasiva

Sé parte de tantas oportunidades, responsabilidades e iniciativas como sea posible sin quemarte. Si hay una responsabilidad adicional que asumir en tu lugar de trabajo, ¡ofrécele proactivamente! Sé parte de iniciativas comunitarias, competiciones y eventos. No seas una audiencia pasiva que simplemente mira a otros hacer lo suyo. Levántate, sal y hazte visible. ¡Esta es la única manera de atraer más oportunidades hacia ti, en lugar de sentarte y esperar a que sucedan!

Conozco a muchas personas que simplemente se sientan en las reuniones sin aportar ningún valor ni sus propias ideas, y luego se preguntan por qué no son promovidas. Añade tus propias opiniones en las reuniones y contribuye a agregar valor a cualquier esfuerzo profesional. No te limites a escuchar o reaccionar a las sugerencias de otras personas, aporta las tuyas. Observar desde la línea de banda no es lo mejor que puedes hacer si quieres desarrollar un enfoque más proactivo.

Hábito 93 - Evita saltar a conclusiones negativas y gestiona tus reacciones

Es fácil sucumbir a impulsos emocionales o hacer juicios apresurados. Las personas proactivas rara vez se involucran en pensamientos catastróficos o se rinden a sus emociones. Reúne toda la información que puedas antes de llegar a una conclusión. Mantén una perspectiva más amplia y abierta para pensar lógicamente y encontrar soluciones más equilibradas.

Así que le mandaste un mensaje a alguien y no respondió. No asumas automáticamente que te está evitando o que deliberadamente no está contestando tus llamadas. Piensa en pensamientos más equilibrados o realistas, como que debe estar ocupado, conduciendo o que no debe tener su teléfono con ellos en este momento. Pueden haber innumerables posibilidades.

En lugar de imaginar lo peor, piensa en posibilidades más realistas. Este es otro super consejo para construir un enfoque proactivo.

Ser proactivo requiere que te pongas en el lugar de la otra persona para entender las cosas desde su perspectiva. Esto evita que veas las cosas únicamente desde tu perspectiva y te da la capacidad de intentar encontrar una solución.

Hábito 94 - Rodéate de las personas adecuadas

Rodearte de personas positivas, trabajadoras, inspiradoras y proactivas es una de las mejores maneras de desarrollar una mentalidad ganadora. Dedica tu tiempo y energía a personas que están motivadas. No puedes gastar una gran parte de tu tiempo en personas reactivas que se hacen las víctimas y esperar demostrar un enfoque más proactivo. Evita a las personas perezosas, desmotivadas y negativas como a la peste. Te arrastrarán con su mentalidad negativa, y serás consumido por su inercia antes de que te des cuenta.

Hábito 95 - Haz un inventario de tus tareas

Ser proactivo se trata de estar organizado. Esto puede incluir todo, desde tu mentalidad hasta tu espacio de trabajo físico y tu agenda. Organizar proactivamente tus tareas permite que se completen de manera más eficiente y te da más tiempo para explorar oportunidades. Lleva una vida equilibrada, programa tiempo de ocio y mantén una perspectiva general positiva en la vida. Evalúa tus responsabilidades. Siempre sé el empleado, trabajador o empresario dispuesto a esforzarte más. Una actitud lista y dispuesta te hace más proactivo. Serás visto como alguien en quien se puede confiar. Aquí hay una lista de preguntas que puedes hacerte para desarrollar una mentalidad más proactiva.

1. ¿Cuáles son tus tareas/objetivos a corto y largo plazo?
2. ¿Cuáles son tus prioridades actuales?
3. ¿Qué tareas puedes consolidar, acortar o descartar por completo?
4. ¿Cómo puedes mantenerte al tanto de las tareas que no son urgentes?
5. ¿Cuáles son las cosas que necesitas aprender para ser excepcionalmente bueno en tu trabajo?
6. ¿Cuál es tu enfoque para resolver problemas?
7. ¿Puedes prever problemas y planificar alternativas y soluciones en anticipación a estos problemas?
8. ¿Puedes automatizar tareas para ser más efectivo y ahorrar tiempo?

Como persona proactiva, aprende a hacer las cosas. Hazte responsable de completar una tarea. Asegúrate de lograr algo en el tiempo designado. Una de las mejores maneras de aumentar tu responsabilidad hacia el objetivo o la tarea es contar con la ayuda de un compañero de responsabilidad. Esta persona es alguien en quien puedes confiar y que te responsabiliza por tus acciones mientras te recuerda constantemente tus metas.

Otra forma que funciona maravillosamente bien para algunos es comenzar a escribir un blog de responsabilidad o publicar en las redes sociales. Cuando te comprometes públicamente a una meta o tarea, hay más posibilidades de que las cumplas porque, obviamente, no quieres ser visto como una persona que no cumple su palabra o que es demasiado perezoso para trabajar en lo que te comprometes. Haz un seguimiento de tu progreso a través de tu blog. Esto no solo te ayudará a mantenerte en el camino de tus metas, sino que también se convertirá en un viaje para inspirar a otros.

Hábito 96 - Cuanto más haces, más aprendes

Me encantaría decirte que el secreto para ser una persona rica y exitosa es solo leer o escuchar audiolibros como estos. Desafortunadamente, no es así como funciona. Puedes adquirir todo el conocimiento y la inspiración del mundo, pero es inútil si no lo implementas. El conocimiento gana poder solo cuando se pone en acción. Las personas proactivas no solo leen, ven y escuchan cosas inspiradoras para sentarse y incubar huevos. Se esfuerzan por aplicar el conocimiento que adquieren actuando de inmediato. Para ellos, el fracaso es preferible a la inacción.

Cuando las personas proactivas fallan, aprenden una manera más de no hacer algo o se dan cuenta de que necesitan cambiar o repensar su estrategia. Supongamos que creas tu propio blog/página de crianza en Facebook y sigues publicando contenidos asombrosos en él. Quiero decir, al menos crees que estás publicando contenido fenomenal. Promocionas agresivamente tu blog para apuntar con láser a un grupo de audiencia adecuado (piensa en padres) usando concursos e invitando a amigos a que les den "me gusta" a tu página. Sin embargo, a pesar de que has construido un seguimiento bastante impresionante en un corto período de tiempo, el blog no presume de un gran compromiso en términos de "me gusta", comentarios, publicaciones de usuarios y conversaciones.

Te das cuenta de que, aunque lograste conseguir rápidamente muchos seguidores gracias a los concursos y las invitaciones de amigos, no atrajiste un grupo de audiencia verdaderamente interesado, lo que llevó a un bajo compromiso. Probablemente, la gente siguió el blog solo para ganar algunos premios o porque se sintieron obligados al ser tus amigos. Esto lleva a la realización de que necesitas una audiencia que esté verdaderamente interesada en tu blog. Así, comienzas a dirigir tus esfuerzos hacia tu audiencia con publicidad en Facebook. ¿Por qué te estoy diciendo todo esto? ¿Cómo demonios sabrías qué funciona y qué no si no tomas acción? Todas las personas exitosas y adineradas que han logrado maestría en la vida tomaron acción en la dirección de sus sueños. Intentaron, fracasaron, ajustaron, reinventaron, duplicaron, y así sucesivamente. Sin embargo, pudieron hacer todo esto solo porque fueron lo suficientemente proactivos para implementar el conocimiento adquirido.

¿Cómo sabrías qué funcionó o no funcionó para un blog de crianza si no comenzaste uno en primer lugar! Sí, hay otros sistemas para duplicar, pero algunas lecciones internas tendrás que aprender por tu cuenta. Nadie va a compartir todas sus estrategias secretas de éxito contigo. Ni siquiera los mejores mentores. Es tu viaje único, que necesita ser vivido y definido solo por ti al demostrar un enfoque más proactivo. Hay sistemas en marcha, pero tendrás que darle tu propio giro basado en tu enfoque, metas e ideales únicos.

En el ejemplo anterior, si simplemente hubieras leído sobre cómo construir un blog en Facebook y no hubieras actuado por miedo a no generar lo suficiente, ¿habrías aprendido la forma correcta de hacerlo? No tuviste éxito de inmediato. Sin embargo, obtuviste información sobre lo que no funciona, ¿verdad? ¡Ahora estás armado con conocimiento y sabiduría sobre cómo construir una comunidad de seguidores más comprometida en Facebook! No dejes que el miedo al fracaso te sumerja en la inacción. No aprenderás nada si ni siquiera lo intentas.

Sé proactivo acerca de tus fracasos. En su libro más vendido Cómo ser una Bawsee, la estrella de YouTube y artista/performer Lily Singh menciona cómo nunca puede hacer la tortilla perfecta. Por su propia admisión, los huevos siempre se rompen "en al menos tres pedazos".

Después, en lugar de abandonar la menos que perfecta tortilla, se deleita con huevos revueltos al romperlos en pedazos aún más pequeños con una espátula.

¿Por qué debería el fracaso significar el callejón sin salida para una idea, emprendimiento o proyecto? Reúne tu omelet imperfecto y transfórmalo en deliciosos huevos revueltos siendo más proactivo. A veces, puede que tengas que empezar de nuevo después de presenciar el fracaso. Sin embargo, a veces el fracaso también puede ser la puerta a un éxito inesperado. Esto sucederá con más probabilidad solo cuando tengas un enfoque más proactivo para abordar los desafíos de frente en lugar de tener un enfoque reactivo, donde culpas a todo lo que te rodea por tus fracasos.

Capítulo Doce: Desarrolla tu Músculo de Perseverancia

"Temo no al hombre que ha practicado 10,000 patadas una vez, sino al hombre que ha practicado una patada 10,000 veces." – Bruce Lee

Aquí hay algunas maneras poderosas de fortalecer tu músculo de perseverancia y determinación.

Hábito 97 – Empújate poco a poco cada día

Hacer pequeños incrementos en tu progreso diario es una excelente manera de construir perseverancia. Digamos que caminas 2 millas cada día o haces 100 flexiones al día. Intenta aumentar este número gradualmente. Camina media milla extra o intenta acomodar 110 flexiones en tu entrenamiento. Pequeñas vueltas aumentarán tu capacidad para correr durante más tiempo sin sentirte exhausto. El objetivo es empujarte a hacer más saliéndote de tu zona de confort. Si te sientes cómodo escribiendo 15 páginas al día, empújate a hacer 17-18. Gradualmente, aumenta esto a 20 páginas al día. Sigue construyendo tu capacidad para mantener. Empújate lentamente para evitar el agotamiento.

Hábito 98 - Enfrenta cualquier crisis de manera lógica, equilibrada y tranquila.

No es necesario crear una telenovela o saga de todo en tu vida. Enfrenta los desafíos de manera lógica y racional. El estrés es un componente inevitable en la vida de cualquier persona exitosa. Donde hay éxito, riqueza y gloria, seguramente habrá responsabilidad añadida, agotamiento y estrés. A veces, las circunstancias están fuera de nuestro control. Sin embargo, la forma en que elegimos responder a nuestras circunstancias determina la influencia que tienen sobre nosotros.

Hábito 99 - Desarrollar un sistema de apoyo sólido

Construye un sistema de apoyo positivo, poderoso e inspirador del cual extraer fuerzas cuando sea necesario. Durante tiempos desafiantes, deberías poder compartir tus sentimientos con un grupo de personas cercanas, de confianza y alentadoras. Intercambia tus pensamientos, solicita su apoyo, aprende sobre su camino, obtén retroalimentación positiva, recibe apoyo y habla sobre posibles soluciones. Terminarás ganando una perspectiva completamente diferente sobre una situación.

Hábito 100 – Habla con personas que te inspiran regularmente

Hablar con personas de confianza puede ofrecerte nuevas ideas, perspectivas y soluciones sobre los desafíos, lo que a su vez aumenta tu poder de perseverancia. Simplemente estar con personas que son positivas, inspiradoras y solidarias te ayuda a superar situaciones perturbadoras y negativas. Cuando te sientes lleno de dudas, estas personas solidarias disiparán tus nociones incorrectas al alentarte. Te ofrecerán un verificador de realidad más equilibrado y menos catastrófico.

Hábito 101 - Tómate un descanso

Si tus desafíos parecen abrumadores para continuar, descansa un rato o toma un breve descanso en lugar de rendirte. Imagina si estuvieras a solo unas pulgadas del éxito o de tu destino después de caminar miles de millas, y simplemente te rindes porque estás cansado de caminar más. ¿Qué desafortunado sería eso? El éxito a menudo está más cerca de lo que creemos. Si tan solo hubieras dado los últimos pasos, habrías tenido un gran éxito. Cuando algo no logra los resultados deseados, intenta tomar un descanso y cambiar tu estrategia en lugar de simplemente rendirte. Enfrenta la tarea con una perspectiva fresca y completamente nueva después de un descanso. El verdadero éxito llega a las personas que evitan rendirse.

Una de las autoras más vendidas y ricas de todos los tiempos, J.K. Rowling (famosa por Harry Potter), tuvo su manuscrito de Harry Potter rechazado por la asombrosa cantidad de 12 editoriales antes de que Bloomsbury decidiera seguir adelante y publicar algunas copias. ¿Habría alcanzado la riqueza, la gloria y el éxito que tiene hoy si hubiese dejado que esos 12 rechazos determinaran su destino? ¿Disfrutarían varios millones de lectores en todo el planeta de su escritura si hubiera dejado que un puñado de personas evaluara su capacidad?

Independientemente de fracasos pasados, el éxito puede estar mucho más cerca de lo que crees. Tómate un tiempo si te sientes cansado o estresado. Sin embargo, no te rindas. No tendrías nada, desde Windows hasta Disneylandia, pasando por la bombilla, los aviones, Facebook o los iPhones, si sus fundadores se hubieran rendido debido a fracasos y decepciones tempranas. En lugar de ver los fracasos como obstáculos para tu éxito, míralos como peldaños que te acercan al éxito.

Imagina un escenario en el que se requiere que recorras una distancia considerable a pie. Continuas caminando una larga distancia, pero te sientes cansado después de un tiempo. ¿Qué haces? ¿Regresas todo el camino o simplemente te detienes un momento y continúas? El viaje de tu vida no es diferente. ¡El éxito puede estar más cerca de lo que piensas!

Hábito 102 - Desarrolla una mentalidad de solución

La razón por la que algunas personas son superadas por sus problemas es porque los ven simplemente como eso - un problema o un obstáculo. Ve los desafíos y obstáculos desde una perspectiva de soluciones. La falta de capacidad para encontrar soluciones es lo que lleva a las personas a rendirse. Cuando te enfrentas a un desafío, haz una lluvia de ideas. Genera un montón de soluciones, ideas y posibilidades para resolverlo. Tal vez necesites un cambio en el enfoque o un ligero ajuste en la estrategia. Identifica diferentes maneras de superar una situación desafiante o abrumadora.

De hecho, da un paso adelante y piensa en soluciones para los problemas o desafíos que puedan surgir. ¡Ten soluciones y un plan B listos! Tu confianza aumentará cuando tengas más soluciones prácticas y viables a tu disposición. Desarrolla la capacidad de pensar en soluciones fuera de lo común.

Hábito 103 - Desarrolla un sentido del humor

Esto es tan fácil y agradable, sin embargo, la gente no logra aprovecharlo. Cuando los momentos difíciles te afectan, el humor puede ayudarte a superarlos. Mirar el lado positivo de la situación ayuda a vencer el estrés y la ansiedad relacionados con ella. Obtienes una perspectiva diferente y refrescante sobre los desafíos.

De manera similar, cuando vemos una película divertida, leemos un libro que nos hace reír a cada momento, asistimos a un espectáculo de comedia en vivo o pasamos tiempo con personas humorísticas, nuestros niveles de dopamina (hormona del bienestar) aumentan. Esto, a su vez, potencia el mecanismo de defensa de tu cerebro. Equilibra las situaciones difíciles con cosas placenteras que te salven de la desesperación y la depresión. No dejes que las situaciones negativas te consuman o las tomes cada vez más en serio.

Mira el lado más brillante y ligero de las cosas y ríe. Desarrollar un sentido del humor puede no hacer que tu problema sea más pequeño. Sin embargo, aumentará tu capacidad para enfrentar el desafío. Las personas ricas y exitosas entienden que el camino hacia el éxito está lleno de desafíos, y tienen sus mecanismos de afrontamiento listos.

Hábito 104 – Desarrollar una perspectiva positiva sobre tus habilidades y competencias

La autoestima y la autoimagen de una persona impactan, en gran medida, su capacidad para mantenerse perseverante. Recuerda tus fortalezas, logros, habilidades y momentos gloriosos. Haz una lista de las situaciones desafiantes que enfrentaste anteriormente y cómo las superaste. Inspírate en momentos positivos.

Hábito 105 – Inscribirse en clases de oratoria

Inscríbete en cursos de oratoria para aumentar tu confianza. Asiste a eventos de networking, seminarios y talleres para conocer personas positivas que te hagan sentir bien contigo mismo. De manera similar, domina nuevas habilidades que aumenten tu confianza, autoestima y fuerza de voluntad. A veces, todo lo que necesitas es un poco de desahogo creativo. Intenta redecorar un espacio, escribir un cuento corto o componer un poema.

Hábito 106 - Observa tu diálogo interno

¿Cómo es tu cháchara mental? Si no está alineada hacia la positividad, la riqueza y el éxito, más te vale sintonizarla en otra frecuencia. Nuestra autocharla puede hacer o deshacer nuestras posibilidades de éxito. Puede ayudarte a navegar a través de situaciones difíciles o sumergirte en el fracaso. Modifica tu autocharla para el éxito haciéndola más constructiva y positiva. Ya has oído la famosa cita, "los pensamientos se convierten en cosas." Si tu cháchara mental es más autodestructiva, ¡el éxito definitivamente te eludirá!

En lugar de decir, "nunca podré hacer esto", di, "esto puede no ser fácil, pero eso no me impide dar lo mejor de mí. Solo es cuestión de tiempo que lo domine."

Detente en seco con una acción física (rompe una liga en tu mano, pízcate, golpea tu cabeza, muerde tu lengua – haz lo que quieras) cada vez que participes en conversaciones mentales negativas o de "no puedo".

Reemplace palabras y frases negativas por términos más positivos. Deje que su voz interior lo guíe hacia la positividad y las posibilidades. Evite hablar en términos fijos o absolutos, como que algo nunca se puede hacer. Mantenga las opciones abiertas y explore alternativas. Diga a sí mismo, "cada paso me acerca más a mi sueño" o "realmente soy feliz y agradecido de poder aprender esta lección."

Otra cosa a la que hay que estar atento es a catastrofizar los eventos o imaginar lo peor. Algunos desafíos y fracasos en el pasado no significan que fallarás en todo lo que hagas. Este no es un pensamiento realista. ¡No dejes que algunos desafíos desanimen tu espíritu! Evita personalizar tus fracasos o culparte a ti mismo por ellos. Supéralos encontrando evidencia en contra. Piensa en todas las veces que has tenido éxito. Cada vez que pienses que algo no puede hacerse, regresa a un momento en el que creías que no podías hacer algo y terminaste dominándolo.

¿Cuál es la fuente principal de tu diálogo interno negativo?

¿Proviene de las personas que te rodean? ¿Estás pasando más tiempo con personas que te instan a renunciar a tus sueños? ¿Están minando tu sentido de autoestima y autovaloración al dudar de tus habilidades? Cuando las personas dicen que algo no se puede hacer, están hablando de su incapacidad para hacerlo. No define necesariamente tus habilidades. Mantente alejado de aquellos que te desvían de tus metas porque, invariablemente, impacta tu diálogo interno.

Hábito 107 - Di tus afirmaciones

Las afirmaciones son declaraciones positivas poderosas que se pronuncian repetidamente para ayudar a implantar una idea o meta en la mente subconsciente. Este proceso permite que la mente subconsciente crea en estas ideas/metas y alinee tus acciones con ellas. La clave es seguir diciendo estas declaraciones en voz alta o escribiéndolas continuamente para que el subconsciente las acepte como tu realidad definitiva.

Cuando decimos algo repetidamente, nuestras palabras tienen un impacto tremendo en la mente subconscious. Hay ciertas vibraciones de energía asociadas con palabras específicas, que crean imágenes mentales positivas y empoderadoras o imágenes negativas y derrotistas. La frecuencia de energía que alimentamos a nuestra mente a través de palabras y frases que usamos continuamente impacta, en última instancia, nuestras acciones. Así, al alimentarla con imágenes mentales empoderadoras, estamos canalizando nuestra mente subconsciente hacia el éxito, la riqueza y el dominio de la vida.

Comienza esto de inmediato. Empieza por crear una afirmación positiva sobre un aspecto de tu vida que desees cambiar. Por ejemplo, si quieres desarrollar una actitud más proactiva y de iniciativa cuando se trata de reconocer y aprovechar oportunidades, intenta decir: "Soy una persona proactiva y orientada a la acción que siempre está lista para identificar y abrazar nuevas oportunidades."

De manera similar, si deseas ganar dinero, tu afirmación puede ser algo como: "Soy un poderoso imán de dinero. El dinero viene a mí sin esfuerzo." Si deseas desarrollar una mayor confianza o autoafirmación, di algo como: "Soy una persona segura de sí misma, asertiva y confiada que tiene dominio sobre las personas y las situaciones."

Conclusión

Gracias por descargar este libro.

Espero que haya podido ayudarte a aprender más sobre la autodisciplina y las estrategias prácticas a través de las cuales puedes empezar a implementar disciplina y hábitos positivos en tu vida de inmediato. He incluido innumerables planes de acción, estrategias prácticas y técnicas probadas para construir hábitos exitosos, que pueden ayudarte a lograr todos tus objetivos.

El libro está repleto de consejos valiosos sobre gestión del tiempo, redacción de objetivos, aumento de la productividad, anti-procrastinación y otras técnicas para construir hábitos que te ayudarán a entrar en la vía de la autodisciplina de inmediato.

El siguiente paso es actuar. Una persona que no lee es tan buena como una persona que no puede leer. De manera similar, el conocimiento sin acción no tiene sentido. No se puede lograr la autodisciplina solo leyendo sobre ello y sintiéndose genial. ¡Tienes que salir y ponerlo en práctica para que funcione! ¡Tienes que esforzarte y darlo todo para salir como un ganador!

Por último, si disfrutaste leer el libro, por favor, tómate un tiempo para compartir tus opiniones y publicar una reseña. Sería muy apreciado.

¡Aquí está por una vida más gratificante, plena, realizada y llena de hábitos positivos!

Cómo Dejar de Pensar Demasiado:

27 Técnicas Poderosas para Aliviar el Estrés. Hacking Mental para Encontrar la Libertad Emocional. Despeja tu Mente y Aprende el Arte de Dejar Ir.

Copyright by Robert Clear 2024 - Todos los derechos reservados.

El contenido contenido en este libro no puede ser reproducido, duplicado o transmitido sin el permiso escrito directo del autor o del editor.

Bajo ninguna circunstancia se podrá atribuir culpa o responsabilidad legal al editor o al autor por cualquier daño, reparación o pérdida monetaria debido a la información contenida en este libro. Ya sea de forma directa o indirecta.

Aviso Legal:

Este libro está protegido por derechos de autor. Este libro es solo para uso personal. No puedes modificar, distribuir, vender, usar, citar o parafrasear ninguna parte, ni el contenido dentro de este libro, sin el consentimiento del autor o del editor.

Aviso de Exención de Responsabilidad:

Por favor, tenga en cuenta que la información contenida en este documento es solo para fines educativos y de entretenimiento. Se ha hecho todo el esfuerzo para presentar información precisa, actualizada y confiable. No se declaran ni implican garantías de ningún tipo. Los lectores reconocen que el autor no está participando en la prestación de asesoría legal, financiera, médica o profesional. El contenido de este libro se ha derivado de varias fuentes. Por favor, consulte a un profesional licenciado antes de intentar cualquier técnica descrita en este libro.

Al leer este documento, el lector acepta que bajo ninguna circunstancia el autor es responsable de las pérdidas, directas o indirectas, que se incurran como resultado del uso de la información contenida en este documento, incluyendo, pero no limitado a, — errores, omisiones o inexactitudes.

Introducción

Pensar en exceso es muy común y debilitante. Puede obstaculizarte para socializar, para tener un sueño reparador, afectar tu rendimiento en el trabajo e incluso interrumpir unas vacaciones bien planificadas. Cuando el pensar en exceso se vuelve crónico, puede llevar tanto a malestar físico como mental. En resumen, pensar en exceso puede dejarte tanto física como mentalmente agotado. Si así te sientes en este momento, puede que hayas intentado varias maneras de escapar de una situación tan deprimente sin éxito.

Pero entonces, ¿qué es el trastorno de pensamiento excesivo? En circunstancias normales, todos nos preocupamos por una cosa u otra, pero cuando esas ansiedades comienzan a absorbernos la vida, entonces se convierte en un problema serio. Aunque no todos sufrirán de tal grado de preocupaciones, algunos individuos son más propensos a sufrir de tales trastornos que otros, especialmente personas con un historial de trastorno de ansiedad. Los científicos han descubierto que el pensamiento excesivo puede activar varias áreas del cerebro que regulan la ansiedad y el miedo.

Pero incluso si nunca has tenido un historial de trastorno de ansiedad, aún podrías ser propenso a sobrepensar, especialmente si asumes la responsabilidad de ser un "resolver de problemas". Tu mayor fortaleza como pensador analítico puede terminar convirtiéndose en tu mayor enemigo, especialmente cuando te quedas atrapado en un pantano de pensamientos improductivos. Además, los sentimientos de incertidumbre en un alto grado pueden inducir un trastorno de sobrepensamiento. Por ejemplo, si ocurriera un cambio significativo, como una gran pérdida en tu vida, podrías perder el control de tu mente y esta puede girar en una dirección de obsesión improductiva.

Es reconfortante aprender que uno puede superar la sobrepensación (y la ansiedad). Hay muchas técnicas efectivas para resolver ansiedades, sin importar la causa, ya sea sobrepensar debido a una relación fallida, problemas de salud o cuestiones financieras. Mantente atento, ya que este libro te llevará a través de las técnicas de cómo parar de sobrepensar. Pero primero, este libro comenzará definiendo cada problema y luego discutiendo las soluciones más efectivas para cada problema.

Capítulo 1: ¿Qué es el exceso de pensamiento?

Como su nombre indica, pensar en exceso simplemente significa pensar demasiado. En realidad, cuando pasas más tiempo pensando en lugar de actuar y participar en otras actividades, entonces estás pensando en exceso. Puedes encontrarte analizando, comentando y repitiendo los mismos pensamientos una y otra vez, en lugar de tomar acción, entonces estás pensando en exceso. Tales malos hábitos pueden obstaculizar tu progreso, dejándote improductivo.

Cada individuo experimentará el exceso de pensamiento de manera diferente y no hay dos personas que piensen en exceso de la misma manera. Pero en general, todos aquellos que piensan en exceso estarán de acuerdo en que la calidad de su vida se ha visto afectada por su incapacidad para controlar sus pensamientos y emociones negativas. Tales hábitos dificultan que la mayoría de los individuos se socialicen, sean productivos en el trabajo o disfruten de pasatiempos debido a la enorme cantidad de tiempo y energía que consume su mente en una línea de pensamiento específica. Tales emociones incontroladas pueden ser muy perjudiciales para la salud mental del individuo.

Pensar en exceso dificulta hacer nuevos amigos y mantener a los amigos; te resultará difícil conversar con ellos porque te preocupas en exceso por qué decir o qué hacer para mantener la conversación. Algunas personas que se ven afectadas por este trastorno pueden encontrar complicado participar en conversaciones generales o interactuar con otros incluso en un entorno normal. Además, algunos pueden tener dificultades para cumplir con una cita o ir a la tienda. Este tipo de pensamiento desperdicia tiempo y agota tu energía, impidiéndote tomar acción o explorar nuevas ideas. También obstaculiza el progreso en la vida. Esto puede compararse con atarse una cadena conectada a un poste alrededor de la cintura y luego correr en círculos; estarás ocupado pero no serás productivo. Pensar en exceso desactivará tu capacidad para tomar decisiones acertadas.

Bajo tales circunstancias, es más probable que estés preocupado, ansioso y carente de paz interior. Sin embargo, cuando dejes de sobrepensar, te volverás más productivo, feliz y disfrutarás de más paz.

¿Por qué pensamos demasiado?

Hasta ahora, hay dos explicaciones principales del motivo por el que las personas piensan en exceso:

- El cerebro que sobrepiensa y
- Cultura contemporánea.

El Cerebro que Sobrepiensa

Nuestro cerebro está diseñado de tal manera que todos nuestros pensamientos están interconectados en redes y nodos. Por ejemplo, los pensamientos sobre el trabajo pueden estar en una red, y los pensamientos sobre la familia en otra.

Hay una fuerte conexión entre nuestras emociones y estados de ánimo. Las actividades o circunstancias que estimulan sentimientos negativos parecen estar conectadas a una red, mientras que aquellas que inducen la felicidad están vinculadas a otra red.

Aunque tal interconexión de sentimientos y pensamientos puede ayudar a las personas a pensar de manera más eficiente, también puede llevar a las personas a sobrepensar.

En general, los estados de ánimo negativos suelen activar pensamientos y recuerdos negativos, incluso si tales pensamientos no están relacionados. Pensar demasiado mientras se está en un estado de ánimo negativo puede llenar la mente de muchas ideas negativas y cuanto más piensa una persona en exceso, más fácil será para su cerebro inducir asociaciones negativas.

Según investigaciones de expertos en el cerebro, se ha descubierto que el daño (o mala conexión) de ciertas áreas del cerebro puede hacer que una persona sea propensa a la depresión y a pensar en exceso. Tales áreas incluyen la amígdala y el hipocampo, que están involucrados en el aprendizaje y la memoria, y la corteza prefrontal, que ayuda a regular las emociones. Este conocimiento explica en parte por qué algunas personas piensan en exceso más que otras.

La Generación que Piensa Demasiado. Los informes de los estudios realizados por el autor mostraron que los jóvenes, así como los individuos de mediana edad, piensan demasiado incluso más que los ancianos (aquellos mayores de 65 años).

¿Qué puede ser responsable de esto? Hay 4 posibles tendencias culturales que pueden ser responsables:

- Obsesión por el derecho: Muchos hoy en día tienen un sentido de derecho sobredimensionado. Tienen derecho a ser ricos, exitosos y felices y, como tal, nadie puede obstaculizarlos para obtener lo que merecen. Así, la mayoría de las personas se preocupan porque no están obteniendo lo que merecen, tratan de averiguar qué les está deteniendo. Tal actitud de sobrepensar ha convertido a muchos en una bomba de relojería, lista para explotar ante la más mínima provocación.

- El vacío de valores: La mayoría de las personas hoy en día, especialmente los jóvenes, han cuestionado todos los valores que sus padres les transmitieron, como la religión, la cultura y las normas sociales. Por lo tanto, estas personas se quedan con pocas opciones y, sin valores, acabarán cuestionando cada elección que hagan y seguirán preguntándose si tomaron la decisión correcta. (Esto también puede llevar a la sobrepensación).

- La cultura del ombligo: La cultura moderna y la psicología popular a menudo animan a las personas a ser más expresivas y a desarrollar una mayor autoconciencia. Sin embargo, la mayoría de las personas a menudo llevan esto al extremo, convirtiéndose así en excesivamente egocéntricas, sobreanalizan a sí mismas y sus sentimientos.

Muchas personas desperdician demasiado tiempo "mirando su ombligo", reflexionando sobre el significado de cada cambio emocional.

- La necesidad compulsiva de soluciones rápidas: El siglo XXI está lleno de personas que tienden a buscar soluciones rápidas, en lugar de tomarse el tiempo para resolver las cosas gradualmente. Por ejemplo, si alguien está triste o preocupado, puede recurrir a alguna salida rápida como beber alcohol, ir de compras, tomar medicamentos recetados, involucrarse en un nuevo deporte o pasatiempo, o realizar alguna otra actividad. En resumen, las soluciones rápidas solo proporcionan una solución temporal (o incluso una solución equivocada).

Síntomas de sobrepensar

Tener una lista bien definida de síntomas de sobrepensar puede ser bastante útil. De hecho, la conciencia es tu mejor defensa, te ayudará a saber cuándo estás en la zona de peligro, y no estar alerta es muy peligroso para tu bienestar mental.

Prestar atención a los siguientes síntomas puede ayudarte a realizar una prueba de trastorno de pensamiento excesivo. Si observas que estás experimentando el trastorno de pensamiento excesivo, es posible que notes uno o más de los siguientes síntomas:

- Cuando no puedes dormir: Intenta con todas tus fuerzas conseguir un descanso decente, pero tu mente no se apaga. Entonces, la agitación y las preocupaciones aparecen.

- Si te automedicas: La investigación sobre el trastorno de sobrepensar ha demostrado que quienes lo padecen a menudo recurren a la comida, el alcohol, las drogas o cualquier medio para modular sus sentimientos.

- Suele estar cansado: El cansancio puede ser el resultado del insomnio o debido a un pensamiento repetitivo que te agota la energía.

- Quieres tener el control de todo: Intentas planear todos los aspectos de tu vida hasta el más mínimo detalle. Pero la verdad es que hay un límite a lo que puedes controlar.

- Te obsesionas con el fracaso: El miedo al fracaso te ha convertido en un perfeccionista y a menudo imaginas lo mal que saldrán las cosas si no resultan bien.

- Temes al futuro: En lugar de sentirte emocionado por lo que depara el futuro, estás atrapado en tus pensamientos.

- Dudas de tu propio juicio: Reconsideras cada decisión que tomas, desde lo que vistes, hasta lo que dices y cómo te relacionas con los demás.

- Tienes dolores de cabeza por tensión: Podrías experimentar dolores de cabeza por tensión crónicos como si una banda apretada estuviera alrededor de tus sienes. Además, también podrías sentir dolor o rigidez en la región del cuello. Todo esto son señales de que necesitas un largo descanso.

Si alguno de los signos anteriores ocurre con demasiada frecuencia, los psicólogos dirán que eres una persona que piensa en exceso o un rumiador. Según los psicólogos, pensar en exceso puede afectar el rendimiento, causar ansiedad o incluso llevar a la depresión.

Peligros de ser un pensador excesivo

Si aún te sientes mal por un error que cometiste hace semanas o estás ansioso por mañana, la verdad es que pensar demasiado en todo puede afectar negativamente tu salud. No poder liberarte de tus preocupaciones te llevará a un estado de angustia persistente.

Es cierto que todos sobrepensamos situaciones ocasionalmente. Pero esto es diferente de ser un verdadero sobrepensador, alguien que lucha por silenciar sus constantes bombardeos de pensamientos.

Tres peligros de ser un pensador excesivo:

1. **Aumenta tus posibilidades de enfermedad mental:** Según un estudio de 2013 que fue publicado en el Journal of Abnormal Psychology, los informes muestran que la sobrepensación sobre tus errores, deficiencias y desafíos puede aumentar tu riesgo de enfermedad mental.

La rumiación es perjudicial para la salud mental y puede sumergir a uno en un ciclo vicioso del que es difícil liberarse, y a medida que tu salud mental se desploma, tiendes a rumiar más.

1. **Interfiere con la resolución de problemas. Informes de varios investigadores han mostrado que los que piensan en exceso siempre asumen que al repasar sus problemas en sus cabezas, se están ayudando a sí mismos. Pero esto no es cierto en absoluto, de hecho, muchos estudios han demostrado que tales acciones pueden conducir a la parálisis por análisis.**

Cuando sobreanalizamos todo, puede interferir con nuestra capacidad para resolver nuestros problemas. Terminarás perdiendo tiempo pensando en el problema en lugar de en la posible solución.

También afectará el simple proceso de toma de decisiones, como elegir qué ponerse para Acción de Gracias o decidir cuándo ir de vacaciones. Lo doloroso es que pensar demasiado no te ayudará a tomar una mejor decisión.

1. **Afecta tu sueño: Como una persona que piensa en exceso, es probable que entiendas este hecho bastante bien. Cada vez que tu mente se niega a apagarse, entonces no habrá sueño esa noche.**

Los estudios respaldan este hecho, y hay evidencia de que la ansiedad y la rumiación conducirán a menos horas de sueño. Es más probable que pases horas dando vueltas en la cama antes de que finalmente te quedes dormido.

Tomar una siesta más tarde puede no ser de ninguna ayuda; la ansiedad y el pensar en exceso afectan la calidad del sueño que obtendrás, las posibilidades de caer en un sueño profundo después de haber estado pensando son muy escasas.

Tres tipos de sobrepensar

1. Refunfuñar y delirar pensando demasiado: Este es el tipo más común y a menudo resulta de algún agravio percibido que te hicieron. Puedes sentir que fuiste tratado injustamente y, como tal, estás obsesionado en exceso con tomarte la revancha. Aunque puedes tener razón al sentirte ofendido, pensar en exceso te impedirá ver lo bueno en los demás, en cambio, solo los verás comovillanos. Tales sentimientos pueden resultar en actos de revancha autodestructivos e impulsivos. Por ejemplo, cuando se es rechazado en una entrevista de trabajo, un pensador en exceso puede comenzar a pensar en los evaluadores como sesgados o estúpidos e incluso puede considerar demandar a la empresa por posible discriminación.

2. Pensamiento excesivo autónomo: Este también es otro problema serio de los pensadores excesivos. Un simple estímulo puede llevar a un ciclo continuo de viciosos pensamientos negativos y posibilidades infinitas, cada una más malvada que la anterior. Tomemos, por ejemplo, a un pensador excesivo que comienza a preguntarse por qué se siente deprimido y a partir de ahí, pasa a pensar en estar con sobrepeso, por qué no debería mantener cerca a sus amigos, por qué lo tratan mal en el trabajo y por qué no es querido en casa. Para él, todos estos sentimientos negativos parecen ciertos, incluso pensamientos imaginarios. Tales sentimientos negativos pueden llevar a malas decisiones, como discutir con su esposa o amigos o incluso renunciar a su trabajo.

3. Pensamiento caótico: Este es un tipo de sobrepensamiento que se caracteriza por preocupaciones y ansiedades aleatorias y no relacionadas. Esto puede ser mental y emocionalmente

paralizante porque estas personas están confundidas sobre la verdadera causa de cómo se sienten. La mayoría de las veces, tales individuos recurren al abuso de drogas o alcohol, solo para escapar de sus pensamientos.

Capítulo 2: Ansiedad y Sobrepensamiento.

Uno de los signos aterradores de cualquier forma de trastorno de ansiedad es la propensión a sobrepensar todo. La ansiedad y el sobrepensar pueden considerarse compañeros malignos. Un cerebro ansioso siempre está hipervigilante y alerta ante cualquier posible peligro. Probablemente alguien te haya acusado alguna vez de siempre crear problemas para ti mismo a partir de cuestiones insignificantes. Personalmente, creo que en realidad son problemas. ¿Cómo así? En pocas palabras, la ansiedad te hace sobrepensar cualquier cosa y todo. Siempre que estamos ansiosos, sobrepensamos las cosas de diversas maneras, y el producto de nuestro sobrepensar no suele ser beneficioso. Sin embargo, la ansiedad y el sobrepensar deberían ser temporales y no deberían ser una característica permanente de nuestra existencia.

Formas en que la ansiedad causa pensamiento excesivo

El producto final de varios tipos de ansiedad es pensar demasiado en todo. Existen varios términos para describir cómo la ansiedad conduce al sobreanálisis. Es posible que esta lista genérica te ayude a recordar pensamientos acelerados específicos que hayas experimentado o que probablemente estés experimentando y así, ayudarte a darte cuenta de que hay miles de otras personas enfrentando el mismo problema.

- Estar demasiado preocupados por quiénes somos y cómo nos ven los demás o si estamos cumpliendo con el estándar del mundo (esta es una forma de ansiedad social y de rendimiento).

- Obsesionándose por lo que deberíamos decir/dijimos/deberíamos haber dicho/no deberíamos decir (otra ansiedad social común).

- Pensar en posibles escenarios aterradores como: ¿qué pasaría si algo malo nos sucediera a nosotros, a nuestros seres queridos o incluso al mundo? (una forma común de trastorno de ansiedad generalizada).

- Temores, resultados asumidos de nuestros propios pensamientos salvajes, fallas asumidas y sentimientos de incompetencia (todas formas de trastornos de ansiedad).

- Ansiedad por múltiples pensamientos obsesivos, principalmente los aterradores, y pensar en ellos continuamente (una forma de trastorno obsesivo-compulsivo).

- Pensando, sobrepensando, pensamientos vagos, una cadena de ansiedad turbulenta y pensamientos específicos (todas las formas de trastornos de ansiedad).

- Miedo a experimentar ataques de pánico en público y sentir demasiado miedo para salir de casa debido a tal ansiedad (una forma de trastorno de pánico con/sin agorafobia).

Resultado de la Ansiedad y el Sobrepensar

Cuando estás ansioso, los pensamientos no solo corren a través de tu cerebro y desaparecen, sino que corren a través de tu cerebro de forma continua. Esos pensamientos se pueden comparar con un atleta corriendo en una cinta de correr, sigue corriendo pero no llega a ninguna parte al final, quedando sobreexcitado y cansado. Uno de los efectos secundarios del sobrepensar relacionado con la ansiedad es que es probable que terminemos tanto física como emocionalmente agotados. Tener episodios de los mismos impulsos ansiosos corriendo a través de nuestro cerebro definitivamente tendrá su costo.

Otro lado oscuro de la ansiedad y la sobrepensación es que tarde o temprano comenzaremos a percibir todo lo que pasa por nuestra mente como realidad. Quizás podamos creer que lo que pensamos se convierte en realidad y si lo pensamos constantemente, se vuelve muy real. ¿Verdad? No. Este es uno de los trucos que la ansiedad trata de jugar con nuestras mentes.

Pero la buena noticia es que todos tenemos la capacidad y el poder de evitar sentir ansiedad y sobrepensar todo. Aunque este es un proceso que implica múltiples pasos, en este momento, el mejor paso que puedes dar es encontrar algo que te distraiga de sobrepensar. En lugar de luchar con tus pensamientos, desvía suavemente tu atención hacia algo neutral, algo completamente diferente. Al reflexionar sobre algo que no tiene importancia, estarás previniendo indirectamente el sobrepensamiento de todo.

El efecto del "leaven"

La sobrepensación tiene un "efecto levadura" en tus pensamientos. Al igual que una masa, tu mente puede amasar pensamientos negativos y, antes de que te des cuenta, se elevará al doble de su tamaño inicial. Por ejemplo, si un cliente está insatisfecho con tus servicios, puedes comenzar a preguntarte si todos los demás clientes también están insatisfechos sin dar un segundo pensamiento a que probablemente la mayoría de los clientes podrían estar satisfechos con tus servicios. Si no se tiene cuidado, con el tiempo, podrías llegar a una conclusión desalentadora de que tus servicios no son lo suficientemente buenos. Tus pensamientos pueden incluso llevarte de regreso a tu matrimonio y podrías comenzar a preguntarte si tu pareja está satisfecha contigo o si eres lo suficientemente bueno para ella o no. Piensas en cuán perfecta es, cómo maneja todo de manera impresionante y concluyes que eres totalmente indigno de ella.

El efecto de "lente distorsionada"

Otro efecto del sobrepensar es lo que se llama el efecto de la "lente distorsionada" y lo que esto significa es que tus pensamientos solo se enfocan y magnifican tus fallas o tu lado malo y lo que tus pensamientos ven es solo desesperanza. Por ejemplo, cuando tu hijo llega a casa de la escuela con una mala nota o se mete en una pelea, puedes preocuparte de que él o ella esté creciendo mal. Antes de mucho tiempo, comenzarás a verte a ti mismo como un mal padre y que más adelante, tus hijos terminarán convirtiéndose en malos adultos.

Lo que no es la sobrepensación

Preocuparse es bastante diferente de pensar demasiado. Las personas a menudo se preocupan por cosas que pueden o podrían suceder o posiblemente salir mal. Sin embargo, quienes piensan demasiado hacen más que solo preocuparse por el presente; también se preocupan por el pasado y el futuro. Mientras que los preocupados piensan que podrían suceder cosas malas; los que piensan demasiado piensan hacia atrás y están muy convencidos de que algo malo ya ha sucedido.

Las personas con trastorno obsesivo-compulsivo (TOC) también son diferentes de la sobrepensación. Aquellos con TOC están obsesionados en exceso con todo o con cada factor externo, como la suciedad o los gérmenes, por lo que sienten que tienen que lavarse las manos repetidamente para mantenerse saludables. Tales personas se obsesionan con acciones muy específicas y otros asuntos que parecen triviales o absurdos para el resto del mundo, como "¿Bloqueé la puerta?"

En conclusión, pensar en exceso definitivamente no es "pensar de manera profunda." Si bien es saludable estar en sintonía con los propios sentimientos para examinar las propias acciones; pensar en exceso, por otro lado, es poco saludable.

Cómo Dejar de Sobrepensar Todo

Ya sea que no hayas comprado un coche nuevo en los últimos 5 años porque no has encontrado el perfecto o no has sido productivo porque cada elección que haces consume tanto tiempo, el sobrepensar puede retrasar tu progreso.

Con gusto, puedes superar el exceso de pensamiento y volverte más productivo. En los próximos 27 capítulos, hay diferentes pasos que se han desglosado para ayudarte a dejar de sobrepensar todo. Al aplicar nuevas técnicas y aprender nuevas habilidades, podrás tomar decisiones buenas y oportunas con poco o ningún estrés.

Capítulo 3: Intenta detenerlo antes de que comience.

Encárgate de tus pensamientos antes de saltar al oscuro abismo de la sobrepensación; es imperativo que primero aclares sobre qué es realmente lo que estás sobrepensando y que también reflexiones sobre las formas negativas en que la sobrepensación está afectando tu vida. Tal claridad ayudará a aumentar tu determinación para luchar contra la tendencia a sobrepensar.

Creencias Limitantes

Lo primero que necesitas hacer es seleccionar las preguntas de "¿qué pasaría si?" que probablemente te harías. Tales preguntas son estimulantes automáticos del pensamiento excesivo.

Pregúntate:

- ¿Cuáles son las preguntas comunes de "¿qué pasaría si?" que suelo hacerme?

- ¿Qué circunstancias o situaciones a menudo desencadenan estas preguntas?

Puede ser que estés sobrepensando porque a menudo haces las preguntas equivocadas. Más a menudo, en lugar de buscar soluciones al problema, estás ocupado pintando escenarios de "qué pasaría si" en tu mente, preguntándote sobre todas las cosas negativas posibles que pueden ocurrir.

Así que, respira hondo e intenta identificar todas las preguntas de "¿y si?" que a menudo te haces. Además, trata de detectar las circunstancias específicas que probablemente desencadenen tales preguntas.

El siguiente paso es profundizar en cualquier creencia limitante que puedas tener y tratar de comprender mejor algunos de los efectos que esos pensamientos tienen en tus preocupaciones.

Pregúntate:

- ¿Cuáles son mis "pensamientos" sobre sobrepensar?
- ¿Cómo afectan tales creencias las elecciones y decisiones que tomo?
- ¿Tienen tales pensamientos alguna ventaja?
- ¿Cuáles son los efectos secundarios a largo plazo de tales creencias?

Cuando estás pensando demasiado en algo, es una clara evidencia de que te aferras a un cierto conjunto de creencias que afecta cómo piensas y cómo respondes en tal situación. Para enfrentar el hecho, te aferras a tales creencias porque sientes que te son ventajosas. Probablemente, sientes que son ventajosas porque te dan una sensación de control sobre ciertas circunstancias o áreas específicas de tu vida. Pero, lamentablemente, tales creencias te están dañando porque te impiden afrontar las principales razones por las que estás pensando demasiado, y ese es un problema serio en sí mismo.

La mejor manera de conquistar tus creencias limitantes es desafiarlas de frente. A continuación se presentan algunos ejemplos de ciertas preguntas que puedes hacerte:

- ¿Por qué creo que no puedo controlar el pensamiento excesivo?
- ¿Por qué creo que pensar en exceso es beneficioso?
- ¿Hay algún tipo de evidencia que respalde esos pensamientos?
- ¿Es la evidencia creíble y confiable?
- ¿Es posible que vea esta situación desde otro ángulo?
- ¿Tengo alguna evidencia que contradiga mis creencias sobre esto?
- ¿Qué me dicen estos sobre mi mala costumbre de pensar en exceso?

Si dedicas más tiempo a cuestionar diligentemente tus creencias limitantes sobre el sobrepensamiento, descubrirás que ese pensamiento profundo es beneficioso, ya que detectarás más vacíos y todo esto te facilitará abandonar tales creencias y, por lo tanto, fortalecer tu determinación para seguir buscando soluciones a tus problemas.

Todos los pensamientos que conducen a la sobrepensación son simplemente problemas que necesitas resolver. Pero, si estás constantemente nadando en una piscina de preocupaciones incontrolables, nunca podrás resolver tus problemas.

Estrategias de afrontamiento no útiles

En este punto, tómese un momento para reflexionar sobre algunas de las estrategias que utiliza regularmente para afrontar sus pensamientos entonces,

Pregúntate:

- ¿Cuáles son las estrategias que empleo para lidiar con mis pensamientos?
- ¿Qué debo hacer para evitar mis preocupaciones?
- ¿Cuáles son algunas estrategias que he intentado para controlar mis pensamientos?
- ¿Suelo suprimir mis pensamientos? Si es así, ¿cómo?
- ¿A menudo intento distraerme de mis preocupaciones? Si es así, ¿de qué maneras específicas?
- ¿Cómo suelo manejar mis preocupaciones?
- ¿De qué maneras específicas me ayudan todas estas estrategias de afrontamiento?

- ¿Cómo me perjudican estas estrategias de afrontamiento?
- ¿Cuáles son algunas mejores formas de manejar mis preocupaciones?

Obtener tal claridad sobre las estrategias comunes que utilizas regularmente para gestionar tus preocupaciones te ayudará a obtener retroalimentación valiosa que puedes usar de manera efectiva para controlar tus preocupaciones en el futuro.

Prepárate para entrenar tu mente para establecer una relación saludable con tus pensamientos.

Tus pensamientos son definitivamente diferentes de la realidad. Sin embargo, tus pensamientos pueden tener un fuerte impacto en ti en la vida real, dependiendo de cómo los veas.

Descarta el dicho de que eres tus pensamientos. Más bien, busca formas de establecer una conexión con tus pensamientos y de mantener una relación saludable con ellos.

Si observas que un pensamiento en particular sigue apareciendo en tu mente, puedes hacerte estas preguntas:

- ¿Percibo este pensamiento como solo una construcción mental o lo creo como la realidad?
- ¿Me mantienen tales pensamientos despierto toda la noche, o simplemente los dejo ir?

- ¿Acepto los pensamientos tal como vienen o intento cambiarlos?
- ¿Estoy abierto a otras ideas o simplemente me encierro de ellas?
- ¿Qué pensamientos despierta en mí este pensamiento?

Después de plantear tales preguntas, espera a que surjan las respuestas— aunque las respuestas pueden no ser obvias al principio, plantear tales preguntas es muy importante. Gradualmente, podrás relacionarte con tus pensamientos.

Puedes simplemente preguntar, "¿Pero es esto verdad?"

El mejor tipo de relación que puedes establecer con tus pensamientos es una que esté llena de aceptación y, a la vez, una medida de distancia saludable. Lo que esto significa es que estás abierto a cualquier pensamiento y no tratas de actuar como si no existieran; sin embargo, también puedes intentar, tanto como sea posible, no dejar que te arrastren hacia abajo.

Por ejemplo, si tuviste una mala experiencia con un mal cajero, puedes comenzar a pensar que las cosas podrían haber sido mejores si solo hubieras ido a otra caja, pero no necesitas creer en tales interpretaciones mentales porque son meras suposiciones y no la realidad última. ¿Cuáles son las posibilidades? Probablemente esta persona en particular sea un maravilloso cajero que simplemente está teniendo un mal día y tal vez si eligieras la otra línea, todavía estarías en la cola. Tales pensamientos te mantienen abierto a las posibilidades.

Cuando te elogias a ti mismo o reconoces que te sientes bien por lo que hiciste, tiendes a disfrutar de esos sentimientos. Por ejemplo, cuando te dices: "¡Buen trabajo, yo! ¡Llevé al equipo hasta la cima!" Sin embargo, esto no significa que tu rendimiento en el próximo juego será el mismo. Tampoco te convierte en una "mejor persona" porque tu autoestima no está relacionada con cuán bien puedes liderar un equipo.

Siempre desafía tus pensamientos. Aprende a identificar y detener cualquier pensamiento extra.

Capítulo 4: Enfoque en la Resolución Activa de Problemas.

Las formas activas de resolver problemas son una de las habilidades más valiosas que necesitamos, pero rara vez pensamos en ellas en nuestras ajetreadas vidas diarias. Más bien, a menudo enfocamos nuestra atención en tratar de abordar las diversas emociones difíciles que enfrentamos. Es cierto que también necesitamos habilidades de afrontamiento para limitar el pensamiento excesivo, pero es igualmente importante que nos armemos con habilidades que podamos usar para gestionar o hacer frente a los problemas que causan el pensamiento excesivo. Este es el papel que desempeñan las habilidades activas de resolución de problemas.

Necesitamos entender que hay ciertas circunstancias que están más allá de nuestro poder y que no podemos cambiar. Por lo tanto, pensar demasiado en este tipo de circunstancias no es beneficioso. Sin embargo, no tienes que dejar de buscar maneras de resolver otros problemas simplemente porque no puedes ver una solución obvia.

Necesitamos entender la diferencia entre habilidades de resolución de problemas productivas y la sobreanálisis. Algunas de las características del sobreanálisis incluyen lo siguiente:

- Te hace repetir los mismos pensamientos una y otra vez.

- Te hace seguir buscando "soluciones" a problemas que sabes que no tienes el poder de cambiar.
- Te hace centrar tu atención en cambiar cosas que ya sucedieron en el pasado.

Sin embargo, las habilidades para resolver problemas tienen las siguientes características:

- No te hace pensar en lo mismo una y otra vez.
- Termina produciendo soluciones alternativas, la mayoría de las cuales están dentro de tu capacidad para ejecutar.
- Te hace sentir positivo y sentir que estás logrando algo valioso incluso antes de encontrar una solución.

¿Qué es la resolución activa de problemas?

A menudo es más efectivo y beneficioso centrarse en tratar de resolver el problema en cuestión que en controlar cómo te sientes acerca del problema. Enfrentar tus problemas de frente te ayudará a recuperar el control de tu vida con menos estrés. Este proceso de manejar problemas se conoce como resolución activa de problemas. Se centra en hacer esfuerzos activos para resolver el problema desde la raíz, en lugar de pasar por alto el problema.

Sin embargo, este proceso no es tan fácil como parece. Enfrentar nuestros problemas directamente puede ser muy difícil a veces. Esto se debe a que tienes que confrontar tus miedos, abordar conflictos o, a veces, salir de tu zona de confort hasta que el problema se resuelva. Pero la solución activa de problemas en realidad tiene beneficios a largo plazo porque ayuda a reducir la incomodidad futura, ya que el problema ya no perturba tu mente.

Preguntas que hacerse a uno mismo

Hay varias razones por las que necesitas hacerte estas preguntas. Puede ser que tengas dudas sobre los movimientos comerciales que planeas realizar, o que estés enfrentando algunos desafíos en tu relación; encontrar respuestas a estas preguntas te ayudará a saber si eres del tipo que sobrepiensa o del que resuelve problemas.

- ¿Siempre me enfoco en el problema o busco una solución? Considerar diversas maneras de salir de deudas puede ser útil. Pero centrar tu atención o preocuparte por lo que sucederá si eventualmente te quedas sin hogar debido a tu situación financiera no es el camino a seguir.

- ¿Hay una solución para este problema? Es bueno aceptar el hecho de que no todos los problemas pueden ser resueltos. Por ejemplo, un ser querido con una enfermedad terminal, o un error que ya cometiste en el pasado no se puede deshacer. Sin embargo, aún puedes controlar cómo respondes a tales situaciones. La resolución de problemas puede involucrar aprender a sanar tus emociones o un procedimiento real de resolución del problema. Pero pensar demasiado, por otro lado, implica volver a repasar cosas que ya ocurrieron o desear que las cosas fueran diferentes.

- ¿Qué lograré al pensar en esto? Suponiendo que estás revisando un evento pasado para obtener nuevos conocimientos o aprender de él, esto podría ser útil. Pero si todo lo que estás haciendo es reproducir tus errores, volver a contar una conversación pasada o simplemente imaginar todas las cosas que pueden salir mal, entonces estás pensando de más.

¿Cuándo es efectiva la resolución activa de problemas?

En la vida, hay algunas situaciones que no podemos controlar. En este tipo de situaciones, ningún plan de resolución de problemas activo puede cambiar las cosas. Todo lo que tenemos que hacer es aguantar y luego seguir adelante.

No puedes resolver un problema sobre el que no tienes control. La mayoría de estos problemas tienen que ver con las decisiones de otras personas. Por ejemplo, tu hermana acaba de tomar la decisión de casarse con su amante de mucho tiempo y tú, por otro lado, estás en contra de la decisión. Ahora, la decisión no te pertenece, por lo que no puedes controlar la situación. Por lo tanto, no puedes resolverlo.

Mirando otro escenario, donde la calefacción en tu casa no funciona y eso ha causado un problema entre tú y tu propietario. Esta situación puede ser resuelta ya sea mediante una solución activa del problema porque está bajo tu control o puedes decidir soportar la casa fría utilizando habilidades enfocadas en las emociones.

Cómo Utilizar la Resolución Activa de Problemas

Evalúa la situación Ciertas cosas nos afectan diariamente; algunas personas se preocupan tanto por ellas que les roba su alegría y felicidad. Cuando encontramos problemas como estos, primero debemos evaluar la situación. Antes de manejar cualquier problema, tendrás que evaluar el problema en cuestión. Considera si puedes controlar el resultado de los eventos, si el problema puede resolverse o soportarse. Si se puede resolver, ¿cómo puedes hacerlo? Todo esto que se toma en consideración te ayudará a manejar mejor las situaciones o los problemas.

Determine el curso de acción más efectivo. Después de la primera etapa, donde evalúas la situación y te das cuenta de que se puede resolver. La siguiente etapa es elegir la medida más apropiada para abordar el problema.

Tomando la ilustración del problema entre el propietario y el inquilino mencionado anteriormente, hay diferentes maneras de resolver ese problema. Una forma de abordarlo es gritando al propietario y asegurándote de que su vida sea un infierno viviente hasta que repare la calefacción. La otra opción puede ser escribir una carta a tu propietario, explicando el problema que estás enfrentando con la calefacción, luego documentas una copia para ti mismo. Sin embargo, esto debe hacerse según el derecho del inquilino en tu provincia. Ahora, hay dos opciones que pueden solucionar el problema, pero ¿cuál es la más apropiada?

La primera opción puede parecer más fácil y rápida, pero piensa en las consecuencias. Ningún propietario estará contento con tal reacción y esto puede crear más problemas para ti. Sin embargo, esta última es la acción más efectiva.

Puede ser difícil tomar decisiones solo, especialmente cuando hay emociones involucradas. Por lo tanto, busca el consejo de buenos amigos o terapeutas que puedan ayudarte a ver mejores opciones.

Convierte el exceso de pensamiento en resolución de problemas. ¿Cuál es la necesidad de pensar demasiado cuando puedes resolver el problema? Pensar demasiado no te hace ningún bien, más bien consume la energía que habrías utilizado para resolver el problema y alcanzar un propósito. Sé muy consciente de detenerte cada vez que te veas forzado a pensar en exceso. Por lo tanto, en lugar de desperdiciar tu tiempo y energía preocupándote, utilízalo para la resolución activa de problemas. Esto no solo te dará paz mental, sino que también podrás deshacerte de algunos problemas.

Conoce la diferencia entre resolver problemas y preocuparse.

Capítulo 5: Considera el Peor Escenario.

Parece un poco impráctico, ¿verdad? Cuando estás totalmente asustado y agobiado por el estrés, una cosa que no querrás hacer es pensar en el peor escenario posible. ¿Verdad?

Nuestra mente nos cuenta historias convincentes. Nuestros pensamientos son lo suficientemente poderosos como para decidir lo que hacemos o no hacemos. Un método para controlar el exceso de pensamiento es imaginar el peor escenario posible.

Si estás sobrepensando, habrá un aumento en tu esfuerzo mental y esto influirá negativamente en tu rendimiento. Hacer planes para una situación difícil garantiza que estés preparado para cualquier sensación horrible durante el transcurso del evento, así que te estás preparando para maximizar todo tu potencial.

Para redirigir tus pensamientos hacia otros más positivos, aquí hay tres breves afirmaciones personales. Al usar una o más de ellas, puedes lograr la calma y continuar.

"Actualmente no está sucediendo." Claro, definitivamente es probable que un evento desafortunado pueda ocurrir, pero actualmente no está sucediendo. Esta afirmación puede ayudarte a tomar conciencia de que, en este momento, estás ileso.

"No importa lo que pase, puedo manejarlo." Esta frase te hace consciente de tus recursos internos y te motiva a superar los problemas de la vida. Esta idea proviene de la tradición de la Terapia Cognitivo-Conductual.

"Soy responsable de mis problemas. ¿Puedo ponerle fin? La primera parte de esta frase se originó en las Cuatro Nobles Verdades del Budismo. Algunas veces, me digo a mí mismo "¡Soy responsable de mis problemas! ¡De nuevo!" Uso esta frase tan a menudo que ahora la he acortado a, "responsable de mis propios problemas." Esto me ayuda a ahorrar tiempo.

La segunda parte de la frase, "¿Puedo ponerle fin?", tiene su origen en estudios motivacionales que aconsejan que es más probable que te animes al hacerte una pregunta, en lugar de decir: "Puedo ponerle fin a esto", o en un tono de juicio - "Evita causarte más problemas" - esto solo crea problemas adicionales. La simple pregunta, "¿Puedo ponerle fin a esto?" te hace consciente de que depende de ti tomar esa decisión. Definitivamente, si hay un evento desafortunado que probablemente suceda, quizás una muerte en la familia, un divorcio o un desastre natural, lo ideal será preguntarte: "¿Cuál es la mejor cosa para prepararme en caso de que esto suceda?". Hacer preparativos para tu plan de acción puede ser un alivio para la preocupación.

Si eres responsable de tus propios problemas al hacerte preguntas de "qué pasaría si", admite estos pensamientos, consuélate con una de esas afirmaciones mencionadas anteriormente y luego sigue adelante. Si descubres que tus pensamientos divagan hacia tus pensamientos trágicos favoritos, no te desanimes. Hacer cambios en tus hábitos de pensamiento puede ser difícil y se esperan lapsos. En realidad, controlar los pensamientos trágicos es un proyecto que puede durar toda la vida. Sin embargo, las afirmaciones positivas pueden ayudarte a superar los "qué pasaría si" muy rápidamente, para que puedas concentrar tus pensamientos en las cosas que son importantes para ti.

Qué hacer al considerar el peor de los escenarios

Dado que soy un verdadero hijo de mi madre, pensar en el peor escenario posible me resulta natural. ¿Cómo podemos prevenir esto, dado que ese tipo de pensamiento está arraigado en nuestro ADN?

Así que....

- Ten en cuenta que lo peor que te ha pasado es solo lo peor que te ha pasado. Lo que consideras como tu peor escenario posible se basa exclusivamente en tus experiencias y conocimientos personales. Hablando estrictamente, siempre hay alguien que enfrenta una situación más terrible. Así que, lo peor que te ha pasado puede no ser ni siquiera el peor escenario posible.

- Sabe que no conoces lo peor. No creas que conoces lo peor. Hace mucho tiempo, mi madre me dijo que ella creó el peor escenario posible que puede suceder. Y como le dije a mi madre, es difícil imaginar TODAS las posibilidades. Deja de intentarlo, simplemente es imposible.

- Re canaliza tu energía. Puede ser muy agotador pensar en todos los peores escenarios posibles. Si gastas tanta energía pensando, no queda energía para realmente tomar acción. Así que canaliza tu energía de "¿Qué pasaría si?" en concentrarte en dar pasos.

- Acepta lo peor. Lo peor puede suceder y puede ser terriblemente horrible. No estás aprendiendo si no te duele. Así que si el peor de los casos ocurre, acéptalo y aprende de ello.

¿Por qué deberías considerar el peor de los casos?

A veces, cuando llegamos a la raíz de nuestro mayor miedo, nos damos cuenta de que no es tan aterrador. Si te ves obligado a ser innovador, tu sufrimiento puede dar resultados positivos, crear una solución y ayudar a superar tus desafíos.

Hay algunas razones por las que esto es efectivo para muchas personas:

- Te permite volver al momento presente. La mayoría de las veces, cuando nos sentimos asustados, es porque dejamos que nuestra mente divague con todos los escenarios posibles. Pensar en la peor posibilidad y aceptar la situación ayuda a llevarte de vuelta al momento presente.

- Crea el espacio necesario para evaluar tus pensamientos y sopesar las posibilidades. Cuando evaluamos aquellas cosas que son muy importantes para nosotros, podemos proporcionar una explicación para el miedo preguntándonos: "¿Cuáles son las posibilidades de que esta cosa de la que tengo miedo realmente suceda?" También puedes evaluar tus pensamientos a fondo con algunas preguntas básicas.

- Eventualmente, te permite procesar, seguro de que incluso si lo peor ocurre, aún estarás bien. Por muchos "si", simplemente queremos saber que el siguiente paso que tomemos no nos llevará a las partes más oscuras de la Tierra. Cuando evaluamos la peor posibilidad, dar ese siguiente paso será más fácil.

Eventualmente, todos estamos haciendo intentos para garantizar nuestra seguridad y nuestra respuesta fisiológica al estrés es una excelente herramienta. Sin embargo, es importante evaluar el estrés para estar seguros de que la peor posibilidad es realmente la peor y que lo mejor que se puede hacer al enfrentar problemas es proponer soluciones.

Aprende a moverte de acuerdo con el flujo, entrégate al viento, gírate hacia un lado y hazte cargo.

Capítulo 6: Programar Tiempo de Reflexión.

Pensar y sobrepensar son dos cosas diferentes. Pensar es el proceso de considerar ideas, acciones y cosas por el estilo. Es un proceso de examinar y reflexionar sobre posibles reacciones, acciones o ideas. Este acto es muy importante y esencial antes de tomar decisiones. Puede que no sea tan fácil controlar cómo, cuándo y qué pensar, pero esto se puede lograr a través de la práctica constante. La práctica siempre llevará a la perfección.

Tan importante como es pensar, aún tenemos que tener el control sobre qué pensamos, cuándo pensamos y con qué frecuencia lo hacemos. Dejar que nuestras mentes elijan nuestros momentos de pensamiento podría no ser tan saludable, ya que estaríamos pensando al azar. Una forma de prevenir esto es programar nuestro tiempo de pensamiento para un período más cómodo y apegarse a ello.

El proceso de pensamiento es más adecuado durante el día que por la noche. Esto se debe a que nuestras mentes necesitan descanso, y el momento perfecto para descansar la mente es por la noche, mientras dormimos. Por lo tanto, en lugar de mantener la mente ocupada por la noche, utilízala durante el día para pensar y resolver ciertos problemas. Esto te ayudará a tener un descanso nocturno perfecto. Sin embargo, cuando se trata de fantasear sobre algo, el momento más adecuado para hacerlo es por la noche y no durante las horas de trabajo cuando necesitas concentrarte.

Sobrepensar es un hábito formado con el tiempo y cambiarlo puede llevar un tiempo. Es un proceso multifacético que requiere mucho más que simplemente decir palabras de determinación. Tienes que estar decidido en tus acciones y programar tiempo para pensar es una de esas acciones que puedes tomar.

Los pasos de "Programar Tiempo para Pensar".

Programar tiempo de reflexión puede parecer muy abstracto para los principiantes, pero mejora con la consistencia. Hay pasos involucrados en hacer esto. A continuación, se presentan los pasos o pautas que necesitas seguir. No importa cuán tontos parezcan los siguientes pasos, no detengas el ejercicio.

1. Selecciona un proceso de reflexión que coincida con tus preferencias. Hay muchas maneras en que podemos reflexionar sobre las cosas, algunas de estas maneras son: tener un diario, abrirte a alguien en quien puedas confiar, dar un paseo, y muchas más. Si una forma no parece alcanzable, entonces intenta otra pero tómate el tiempo para meditar. Cuando tenemos problemas, no debemos desestimarlos con charlas incesantes sobre deportes, noticias y moda. Hablar sobre estas cosas no es malo, pero cuando ocupan nuestro tiempo de reflexión, se convierte en un problema.

2. Programa tiempo de reflexión cada día durante una semana. Forma el hábito de pensar a una hora cada día durante al menos una semana. Para empezar, puede ser un mínimo de 15 minutos, generalmente en las horas de la mañana o durante el

día. Tu tiempo de reflexión no debe ser por la noche justo cuando estás a punto de dormir. Esto se debe a que te mantendrá despierto y no obtendrás el sueño suficiente que necesita el cuerpo.

3. Empieza pequeño. Como principiante, no tienes que obligarte a tener una hora de reflexión si no puedes mantenerlo. Programar tiempo de reflexión es un proceso. Es una cosa programar tiempo de reflexión, es otra cosa cumplirlo. Por lo tanto, empieza pequeño, puede ser 10 minutos o menos, en la medida en que puedas mantener el tiempo.

4. No planifiques sobre qué vas a pensar. Deja que esta cita contigo mismo sea totalmente no planificada. No reserves el tema exacto sobre el que vas a pensar y no organices tu tiempo para que caiga en los días o períodos en los que tienes mucho trabajo que hacer. No debería haber una agenda para esta reunión, déjala ser un tiempo de sorpresa para ti y tus pensamientos.

5. Durante esa ventana de 15 a 30 minutos, escribe todos los pensamientos que tengas. Antes de tu tiempo de reflexión cada día, decide que no te preocuparás ni sobrepensarás sobre los pensamientos que estás a punto de tener, hasta la próxima sesión de reflexión. Esto te ayudará a mantener tus pensamientos bajo control incluso después del tiempo de reflexión.

A veces, puede que no sepamos qué nos molesta, pero con este paso, estas cosas se revelarán. Se recomienda que durante nuestras horas de reflexión, tratemos de escribir los pensamientos que tuvimos. Esto ayudará a darnos una visión más clara de lo que nos molesta y lo que no. Antes de que se acabe tu tiempo de reflexión, si tu mente te lleva a las posibles soluciones a tus problemas, entonces está bien, pero si no, no pienses en el problema fuera de tu ventana de reflexión.

6. Entre los tiempos de reflexión. No pienses en tus pensamientos durante el último tiempo de reflexión hasta el siguiente. Esto significa que no debes preocuparte por tus problemas o las soluciones a ellos fuera de tu tiempo de reflexión. Esto no es tan fácil como parece, necesitarás acciones deliberadas para evitar preocuparte por ciertos problemas al azar. Determina firmemente dentro de ti preocuparte por tus problemas solo durante tu tiempo de reflexión programado.

7. Al final de la semana, tómate unos minutos para revisar lo que escribiste a lo largo de esa semana. Al final de cada semana, dedica tiempo a reflexionar sobre tus pensamientos durante la semana. Observa los pensamientos recurrentes, los pensamientos que dejaron de aparecer después de un tiempo, los que seguían apareciendo, los cambios en tus pensamientos y cada detalle de tus patrones de pensamiento. Medita sobre estos descubrimientos, ya que te ayudarán a seleccionar los primeros diez de tu lista.

8. Haciendo esto durante una semana, considera probarlo por otra. Recuerda que la práctica hace al maestro, un hábito no se forma en un día, pero la consistencia lo hace posible. Practica los pasos anteriores más a menudo y te darás cuenta con el tiempo de que tienes el control de tus pensamientos, dónde, cuándo y con qué frecuencia piensas.

El proceso de pensamiento es muy esencial, como se mencionó anteriormente; es una de las medidas activas para resolver problemas. Es una de las maneras de lidiar con las incertidumbres de la vida. Esta vida está llena de riesgos, no podemos predecir qué sucederá en los próximos 30 minutos y esto ha llevado a muchas personas a preocuparse por cada pequeña cosa. Sin embargo, en lugar de entregarte a todas las causas de preocupaciones en la vida, puedes pensar en las que puedes resolver y dejar ir las que no puedes.

Entrena tu mente para mantener la calma y la paz en las situaciones.

Capítulo 7: Piensa Útilmente.

La mayoría de nosotros somos propensos a sobrepensar situaciones sobre las que realmente no podemos hacer nada. Para ser honesto, es totalmente inútil seguir pensando en estas cosas. Te recomendaré encarecidamente que comiences a pensar de manera efectiva.

Por ejemplo, has estado esperando con ansias una promoción en el trabajo. Tienes que recordar que conseguir esa promoción está TOTALMENTE en manos de tu empleador, sin importar qué cualificaciones adicionales añadas a tu currículum. Pensar en vano, en este caso, es una pérdida de tiempo y energía mental preguntándote si te promoverá o no.

Por el contrario, tu pensamiento debería centrarse en lo que necesitas hacer para calificar para una promoción. Puede que necesites mejorar tus habilidades, o conseguir otro certificado, o incluso demostrar más dedicación a tu trabajo. Sea cual sea el caso, ¡piensa en producir resultados, no en lamentarte!

Estoy de acuerdo en que no es fácil romper algunos hábitos de pensamiento, pero liberarte de estos patrones puede desbloquear la genialidad en ti, y aquí tengo varias maneras de ayudarte a liberarte de estos patrones de pensamiento.

Prueba teorías. Existen suposiciones esenciales para cada nuevo caso. Deberías probar estas teorías para una variedad más amplia de oportunidades y perspectivas.

Presumes que no puedes permitirte comprar una casa o incluso hacer un depósito, así que no compras la casa basándote en esta presunción. Prueba esa teoría evaluando tus activos para ver si su valor puede conseguirte esa casa a cambio. Quiero decir, puede que no tengas el dinero en efectivo o en tu cuenta, pero no tomes una gran acción basada en una presunción. Pregúntate qué puedes hacer para conseguir el dinero y tal vez no parezca tan imposible.

Parafrasea el problema. Te podrías sorprender al descubrir que te vuelves innovador cuando lo expresas de manera diferente. Solo puedes lograr esto con una mente abierta y observando el problema desde diferentes perspectivas. Intenta verlo desde afuera, sin sentimientos, para que puedas abordar el problema lógicamente. Pregúntate todas las preguntas difíciles pero importantes y será más fácil idear nuevos planes para resolver los problemas.

A mediados de los años 50, las empresas que poseían envíos perdieron su carga en vagones. A pesar de que luego intentaron enfocarse en una construcción y desarrollo más rápidos, así como en barcos más eficaces, aún no pudieron resolver los problemas. Pronto, un especialista cambió la descripción del problema, hablándolo de una manera completamente diferente. Sugirió que evaluar las formas en que la industria puede comenzar a reducir costos debería ser el nuevo dilema. Esta nueva dirección de enfoque abrió puertas a nuevas estrategias. Cada área, sin excluir los envíos y el almacenamiento, fue debatida. Eventualmente, el resultado de este nuevo enfoque fue lo que se llama un buque portacontenedores y un vagón/caja de carga rodante.

Voltea tus pensamientos. Cuando te sientas atascado y no puedas encontrar una solución a un problema, intenta invertirlo o hacer un giro sobre él. Tómalo desde el otro extremo. Considera cómo crear el problema y agravar la situación, en lugar de deliberar sobre cómo puedes resolverlo. Esta estrategia de inversión creará consejos novedosos sobre cómo abordar el caso. Cuando luego pongas el asunto en su lugar, podrías obtener claridad.

Utiliza diversas formas de comunicarte. No siempre tenemos que usar nuestro medio verbal lógico ante un problema que es bastante típico de nosotros. Somos demasiado inteligentes para limitar nuestras capacidades de razonamiento. Usa otros métodos para articular los problemas. En este punto, no te preocupes demasiado por resolver el asunto. Solo articula. Varias personas con diversos medios de articulación pueden generar muchos nuevos patrones de pensamiento para crear nuevas ideas.

Conecta los puntos. Parece que la mayoría de las ideas más efectivas nunca son planeadas, simplemente ocurren. Puede ser algo aleatorio que viste o escuchaste que te inspira lo suficiente para dar nacimiento a esa idea inteligente. Hay muchos ejemplos que respaldan esto: Apple, Newton, y así sucesivamente.

Podrías preguntarte por qué nos afecta la aleatoriedad de esta manera, es porque estas cosas impredecibles activan nuestros cerebros en nuevos patrones de pensamiento. Por lo tanto, puedes usar esto a tu favor y conectar los segmentos desconectados.

Caza deliberadamente un ímpetu incluso en lugares sorprendentes y trata de vincular las piezas desconectadas del caso y el ímpetu. Las formas de construir la red son:

Usa consejos no relacionados. ¿Qué tal si eliges al azar una palabra del diccionario y intentas crear una conexión entre tu problema y la palabra?

Asocia las ideas probables. Coloca una palabra particular en la página, escribe todo lo que se te ocurra en esa misma página. Luego intenta crear una red entre ellas.

Puedes tomar una foto al azar, por ejemplo, y ver cómo puedes vincularla al caso.

Recoge algo, cualquier cosa, y considera cómo puede contribuir positivamente a tu caso preguntándote preguntas vitales para averiguar qué característica tiene el objeto que puede ayudar a cambiar la situación.

Cambia tu perspectiva. Si deseas ideas frescas, es posible que necesites cambiar la forma en que ves la situación, porque a medida que pasa el tiempo, tener un punto de vista particular solo resultará en las mismas ideas asociadas.

Pide la opinión de otros. Las personas son tan diferentes, todos tenemos diferentes formas de abordar una situación. Por lo tanto, pregunta a otras personas sus opiniones y su línea de acción preferida en el caso. Puede ser un niño, un amigo, un patrocinador, tu pareja, o incluso un extraño al azar con un estilo de vida completamente diferente y quizás una perspectiva de vida totalmente distinta.

Rodéate de un juego. Puedes intentar ver las cosas desde el punto de vista de un millonario, por ejemplo, o preguntarte qué haría Obama si fueras él.

Cualquier persona notable que elijas tiene un carácter distintivo, por lo tanto, considera estos atributos y úsalos para abordar el problema desde otro ángulo. Por ejemplo, si asumes el papel de millonario, entonces puede que tengas que mostrar sus atributos también al planificar. Atributos como la extravagancia y el negocio aventurero. Alguien como Tiger Woods, por otro lado, será más propenso a exhibir perfeccionismo, tenacidad y una observación cercana de cada detalle del caso.

No solo necesitarás planificar un diseño facultativo, sino que también querrás practicar todos los consejos mencionados anteriormente. El diseño facultativo que propongas puede ayudar a crear una sensación optimista, lo que a su vez mejora tu pensamiento innovador.

Cada vez que sientas que te estás dejando llevar por el modo de sobrepensar, dirige tus pensamientos hacia el pensamiento efectivo y deshazte de cualquier pensamiento que no sea productivo.

Capítulo 8: Establecer límites de tiempo para tomar decisiones.

Todo lo que somos es resultado de nuestras decisiones. Las amistades, la salud, o incluso nuestra vocación y cada otra cosa que nos hace quienes somos hoy son nuestra capacidad o incapacidad para tomar decisiones, y las elecciones que ya hemos hecho. Dicho esto, es lamentable que muchas personas todavía encuentren difícil tomar decisiones. Incluso si todo lo demás parece estar yendo bien para nosotros, cuando las cosas se complican y llega el momento de tomar esa decisión, nos acurrucamos. Simplemente parece tan difícil decidir sobre algo y mantenerse firme en ello.

Cada día, vivimos por las innumerables decisiones que tenemos que tomar, ya sean pequeñas o enormes. De eso se trata la vida. El progreso será más alcanzable si podemos descomponer estas grandes decisiones en pequeñas decisiones.

La afirmación de que la mejor decisión es no tomar ninguna decisión, casi siempre es inexacta. Las personas indecisas son más propensas a ser controladas por sus vidas en lugar de que sea al revés. Sin control sobre tu vida como resultado de la indecisión, puede que no seas tan autosuficiente como te gustaría, por lo tanto, necesitas aprender a ser decisivo y tomar el control de tu vida.

La mejor manera de instigar tu hábito de sobrepensar es tener una decisión que tomar con la necesidad de acertar y más que suficiente tiempo para hacerlo. Todo el proceso de contemplar el mejor paso a seguir, considerando todas tus opciones mientras te tomas tu tiempo, es simplemente una invitación a sobrepensar las cosas. Establecer un límite de tiempo para ti mismo es realmente la manera más efectiva de frenar ese hábito. Se recomienda establecer un límite con un intervalo basado en la gravedad o magnitud de la decisión. Asegúrate de detener toda evaluación adicional una vez que se alcance el límite y simplemente selecciona una opción, actúa en consecuencia y continúa.

El propósito de este consejo es no dejar espacio para el sobreanálisis y fomentar la acción a través de tu límite de tiempo establecido. Es bastante sencillo: simplemente comienza a cronometrarte justo al iniciar el proceso de análisis para tomar una decisión. Debido a tu conciencia del tiempo, tu análisis de las ventajas y desventajas será más conciso. De hecho, esta técnica es tan fácil y factible.

Si te tomas demasiado tiempo para tomar decisiones, entonces este consejo es justo lo que necesitas. Puedes establecer el tiempo tan corto como 1 minuto, o tan largo como 5 minutos, o cualquier número entre ellos.

Cómo Establecer Límites de Tiempo para Sus Decisiones

- Establece un límite en el número de opciones. Al intentar tomar una decisión, reduce tus opciones a un máximo de 3 cosas, en lugar de dejar tus opciones amplias, vastas e ilimitadas.

- La Ley de Parkinson (establece un límite en tu

tiempo). Cuando estableces un límite de tiempo, te hace trabajar menos y estresar menos tu cerebro, y simplemente no habrá suficiente tiempo para agotar tu cerebro. El trabajo solo se moverá para ocupar el tiempo disponible.

- Mantén tus opiniones al mínimo. Tres personas que ofrezcan sus opiniones son suficientes para ayudarte con tu análisis. No causes confusión para ti mismo, las personas son diferentes, cuantas menos opiniones contradictorias recibas, más fácil será llegar a una conclusión.

Recordatorio: si encuentras que persistentemente pides las opiniones de otros, podría indicar que no estás tan seguro de lo que quieres, o que simplemente no lo quieres en absoluto. Obtener una segunda o tercera opinión de vez en cuando puede ayudarte a verificar una decisión que probablemente ya has tomado.

- Técnica de la servilleta. Dado que no puedes hacer mucho en una servilleta, lo mejor es esbozar tu plan en una servilleta primero y encontrarás que solo se dibujarán las cosas más importantes.

- Sé positivo. Cuando aprendes a ver la positividad en cada opción y decisión, entonces podrás aceptar las consecuencias de cualquier forma, sin arrepentimientos. Tú tomas la decisión y luego aprendes de ella.

- Técnica de caminar por la tabla. Hazte el voto de hacer algo que odias o que preferirías no hacer si no tomas una decisión dentro del tiempo estipulado. O lo haces completamente o no lo haces en absoluto.

Establece un límite en la cantidad de decisiones que tomas por día.

Para frenar el exceso de pensamiento, dale a tu cerebro suficiente tiempo y espacio para cuando tengas decisiones importantes que tomar, reduciendo las decisiones menos importantes. Es fácil equivocarse al pensar que reducir decisiones es similar a reducir gastos, pero no podrías estar más alejado de la verdad. La verdad es que el tiempo, no importa cuán aparentemente corto sea, para tomar esas decisiones menos cruciales puede estresar tu cerebro antes de que siquiera plantees las más críticas, reduciendo la capacidad mental de tu cerebro en ese momento. Por lo tanto, es mejor que delegues esas pequeñas decisiones mientras ahorras esa energía mental para las decisiones cruciales. ¡Así que ahorra a tu cerebro el estrés!

Esto se refiere especialmente a esas pequeñas tareas diarias sobre las que necesitas decidir, pero que no son particularmente cruciales.

Es un hecho conocido que Steve Jobs repetía la misma ropa todos los días solo para no tener que pensar en qué ropa ponerse diariamente. Solo para que Tim Ferris pudiera evitar preguntarse qué comer cada mañana, tiene el mismo tipo de desayuno, aunque saludable, todas las mañanas. El presidente Obama también limitó sus respuestas en los correos electrónicos a "de acuerdo", "en desacuerdo" o "discutir" para desviar su energía mental de estas pequeñas decisiones.

Por lo tanto, de ahora en adelante, al considerar las tareas a asignar, asegúrate de que el coste de la energía mental que requieren esté bien evaluado. Por lo tanto, podemos decir con seguridad que menos sobrepensar se traduce en un mayor crecimiento y desarrollo personal.

Reducir el peso de tu toma de decisiones siempre te beneficiará, sin importar cómo decidas hacerlo. Puedes contratar a un asistente virtual para encargarse de todas tus tareas administrativas, o contratar a un freelance para que se ocupe de una o dos cosas según las necesidades surjan, sin embargo, la delegación es beneficiosa.

Pónle un límite de tiempo a tus pensamientos. Limita tu número de decisiones diarias y establece cortos plazos para las decisiones.

Capítulo 9: Considera el panorama general.

El sobrepensar solo magnifica cosas triviales tanto que causa pánico, y el mundo ya es lo suficientemente aterrador tal como es. Además, el sobrepensar convierte un pequeño problema en un asunto innecesariamente grande.

Cada día, pasamos por una prueba u otra y con el tiempo, nuestras malas experiencias generan miedo. Miedo a la pérdida de un ser querido, o a la pérdida de objetos valiosos, miedo a la insatisfacción y el descontento en la vida, miedo a fracasar en una entrevista y perder un trabajo que aún no has conseguido, o miedo a arruinar esa primera cita.

No dejes que te limiten y te frenen el miedo. No permitas que el miedo te impida alcanzar las alturas que deseas.

No todo saldrá como se planeó, pero no te desanimes porque los reveses suelen ser indicadores de grandeza que aún está por desplegarse. Por lo tanto, cuando hagas tus planes, necesitas aprender a relajarte y confiar en el proceso. La relación entre la intención y el miedo es la tendencia a tener menos miedo cuando estamos más dispuestos a creer en nuestras intenciones y apartar toda negatividad para centrarnos en las posibilidades de obtener buenos resultados.

Es tan fácil pensar demasiado. Es tan fácil dejarse llevar a ese modo de sobreanálisis todos los días, pero necesitas aprender a pausar y mirar la visión general.

Debemos darnos cuenta de que la mayoría de estas cosas que parecen ser un gran problema ahora probablemente no serán significativas en unos meses, o en unos años, o a veces incluso en unas semanas.

El momento en que te das cuenta de que lo que parece ser un gran problema es solo una pequeña mota en comparación con la visión general, entonces tal vez dejes de magnificarlo.

A continuación se presentan algunos consejos para aclarar las cosas y ayudarte a mirar más allá de tus miedos para ver la visión general:

- Pausa y reflexiona. Inmediatamente cuando empieces a sentir que estás sobrepensando, simplemente pausa por un momento para reflexionar sobre las cosas. Luego, hacerte preguntas simples pero importantes puede ayudar a poner las cosas en perspectiva. Pregúntate cuál es el problema precisamente. Identificar el problema específico con el que estás teniendo dificultades puede ayudarte a hacer los ajustes correctos. Pregúntate cómo te hace sentir todo esto. Si te sientes incómodo al respecto, entonces probablemente no obtendrás ninguna claridad. Ahora pregúntate sobre el porqué. ¿Por qué respondiste de la manera en que lo hiciste? ¿Fue adecuada tu reacción? Coincidirás conmigo en que tendemos a perder el control y tener una explosión ante una situación volátil. Pausar para considerar estas cosas puede ayudar a aclarar los problemas.
- **Come to terms with the things you can do nothing about.** It is pointless and enraging to overthink things that you can't change and it can cause you to have a mixed up view of life. It can be hard but with the tips below, you can learn to just let go of things you can't control.
  - Identifica tu parte y tarea. ¿Puedes hacer algo al respecto? ¿O está totalmente fuera de tu control?

- Sé optimista. Una de las pocas maneras de manejar un caso sobre el que no tienes control es simplemente encontrar algo bueno en él y mantenerte optimista.
- **Progress.** Retrace your steps when you find that you are going around in a circle, getting the same outcome. Assess your actions to consider other options.

- Deja de medirte en comparación con otras personas. Comparar tu ocupación, apariencia, habilidades e ingenio con los de otros es totalmente innecesario. La vida influye y moldea a las personas de diferentes maneras y no hay dos personas que tengan las mismas vidas. Estas comparaciones solo establecen alturas inalcanzables que tú debes alcanzar. Nadie más ha vivido tu vida excepto tú y nunca podrás vivir la vida de otra persona. Nunca olvides que eres único.

- Aprende de las experiencias pasadas. No importa qué estés combatiendo, reflexiona sobre eventos pasados en relación con el problema en cuestión y obsérvate preocupar menos. Así que, medita sobre las lecciones que se pueden aprender de estos eventos históricos y observa cómo pueden ayudar a resolver el problema en cuestión.

- Concéntrate en las cosas que puedes cambiar. Es más difícil hacer cambios en un caso que consideras imposible. Por lo tanto, empieza tratando de cambiar las cosas más pequeñas que estén bajo tu control para no sentirte totalmente inútil. Por ejemplo, cuando la búsqueda de empleo parece fútil, intenta identificar qué deberías hacer para comenzar o acelerar el proceso. Más pronto que tarde, encontrarás más trabajos para solicitar o simplemente llenar un formulario de solicitud para comenzar el proceso.

- Sé esperanzado sobre el futuro. Otra cosa que hace la sobrethinking es hacer que el futuro te parezca sombrío. Puede que sientas que no hay nada que esperar. Necesitas aprender a separar los acontecimientos actuales en el presente de lo desconocido en el futuro. Tu pesimismo en el presente no tiene que quitarte la esperanza del futuro, pase lo que pase. En lugar de decir cosas como "nunca podré completar este trabajo", di "¿cómo puedo lograr este objetivo y completar mi trabajo?" Mírate terminado con el proyecto y espera la satisfacción.

- Identifica tus sentimientos. Tu tendencia hacia el optimismo puede depender, lamentablemente, de cómo te ven los demás. Preocúpate más por cómo te ves a ti mismo y quién eres para ti en lugar de preocuparte por la perspectiva de los demás sobre ti. Por ejemplo, pregúntate más rápidamente qué es lo que te gusta de ti mismo en lugar de lo que a ellos les puede o no les puede gustar de ti.

- Nunca olvides que las cosas cambian. La vida es variable. Los tiempos y las estaciones cambian. Aquellos que son más felices y a veces viven más tiempo son aquellos que han aprendido a adaptarse a esos cambios. Para una comprensión más clara, una forma en que puedes aprender a ajustarte es buscando viejas fotos y notando cuánto has crecido. Quizás puedas empezar de nuevo tomando fotos de ti mismo ahora como una medida contra el cambio que deseas. Mirar la foto "base" de vez en cuando puede inspirarte y ayudarte a trabajar en el presente.

- Visualiza tu entorno. Debes sentirte reconfortado al saber que en este vasto mundo, hay, muy probablemente, al menos 2 otras personas que tienen un problema similar al tuyo. ¡No estás solo! Deja de intentar resolver cada problema, la verdad es que solo eres un ser, no puedes ganarlas todas por tu cuenta.

- Establece objetivos prácticos. Fijar metas alcanzables puede realmente ayudar a mantener la claridad. Al establecer tus objetivos, aléjate de metas poco realistas, aquellas que son tan abrumadoras que parecen imposibles. Por ejemplo, puedes establecer un objetivo en el que perderás unos pocos kilos al mes si tu objetivo a largo plazo es perder 100 libras. En lugar de intentar perderlo todo en los primeros meses, divídelo en unidades.

Pon las cosas en una perspectiva más amplia. Pregúntate cuánto tiempo importará esto. ¿Importará esto en 5 años? ¿O incluso en 5 semanas? Imagina un final feliz.

Capítulo 10: Vive el momento.

La vida es como un tren en movimiento; no espera a que estés seguro sobre tu futuro antes de unirte al viaje, ni espera a que superes tu pasado. La vida está compuesta por el pasado, el presente y el futuro, pero se nos da un precioso regalo del presente cada día. El pasado está ahí solo para recordarnos dónde hemos estado y el futuro, para recordarnos hacia dónde vamos, pero el presente es la vida que ya estamos viviendo. Sentirnos ahogados con nuestros pasados puede hacernos olvidar la vida que se supone que debemos vivir, haciendo que el tiempo pase desapercibido para nosotros. La vida es preciosa, solo podemos vivirla en el presente, no en el pasado y tampoco en el futuro.

No es inusual enfrentar desafíos, distracciones, heridas y otras cosas negativas de tal manera que preferimos escondernos en la sombra de nuestro pasado en lugar de enfrentar la realidad. Esto no va a ayudar a nadie de todos modos. La mayoría de las personas simplemente existen sin vivir, siguen sus rutinas como marionetas sin realmente tener tiempo para disfrutar del presente. Lo hacen con caras sonrientes pero ojos infelices solo porque están estresados y obviamente necesitan un descanso, un descanso para ir de vacaciones, para sentarse sin hacer nada, para simplemente ser libres.

A pesar de nuestros apretados horarios, siempre debemos intentar vivir en el momento, esto también se conoce como atención plena. La atención plena es el estado de estar totalmente consciente del presente. Ser consciente es aceptar tus pensamientos tal como son sin preocuparte demasiado por ellos. Es estar consciente de que la vida debe ser vivida, no solo existir. Una persona consciente siempre vivirá no basándose en sus pensamientos y esta es quien deberías ser.

¿Por qué es importante estar presente?

Vivir en el presente te ayuda a apreciar más la vida. Te impide quedarte en el pasado o pensar en exceso sobre el futuro. Vivir en el presente es una habilidad que se debe adquirir para ayudarte a vivir una vida más emocionante.

A continuación se presentan algunas de las cosas importantes sobre vivir en el momento.

- Menos preocupación y sobrepensar. Vivir en el momento o estar presente te mantiene completamente consciente del ahora. Te evita preocuparte y sobrepensar sobre el futuro y permanecer en el pasado.

- Puedes apreciar el mundo un poco más. Cuando vives en el momento, tiendes a apreciar el mundo que te rodea. No estarás preocupándote por el pasado ni temiendo por el futuro.

- Puedes descubrir qué podría estarte molestando fácilmente. A veces, puede que no sepas qué te molesta, pero vivir en el momento o estar presente te ayudará a darte cuenta cuando no te sientes tan bien, emocional, física y de otras maneras.

- Puedes empezar a sentirte más relajado. Estar en el presente te permite tener el control de tu vida y esto te ayudará a sentirte más relajado. Una vez que sientas que tienes el control, no te preocuparás tanto por la vida.

Pasos prácticos para vivir en el presente.

Algunas personas viven sus vidas en el pasado, mientras que otros viven las suyas en el futuro. Sin embargo, el pasado se ha ido, el futuro aún no ha llegado, el único momento verdadero que tenemos es el presente. Así que siempre vive en el presente porque ahí es donde realmente podemos vivir.

1. Elimina las posesiones innecesarias. Deshacerse de algunos objetos que te recuerdan tu pasado puede ayudarte a seguir adelante y podrás vivir en el presente. Deshazte de cualquier cosa que te siga recordando el pasado.

2. Sonríe. Simplemente sonríe. No solo ilumina tu día, sino también el de los demás. Cada nuevo día es un regalo y siempre deberíamos recibirlo con una sonrisa. La vida puede estar llena de incertidumbres, pero puedes controlar lo que te sucede. Así que, mantén una mentalidad positiva hacia la vida.

3. Aprecia plenamente el momento de hoy. Cada día es una bendición, así que crea recuerdos, aprecia la naturaleza, observa cada detalle del día, no permitas que ningún momento pase desapercibido.

4. Perdona las heridas del pasado. Mantener rencor no hiere a nadie más que a ti. Intenta perdonar a todos aquellos que te han hecho daño en el pasado. No tengas ninguna razón para que el pasado te atormente, deja ir todo el dolor perdonando.

5. Ama tu trabajo. No tienes que seguir haciendo lo que odias durante 5 días de 7 días a la semana. Este es el nivel más alto de desperdicio de tiempo y debería detenerse. Puedes renunciar completamente al viejo trabajo y buscar algo más

que ames o puedes concentrarte en un área particular del viejo trabajo que te guste y poder hacerlo con alegría.

6. Trabaja duro hoy, pero no dejes de soñar con el futuro. No permitas que soñar con el futuro te impida vivir el presente. No vivas en un sueño y te olvides de tu realidad. Soñar con el futuro, tener metas y aspiraciones no es suficiente para asegurar un futuro dorado. Debes trabajar duro ahora para alcanzar estas metas.

7. Deja de preocuparte por los logros pasados. Si te encuentras hablando o reflexionando demasiado sobre tus logros pasados, entonces es como resultado de pocos o ningún logro en el presente.

8. Reconoce y observa tus preocupaciones. No trates de pasar por alto tus preocupaciones, ni siquiera intentes controlarlas. Sin embargo, reconoce tus preocupaciones, considéralas desde el punto de vista de un extraño sin tener que responder a ellas.

9. Deja ir tus preocupaciones. Cuando no te aferres a tus preocupaciones, se desvanecerán tan rápido como llegaron. Aprende a soltar tus preocupaciones, no fijes tu mente en ellas.

10. Mantente enfocado en el presente. Nuestras emociones, pensamientos y sentimientos cambian constantemente. Así que, asegúrate de moverte con el cambio; una vez que te des cuenta de que has estado pensando en algo durante demasiado tiempo, regresa al presente. Conscientemente, siempre intenta vivir en el momento presente.

11. Piensa más allá de las viejas soluciones a los problemas. Nuestro mundo está en constante cambio; las reglas están cambiando y también lo están las soluciones a los problemas. No te acostumbres a las viejas formas de hacer las cosas, mantente abierto al cambio y acéptalo. El enfoque que uses para resolver un problema hoy podría no funcionar para el

mismo problema mañana. No dejes que ningún tiempo o momento pase desapercibido. Esto te permitirá vivir siempre en el presente.

Pasa más tiempo en el momento presente. Disminuye la velocidad. Dite a ti mismo: Ahora soy... Interrumpe y reconéctate.

Capítulo 11: Meditar

Sobrepensar no aclarará tu mente, ni te ayudará a encontrar una solución práctica. En cambio, resulta en un pensamiento rencoroso, redundante y obsesivo. Es probable que el proceso de pensamiento lógico se vea oscurecido por una mente que sobrepiensa. Eres consciente de que es imposible cambiar el pasado y que nadie conoce el futuro. Aún así, la mente está atrapada en una red de pensamientos. No olvides que hay una delgada línea entre entender tus errores del pasado y obsesionarte con ellos.

Observar a un niño puede ayudarte a descubrir que en la mente de un niño, solo existe 'hoy'. No hay pensamientos sobre el futuro o el pasado, simplemente disfrutan de lo que está sucediendo actualmente. Una vez fuimos niños. Y tenemos la capacidad de vivir en el presente y evitar el estrés de pensar en exceso. ¿Cómo? Puede que quieras preguntar. La meditación no solo te ayuda a dejar de pensar en exceso, sino que también te lleva de vuelta a los tiempos en que todo era simple.

La meditación es una excelente manera de prevenir absolutamente el exceso de pensamiento. Toma asiento en un lugar sereno, concéntrate en tu respiración y considera despejar cada pensamiento de tu mente. Cuando un pensamiento entre en tu mente, míralo sin ningún involucramiento emocional, sé consciente del pensamiento pero no permitas que te afecte.

4 Maneras en las que la meditación ayuda a detener el exceso de pensamiento

Reorienta tus objetivos. Tu mente puede estar sobrecargada con ideas y pensamientos redundantes cuando piensas en exceso. Puedes estar estresado por arrepentimientos, sospechas, dudas, realidades distorsionadas y alusiones. Todo esto no te ayudará a vivir felizmente o con calma. Te das cuenta de que tus pensamientos están sesgados y son constructivos. Si estás preparado para saber más, podrás unirlo todo para llevar a cabo las grandes búsquedas en la vida.

Lucha contra los pensamientos negativos. La mayoría de las veces, desplazamos la culpa por todos los problemas en nuestra vida. Al menos, lidiar con los problemas es más simple cuando hay otra persona a quien culpar. La meditación te ayuda a luchar contra los hábitos poco saludables, como el cambio de culpa y la búsqueda de defectos. Prueba la meditación consciente. Es muy efectiva para evitar que pienses en exceso. En este espacio de conciencia, podrás buscar verdades reales y deshacerte de pensamientos tóxicos. Así, te ayudará a concentrarte en acciones y pensamientos positivos.

Despeja tu mente. Pensar en exceso es una señal clave de que algo te está consumiendo. Llega a la raíz de tu aprensión y resuélvelo directamente. Uno de los efectos beneficiosos de la meditación es que despeja tu mente. Eres capaz de planificar, organizar y hacer un análisis efectivo en tu mente. Tan pronto como entiendas el problema, puedes comenzar a pensar en cómo afrontarlo. Esto ayuda a prevenir pensamientos errantes, que pueden ser innecesarios y tóxicos.

Te desprende del apego. Pensar en exceso es una expresión de todo lo que te ata: tus pensamientos, palabras, ideas y acciones. Hay demasiado apego entre nosotros y otras personas, o entre nosotros y las relaciones, esto borra nuestra forma de pensar y juzgar, haciéndonos sobreanalíticos y excesivamente críticos.

Sin embargo, esto es lo que necesitas saber sobre la meditación: no hay una sola forma de hacerlo, no hay una manera incorrecta o correcta. En las primeras etapas, meditar se siente extraño. Ciertamente. Tu cabeza te proporcionará una larga lista de cómo es una pérdida de tiempo. ¿Cuál es el sentido de sentarse ahí sin pensar en nada? Te retorcerás y darás vueltas. Te enfadarás. Persevera a través de todo ello. Se vuelve más fácil.

Cómo meditar en 9 sencillos pasos

1. Dedica de 5 a 30 minutos cada día. Como principiante, comienza con cinco minutos. Para muchas personas, cinco minutos son ideales, y de hecho, cinco minutos de meditación pueden tener efectos positivos. En cuanto a la frecuencia, se cree que la meditación debe ser un objetivo diario, como cepillarse los dientes.

2. Deshazte de las distracciones. Selecciona un periodo del día en el que tengas una mínima cantidad de distracciones. Quizás, durante las primeras horas del día.

3. Relájate y ponte cómodo. Antes de meditar, a algunas personas les gusta estirarse porque ayuda a relajar y soltar los músculos. Sentarse quieto puede ser difícil para un principiante; sin embargo, estirarse y relajarse te da una ventaja.

4. Selecciona tu posición. No importa si estás sentado o acostado, tu posición es una decisión personal. Para algunas

personas, estar acostado es cómodo, para otras, estar sentado lo es. Lo clave aquí es estar cómodo, es decir, no encorvarse y mantener la columna recta. Si estás sentado, relájate y coloca tus manos sobre tu regazo. Puedes sentarte con las piernas cruzadas en el suelo apoyado en un cojín, o en una silla con los pies en el suelo. No es obligatorio contorsionar tu cuerpo en una posición de loto si eso te resulta incómodo.

5. Concéntrate en tus pensamientos. Prepárate para las divagaciones de tu mente. El secreto de la meditación es enfocarte en lo que está sucediendo en el presente y no en lo que ha sucedido, o en lo que sucederá en una hora. Ahora, debes estar quieto, relajado, y simplemente sanar. Tan pronto como hayas seleccionado el período ideal y estés relajado y cómodo, estarás preparado para concentrar tu mente en tu respiración. Es una decisión personal si deseas meditar con los ojos cerrados o abiertos. A veces, la música relajante puede ayudarte a meditar de manera efectiva. Si disfrutas meditar mientras escuchas música, eso es aceptable. Hay una variedad de música para escuchar.

6. Toma respiraciones lentas y profundas. Cierra suavemente los ojos. Comienza a respirar lenta y profundamente: inhala por la nariz y exhala por la boca. Evita respirar con fuerza. Permite que venga de manera natural. Las primeras inhalaciones pueden ser superficiales, pero a medida que dejas que tus pulmones se llenen de aire cada vez, tus respiraciones se volverán progresivamente más plenas y profundas. Puedes tomarte todo el tiempo que necesites para respirar profundamente y lentamente. Después de un rato, las respiraciones profundas comienzan a hacerte sentir más relajado y en paz.

7. Cuando tu mente divague, vuelve a enfocarla en tu respiración. Es de esperar que tu mente divague. Intenta suavemente volver a concentrarte en el presente, es decir, en tu respiración. Tus pensamientos pueden distraerse cada cinco

segundos. Esto está perfectamente bien. Una vez que empieces a practicar la meditación con frecuencia, habrá una reducción en la distracción de tu mente y tu cuerpo y mente en realidad se relajarán. Sentarse en silencio y concentrarse en tu respiración es difícil, pero haz ese sutil esfuerzo deliberado para enfocar tu mente en el presente. Este es el concepto de la meditación: enfocar tu atención en lo que está sucediendo actualmente. Además, si crees que podrías quedarte dormido, cambia de posición.

8. Terminando tu meditación. Tan pronto como estés preparado para finalizar tu meditación, abre los ojos y levántate suavemente. Gran trabajo. ¡Lo has conseguido!

9. La práctica constante te hace perfecto. No es una competencia. Puede que actualmente solo puedas meditar durante tres minutos. Con el tiempo, habrá un aumento en este tiempo, y por lo tanto, un aumento en todos los efectos beneficiosos de la meditación. Hay una diferencia significativa con el tiempo. Comenzarás a experimentar una sensación de felicidad, paz y tranquilidad. Sigue con ello, puede ser desalentador al principio, pero está bien. Soy una mamá ocupada con una carrera, así que ha sido muy beneficioso para mí. Más beneficioso de lo que imaginaba.

Puedes deshacerte totalmente del mal hábito de sobrepensar meditando durante 10 minutos cada día.

Capítulo 12: Crea una lista de tareas.

Aunque tu mente puede ser tu arma más poderosa; sin embargo, si se descuida, tu mente también puede detenerte de alcanzar tus metas. Tu mente tiende a exagerar la verdadera naturaleza de las cosas, haciéndolas más grandes de lo que realmente son.

Por ejemplo, si tienes que terminar un par de tareas en un día, tu mente podría hacer que parezca una hazaña imposible completarlas en un día.

Surge con múltiples razones por las cuales completar la tarea será imposible. El secreto para evitar este tipo de sobrepensamiento es crear una lista de tareas.

Por ejemplo, si tienes que crear una presentación, completar un informe, recoger a tu hermana del aeropuerto, o tienes una reunión con un cliente, tu mente podría hacer que parezca inimaginable completar todas estas tareas en un día.

Hacer una lista de tareas te ayuda a asignar una duración definida para cada actividad, lo que facilita su finalización.

Aquí hay algunas maneras de dividir estas actividades en una lista práctica, luego cancelar cada actividad una vez que esté completa.

La forma adecuada de crear y completar una lista de tareas

- Selecciona un método. Hay varias variedades de una lista de tareas, por lo que esto depende de lo que sea efectivo para una persona en particular. Algunos estudios sugieren que escribir información a mano ayuda a recordarla de manera efectiva; sin embargo, si la última vez que usaste un bolígrafo fue en 1995, no te preocupes; hacer una lista de tareas personal también es posible con la amplia gama de aplicaciones digitales disponibles.

- Haz varias notas. Haz algunas listas de tareas por completar. Debe haber una copia maestra que tenga cada tarea que deseas completar a largo plazo. Por ejemplo, empezar una clase de idioma, limpiar el armario y así sucesivamente. También puedes crear una lista de proyectos semanal que tenga todas las tareas que deben completarse dentro de una semana. Luego, se debe crear una tercera lista de Tareas de Alto Impacto; esta tiene una lista de todas las cosas que deben hacerse hoy - por ejemplo, completar esa presentación de trabajo, llamar al Tío Tom por su aniversario, recoger la lavandería. Cada día, las tareas de la lista general y la lista de tareas semanal se moverán a la lista de Tareas de Alto Impacto, según sea apropiado.

- Mantenlo simple. Nada es más aterrador que una larga lista de tareas. En realidad, es poco práctico completar una cantidad tan enorme de tareas en 24 horas. Un consejo para simplificar la lista de HIT es crear una lista de las tareas que se deben completar hoy y dividirla en dos. El número de tareas en la lista debe ser de aproximadamente 10, otras tareas pueden ser trasladadas al borrador maestro o a la lista de tareas semanal.

- Comienza con las tareas simples. Antes de tus MIT's, incluye algunas tareas básicas en la lista: "Ducharse, Lavar los platos del desayuno y doblar la ropa" son excelentes ejemplos. Completar y cancelar tareas tontas puede ayudarte a comenzar tu día con una sensación de positividad.

- Completa tus MITs. MIT significa "tareas más importantes." La parte superior de tu lista debe comenzar con un mínimo de dos elementos que deben completarse urgentemente hoy, esto es para asegurarte de que completes tu informe de proyecto que debe ser entregado mañana, en lugar de pasar la aspiradora. Aunque las otras tareas en la lista podrían no hacerse, las tareas muy significativas se completarán.

- Divídelo en tareas más pequeñas. Tareas como "trabajar en el proyecto de tesis" parecen demasiado imprecisas y estresantes, lo que implica que podríamos sentirnos abrumados para realmente comenzar. Una gran manera de disminuir el miedo y hacer que el objetivo parezca más realista es dividir las tareas en proyectos más pequeños. En lugar de decir "trabajar en la tesis", sé más específico, di algo como "completar la primera mitad del capítulo dos" el domingo y "escribir la segunda mitad del capítulo dos" el lunes.

- Sé específico. Las cualidades comunes de todas tus listas de tareas deberían ser: deben ser tareas que solo pueden ser completadas por el creador de la lista de tareas, son tareas físicas, se pueden completar en una sola sesión. Para tareas generales que requieren mucho tiempo o asistencia de otras personas, haz una lista de los pasos específicos que pueden ayudarte a alcanzar tu objetivo. En lugar de "rescatar a los animales," prueba con "crear una carta de presentación para una pasantía en el Fondo Mundial para la Naturaleza."

- Inclúyelo todo. Para todas las cosas que tienen que hacerse en la lista, sé lo más expresivo posible, escribe todo lo relacionado con ello para que no haya excusas si el trabajo no se completa. Por ejemplo, si la tarea tiene que ver con llamar a un amigo, escribe el número de esa persona en la lista para que no haya necesidad de que empieces a buscarlo más tarde.

- Cronométralo. Dado que has creado la lista y la has verificado dos veces, ahora establece un límite de tiempo junto a cada tarea.

- Convertir la lista de tareas en una lista de citas puede ser útil. Por ejemplo, limpiar el correo de 7 a 8 p.m. en Dominos en la Quinta Avenida, tintorería de 8 a 9 p.m. en Clean Aces. Una vez que ha pasado el tiempo establecido, ha pasado; pasar siete horas recogiendo la tintorería es innecesario.

- Evita estresarte. La mayoría de las listas maestras tienen una o dos cosas que hemos tenido la intención de completar durante días, semanas o probablemente años, pero no hemos llegado a hacerlas. Intenta encontrar las razones de esto para que puedas entender los pasos necesarios para la finalización real de las tareas. ¿Evitas la llamada a tía Jessie debido a las largas horas que podrías pasar al teléfono? Sustituye "Llamar a tía Jessie" por "encontrar una forma de terminar la llamada a tía Jessie". Esto reducirá la extensión variable de la tarea, haciéndola más fácil de lograr.

- Compártelo con las personas. A veces, la mejor manera de mantenernos obligados a hacer algo es tener a alguien que nos monitoree. Puedes hacer pública tu lista de tareas, colocándola en el refrigerador o creando un calendario digital que pueda ser visto por tu colega.

- Fija un horario para programar. Sentarse a crear una lista de tareas real puede ser uno de los aspectos más difíciles de hacer la lista. Selecciona un momento diario, quizás por la mañana antes de que todos se levanten, o a la hora del almuerzo, o incluso antes de ir a dormir, cuando te sea fácil organizar todo lo que necesita hacerse y averiguar qué aún está pendiente.

- Ve con lo antiguo. Recordarte sobre la productividad del día anterior es una excelente manera de mejorar la productividad. Esto conlleva una lista documentada de todas las cosas que has logrado el día anterior, incluidas las tareas tontas.

- Haz una nueva lista. Crea una lista fresca diariamente, para que las tareas antiguas constantes no sobrepoblen la lista. Además, es una manera beneficiosa de asegurarnos de que realmente cumplamos con una tarea cada 24 horas y no perdamos tiempo embelleciendo la lista con marcadores de colores.

- Sé flexible. Consejo útil: asegúrate de reservar 15 minutos de "tiempo de compensación" entre tareas en el calendario o la lista de tareas en caso de una emergencia no planificada; por ejemplo, si tu computadora se apaga o si hay un cortocircuito. Y si no ocurre ningún evento desafortunado, lo más importante es recordar tomarte un momento y respirar. Si ya has completado al menos un MIT, lograrás el resto.

Proporcione un detalle completo de sus proyectos y divídalos en secciones. Establezca un pseudo-plazo y vea si se pueden completar dentro de la mitad del tiempo establecido. Luego, finalmente, fije un momento para todo.

Capítulo 13: Abraza la Positividad.

Lo triste de la vida es que está llena de eventos negativos. Estos eventos a menudo se difunden por todo el mundo a través de las noticias, las plataformas sociales y similares. Por patético que sea, nadie puede controlar o prevenir que estas cosas ocurran. Así que permitir que estos eventos negativos nos agobien no tiene sentido porque no podemos resolver los problemas. Sin embargo, la mentalidad de la mayoría de las personas se ha visto afectada negativamente por los desafortunados sucesos a su alrededor. Terminan pensando en exceso sobre todo, sin importar cuán insignificante pueda parecer.

No estás en control de lo que sucede a tu alrededor, pero sí tienes control sobre cómo reaccionas a ello o cómo te sientes al respecto. La mayoría de las personas permiten que su mentalidad se incline hacia el lado negativo debido a lo que ven o escuchan cada día. Cuando surgen situaciones, tenemos dos opciones: ver los aspectos negativos de las situaciones o ver los aspectos positivos de ellas. Lamentablemente, la mayoría de las personas se rinden ante lo primero. Estamos en control de nuestros sentimientos, así que puedes alimentarlos con pensamientos positivos o negativos.

Haz una elección consciente de ser optimista sobre la vida. Abraza la positividad. Deshazte de todo lo que te haga infeliz y amenace tu paz mental. Pensar en exceso trae dudas y, como resultado, conduce a mentalidades negativas. Por lo tanto, deja de pensar en exceso y ten confianza en que puedes superar cualquier tormenta que se te presente.

Conscientemente trata de proteger tu paz mental. No puedes hacer esto si no te amas lo suficiente, si crees que no mereces la felicidad. Una cosa es segura, todos merecemos amor, todos tenemos el derecho a ser felices y, por todo lo que vale, tu felicidad es tu responsabilidad. Crea felicidad donde está ausente, siempre dale una razón para ser feliz porque lo mereces.

Cuida tu mentalidad continuamente con pensamientos positivos. A pesar de los desafíos que puedas enfrentar - los diversos sentimientos, desde el dolor hasta el miedo, la ira, el desánimo y otros - nunca dejes de pensar en positivo.

A continuación se presentan algunos consejos para ayudarte a adoptar la positividad;

- Comienza con una buena nota. Despierta cada día sintiéndote agradecido. Agradece por todo, piensa en las cosas buenas que te sucedieron el día anterior, incluso puedes anotarlas. Al hacer esto, te das una buena razón para estar seguro, para tener esperanza y para ser feliz. Esta energía positiva al comienzo de un nuevo día es suficiente para mantenerte en marcha durante todo el día. Aparte de las reflexiones diarias, también puedes intentarlo semanal o mensualmente, esto te ayudará a mantener una mentalidad positiva.

- Nota a las personas con las que pasas más tiempo. La negatividad es infecciosa, así que observa a las personas con las que pasas la mayor parte de tu tiempo. Si siempre ven lo peor en todo, entonces deberías reconsiderar pasar tiempo con ellas. Esto no es porque los odies o los juzgues, simplemente estás protegiendo tu mente.

- Habla palabras positivas. Así como nuestras acciones son importantes, nuestras palabras también lo son. De hecho, las palabras que pronunciamos, con el tiempo, se convierten en nuestras acciones y se transforman en nuestra realidad. Presta atención a las cosas que dices; las palabras negativas generarán energía negativa y, eventualmente, resultarán en cosas negativas. Nuestra mente subconsciente nos escucha, presta atención a lo que decimos y hacemos. Después de un tiempo, comienza a responder a las palabras que ha escuchado, ya sean negativas o positivas. Por lo tanto, siempre haz afirmaciones positivas.

- Activa tu memoria. Mencionamos anteriormente vivir en el presente y dejar ir el pasado, pero hay algunos recuerdos del pasado que no debemos olvidar, como los recuerdos de una infancia feliz, un recuerdo feliz de la playa y otros momentos felices. Estos recuerdos nos dan la fuerza para vivir en el presente. Por lo tanto, crea recuerdos felices siempre que se te presente la oportunidad.

- Comienza a cultivar la esperanza en pequeñas maneras. Crea esperanza incluso de las formas más pequeñas. Puede ser al ver una sonrisa en el rostro de un desconocido, al planear alcanzar una meta, o al reflexionar sobre las cosas buenas que te han sucedido.

- Cambia tu enfoque. Deja de intentar controlar todo. Relájate un poco, desvía tu atención de las cosas que no están funcionando y concéntrate en las que sí.

- Desactiva los pensamientos negativos. Cuando notes que comienzas a tener pensamientos negativos, no los alimentes, sino cámbialos. Cuando ocurre un evento negativo, puede ser un problema con los padres o los hermanos o incluso un problema de peso; no pienses demasiado en ello. Previene conscientemente que tus pensamientos divaguen hacia eventos negativos; enfócate más en los positivos.

- Vuelve a lo básico. No es demasiado tarde para cambiar tu mentalidad; vino como resultado del pensamiento. Así que, comienza a tener pensamientos positivos.

- Sé curioso. No asumas que lo sabes todo. Piensa en los posibles resultados de los eventos.

- Piensa en un momento en el que lograste algo y lo que hiciste. Nunca olvides tus logros, la técnica que utilizaste y cómo la aplicaste. Es posible que necesites utilizar el mismo procedimiento para lograr algo mayor.

- Mantén la conversación corporal. No te concentres tanto en la mente que olvides el cuerpo. Cuando nuestros cuerpos están sanos, nuestras mentes también estarán sanas. El estado de nuestros cuerpos afectará nuestras mentes, el cuerpo físico controla las actividades de la mente hasta cierto punto. Todos necesitamos un nivel de motivación cada día y sin el ejercicio adecuado del cuerpo, es posible que no podamos obtener la energía positiva que necesitamos. Cuando estamos físicamente sanos, podremos tener una mentalidad positiva hacia la vida.

- Comienza un diario de evidencias con pruebas de que la vida está saliendo bien para ti. Registra todas las cosas buenas que la vida te ha ofrecido, en lugar de las cosas que no te ha ofrecido o las cosas negativas que te ha ofrecido.

- Piensa en alguien cuya vida parece ir bien. ¿Tienes a alguien en quien desearías parecerte? ¿O admiras la vida de alguna persona? Entonces, conviértelos en tu modelo a seguir, infórmate sobre lo que hacen y cómo lo hacen para tener éxito.

- Errar es humano. En un intento de abrazar la positividad, no seas demasiado duro contigo mismo. Mantener una mentalidad positiva puede ser difícil. Somos humanos y es probable que cometamos errores, que tengamos dudas y sentimientos negativos, pero cuando lleguen, contrólalos. No dejes que te consuman, recuerda que los sentimientos y los pensamientos no duran mucho, pasarán solo si no los alimentas.

Cambia tu mentalidad y pasa más tiempo con personas positivas que no piensan demasiado en las cosas.

Capítulo 14: Usando Afirmaciones para Aprovechar el Pensamiento Positivo.

La mayoría de las personas que piensan negativamente son aquellas que a menudo sobrepiensan. Si permites que esto continúe, pronto todo acerca de ti se vuelve negativo y pesimista; tu autoestima, tu perspectiva y tus emociones.

Lo curioso de la negatividad es cómo parece que casi siempre se hace realidad. Estos pensamientos negativos deprimen tu espíritu, tus relaciones con las personas a tu alrededor y tu personalidad. De alguna manera, te has convencido de que nunca serás adecuado y eso está comenzando a dominar tu vida.

Sé intencional en ser todo lo que no es negativo; sé optimista y esperanzado. Piensa y habla palabras buenas contigo mismo y descubrirás que es muy potente y beneficioso.

En última instancia, haz esfuerzos por frenar tus hábitos de sobrepensar al pensar deliberadamente de manera más positiva sobre la vida.

¿Qué son las afirmaciones y funcionan?

Una afirmación es una aserción, un comentario optimista que realmente ayuda a inhibir la negatividad y el auto-daño. Cuanto más declares estas palabras, más realmente las creerás y, posteriormente, más positividad podrás exudar.

Reiterar constantemente estas palabras puede ayudar tanto a nuestro estado mental que reforman nuestras cadenas de pensamientos para hacernos comenzar a pensar y comportarnos de manera positiva.

Por ejemplo, hay pruebas de que las afirmaciones ayudan positivamente en tu rendimiento laboral. Cuando te sientes un poco nervioso ante la anticipación de una importante reunión de negocios, puedes tomarte un momento para concentrarte en todas tus grandes cualidades y esto ayudará a calmar tus nervios, mejorar tu autoestima, evitar que te conviertas en un nervioso total y aumentar las posibilidades de que seas productivo.

La autoafirmación también puede mejorar los terribles efectos de la ansiedad y el estrés.

Aún mejor, las afirmaciones han sido una terapia mental para personas que sufren de depresión, baja autoestima y una plétora de otros trastornos mentales. También se ha demostrado que las afirmaciones excitan ciertos aspectos de nuestro cerebro que desencadenan una alta posibilidad de ser más conscientes y dirigidos hacia la positividad en relación con nuestra salud. Cuando tienes un alto aprecio por ti mismo, te preocupas más por mejorar tu salud en general. Por lo tanto, si piensas que comes demasiado, por ejemplo, y necesitas empezar a hacer ejercicio, entonces las afirmaciones pueden ser utilizadas para ayudarte a recordar tu valor y, por lo tanto, animarte a hacer algunos cambios en tu estilo de vida.

Cómo usar afirmaciones positivas

Las afirmaciones no tienen restricciones, puedes usarlas siempre que desees hacer alteraciones positivas en tu vida. Puedes usarlas cuando quieras:

- Mejora tu autoestima antes de reuniones y presentaciones cruciales.

- Controla tus emociones, poniendo un freno a cualquier sentimiento pesimista como la ira, la decepción y la irritabilidad fácil.

- Renueva tu autoconfianza.

- Termina con éxito los proyectos que empezaste.

- Mejora tu eficiencia

- Supera los malos hábitos.

Las afirmaciones funcionan mejor con metas establecidas y pensamientos más optimistas.

La visualización complementa las afirmaciones de manera bastante perfecta. Así que, no solo visualices ese gran cambio, dilo a ti mismo, anótalo hasta que lo creas. Afirmate positivamente.

Las afirmaciones también son muy valiosas cuando estás

determinando nuevos objetivos y metas. En el momento en que especificas exactamente lo que deseas alcanzar, la autoafirmación y los comentarios afirmativos pueden ayudar a impulsarte constantemente hacia el éxito.

Decir esas afirmaciones positivas a ti mismo una y otra vez es realmente la clave de la potencia. Pégalo en tu pared, o configúralo como una alarma, pero asegúrate de reiterar esas palabras a ti mismo tan a menudo como sea posible cada día. Aún más importante es la necesidad de que reiteres esas palabras cuando te encuentres pensando de más otra vez, o haciendo esos hábitos que has estado tratando de romper.

Cómo Escribir una Declaración de Afirmación

Tu afirmación debe estar dirigida a un aspecto o hábito particular que estás tratando de romper. Puedes personalizar tu afirmación según tus necesidades utilizando los consejos a continuación.

- Considera ese hábito del que estás tratando de alejarte. El comportamiento en el que quieres mejorar. Puede ser tu mal genio o tu fácil irritabilidad o tus deficientes habilidades de comunicación o tu productividad casi nula en el trabajo.

- A continuación, anota aquellos aspectos de tu vida que te gustaría modificar y asegúrate de que estén alineados con tus valores clave y con todo lo que es vital para ti. Si no alineas estos cambios con tus valores, es posible que no estés realmente inspirado para alcanzar esos objetivos.

- No intentes hacer afirmaciones imposibles e inciertas, sé realista y práctico al respecto. Por ejemplo, si no estás satisfecho con el salario que recibes cada mes, puedes comenzar a reiterar afirmaciones a ti mismo para aumentar tu confianza lo suficiente como para solicitar un aumento.

- Sin embargo, lo mejor es no convencerse de que definitivamente recibirás un aumento que duplique tu salario anterior, ya que generalmente está fuera de cuestión para los empleadores duplicar tu salario así como así. ¡Sé pragmático y razonable! No es que las afirmaciones sean encantamientos. Lo que necesitas es creencia; si no, esas palabras pueden tener poca o ninguna potencia en tu vida.

- Cambia la negatividad y abraza la positividad. Si te gusta el auto-desánimo y el auto-daño general, aprende a observar los pensamientos o ideas particulares que atormentan tu mente. Luego crea una afirmación que contradiga por completo esa línea de pensamiento.

- Imaginemos que frecuentemente te dices a ti mismo que no eres lo suficientemente hábil ni talentoso para avanzar en tu carrera, puedes cambiar esto por completo escribiendo una afirmación como: "Soy lo suficientemente bueno y soy un experto talentoso en lo que hago."

- Sé particular acerca de escribir en tiempo presente como una muestra de creencia de que lo que estás diciendo ya está sucediendo. Es la única forma de que realmente creas y veas que suceda verdaderamente. Por ejemplo, un buen ejemplo de una afirmación efectiva es: "Estoy listo para esta presentación, tengo un buen dominio de este tema porque me he preparado bien para ello y va a ser una presentación maravillosa." Dilo a ti mismo cuando comiences a sentir los nervios y la ansiedad por hablar en público.

- Dilo como si realmente lo quisieras. Incorporar emociones en tu afirmación puede ayudarte a hacer las palabras más productivas. Si realmente lo quieres, actúa como si lo hicieras diciendo con voluntad. Dilo como si tuviera sentido para ti y significara algo para ti. Por ejemplo, si tienes problemas para calmar tus nervios con respecto a un nuevo proyecto que te han dado, entonces intenta decirte algo como: "Estoy ansioso por este nuevo desafío. No puedo esperar para afrontarlo".

Ejemplos de Afirmaciones

Por supuesto, tu afirmación es exclusiva para ti, así que deja que especifique exactamente lo que pretendes alcanzar y todos los cambios que buscas realizar. Sin embargo, a continuación se presentan algunos ejemplos que pueden ayudarte a empezar:

- Mis innovaciones para este nuevo desafío son innumerables.

- Mi jefe y todos mis colegas apreciarán mi trabajo cuando termine.

- ¡Tengo la capacidad de lograr esto!

- Mi opinión es invaluable para mi equipo.
- Soy triunfante y victorioso.
- El candor es mi palabra clave.
- Soy consciente del tiempo en cada tarea.
- Aprecio este trabajo y no lo doy por sentado.
- Me encanta realizar un buen trabajo con mi equipo.
- Soy excepcional en todo lo que intento.
- Soy magnánimo.
- Estoy realizado.
- Estableceré el ritmo en esta empresa.

Las afirmaciones son afirmaciones de positividad que ayudan a derrotar la autodestrucción y la negatividad en general.

Capítulo 15: Conviértete en Orientado a la Acción.

No puedes simplemente decidir dejar de pensar en exceso, sino que debes tomar medidas deliberadas para ver que estás libre del hábito. No pienses demasiado en hacer la elección correcta; a menudo aprendemos de nuestros errores. De hecho, las mejores lecciones son las que se aprenden de un error.

Siempre estate listo para actuar, sin importar lo inciertos que puedan parecer. Pensar en exceso trae dudas y estas dudas nos restringen de actuar donde deberíamos. Nunca se puede estar demasiado seguro en la vida. Nuestras vidas serán mucho mejor si podemos hacer la mayoría de las cosas que hemos tenido en mente hacer.

Sin embargo, cuando hablo de tomar acción, me refiero a una acción dirigida. Antes de tomar cualquier acción, primero debes considerarla en relación con la situación en cuestión, la acción debe tomarse de manera sabia y no basada en emociones.

Consejos para tomar acción y superar el exceso de pensamiento

1. Reconocer el resultado de la indecisión. La forma más efectiva de deshacerse del pensamiento excesivo es identificar las consecuencias de la indecisión. En cada situación, compara la consecuencia de tomar una decisión con la consecuencia de no tomar ninguna. Si el resultado de esta última es más favorable, entonces debes simplemente seguir adelante.

2. Lanza una moneda. Cuando parece que no puedes dejar de pensar en un problema, puede ser tu instinto tratando de advertirte que la situación está fuera de tu control o que no es necesario sobrepensar el asunto. Todo lo que necesitas hacer en casos como este es abrir el siguiente capítulo y seguir adelante.

3. Escribe 750 palabras. Escribir es una manera que puedes emplear para aclarar tu mente. Te ayuda a ver claramente cuáles son los problemas y a idear formas de resolverlos.

4. Decide dos veces. Siempre prueba la solidez de tus decisiones tratando de decidir sobre ese problema dos veces antes de actuar. Después de tomar una decisión sobre un asunto, escríbela y tras 24 horas, reflexiona sobre ese mismo asunto pero esta vez en un lugar diferente.

Luego responde las mismas preguntas que te hiciste y toma una nueva decisión. Ahora, observa si corresponde a la primera decisión.

5. Confía en tu primer instinto. Como se dijo anteriormente, pensar en exceso trae dudas. Nos restringe de tomar decisiones rápidamente, nos hace perder fe o confianza en nosotros mismos. Por lo tanto, siempre aprende a confiar en tu primer instinto.

6. Limita las decisiones que tomas. No tienes que decidir sobre todo. Aprende a seguir los estándares. Esto limitará el número de decisiones que tendrás que tomar en un día y aumentará aún más tu capacidad para tomar mejores decisiones sobre asuntos más serios.

7. Siempre puedes cambiar de opinión. ¿Qué nos dio la impresión de que las decisiones deben ser muy rígidas, dominantes y severas? Las decisiones se pueden cambiar, uno puede tener un cambio de corazón en cualquier momento, esto es lo que necesitas saber. Puedes decidir ahora comprar una nueva propiedad y decidir más tarde no adquirirla, es toda tu elección y no le debes explicaciones a nadie. Tus amigos están ahí solamente para influir en tu decisión y no para tomarla por ti. Solo pueden intentar disuadirte de algo, pero al final del día, es tu decisión. Los buenos amigos siempre aceptarán tus decisiones y te apoyarán en todo momento. Sin embargo, al tomar decisiones, elige actividades emocionantes, cosas que te hagan feliz. Recuerda que tu felicidad es tu responsabilidad.

Hay algo conocido como parálisis por análisis. Esta es una condición causada por el exceso de pensamiento. Es una situación en la que no se toma ninguna decisión sobre un asunto porque se ha sobreanalizado.

No pienses demasiado en los problemas, solo los prolongará; más bien, sé un hombre de acción.

Capítulo 16: Superando Tu Miedo.

Dejar que los sentimientos nos abrumen y nos choquen hasta el punto de sobrepensar es naturaleza humana. ¿Quién se enfrentará a una situación que probablemente sea hiriente? Simplemente, al evadir constantemente el "fantasma" que llevamos dentro, serás un cautivo del monstruo.

Un sentimiento muy fuerte es el miedo. Tiene un impacto poderoso en la mente y en tu apariencia física. Puede establecer reacciones poderosas cuando estamos en situaciones alarmantes, por ejemplo, cuando hay un incendio o estamos siendo asaltados.

Por lo general, esto incluye un intento de combatir cualquier posible factor de estrés que pueda llevar a la angustia y a la participación en interrupciones ilimitadas. Pero estás combatiendo situaciones posibles que te traerán desarrollo y felicidad. Además, tienes la oportunidad de luchar contra el miedo para siempre. El miedo atacará sin importar cuánto intentes prevenirlo. Y probablemente atacará en un momento en que más necesites compostura emocional.

Además, puede atacar cuando te enfrentas a situaciones que no amenazan la vida, como citas, exámenes, un nuevo empleo, una fiesta o al enfrentarte a una multitud. El miedo es la respuesta habitual a una advertencia que se puede sentir o que es evidente.

Estas son algunas recomendaciones para combatir el pensamiento excesivo si lo estás enfrentando:

- Permítete sentarte con tu miedo durante 2-3 minutos a la vez. Inhala y exhala con el miedo y di que, "Está bien, se ve muy mal pero los sentimientos son similares al mar - las mareas van y vienen." Asegúrate de tener una actividad estimulante planificada para tu sesión posterior a la sentada: contacta a ese confidente que quiere saber cómo te fue; sumérgete en una actividad que encuentres placentera e intrigante.

- Escribe las cosas por las que estás agradecido. Revisa lo que has redactado cuando te encuentres de mal humor. Haz la lista más larga.

- Recuérdate que tu ansiedad es un almacén de sabiduría. Escribe una nota: "Querida ansiedad, ya no te tengo miedo, ¿qué puedo aprender de ti?"

- Usa el humor para desinflar tus peores miedos. Por ejemplo, ¿cuáles son las escenas más graciosas que pueden ocurrir si aceptas una invitación para hablar ante una audiencia de 500? Me moje los pantalones en el escenario. Puedo ser detenido por dar el discurso más horrible en la historia de la humanidad, mi último novio (novia) será parte de la congregación y se reirá de mí.

- Aprecia tu valentía. Cada vez que hagas algo que te asuste, a pesar del miedo, te has hecho mucho más poderoso y el próximo ataque de miedo probablemente no te hará rendirte.

- Recompénsate. Por ejemplo, cuando llames a esa persona con la que realmente no quieres hablar, refuerza tu logro dándote algo placentero como un tratamiento de spa, salir a comer, regalarte un libro, dar un paseo, darte algo que te brinde alegría.

- Cambia tu perspectiva sobre el miedo. Si tienes miedo como resultado de un fracaso pasado, o simplemente tienes miedo de hacer algo más, o piensas que el hecho de haber fallado antes significa que fallarás en otras cosas, no olvides que el hecho de que hayas fallado antes no garantiza que fallarás cada vez. Ten en cuenta que cada momento es un nuevo comienzo, una oportunidad para empezar de nuevo.

No te dejes llevar por miedos inciertos.

Capítulo 17: Confía en ti mismo.

La incertidumbre sobre uno mismo generalmente resulta en ansiedad y en pensar demasiado en las cosas relacionadas con el mañana. Te das cuenta de que te falta la autoconfianza para manejar realmente situaciones específicas y ser decisivo. El sobrepensar surge porque te sientes deficiente y tienes dudas sobre tus propias elecciones. En realidad, el problema del sobrepensar es cuántos comandos tienen tus pensamientos sobre ti. Poco a poco, comienzas a ser escéptico acerca de tu capacidad para tomar decisiones sabias y, en última instancia, pierdes la confianza en tus habilidades para tomar decisiones.

Varias personas habitan en la indecisión porque son reacias a hacerse cargo de sus vidas, asumir y soportar las consecuencias de sus acciones. Te apresuras a culpar a cualquier otra persona por la decisión final que tomaron en tu nombre si los eventos toman un giro equivocado. Sin embargo, la verdad es que cualquier decisión que se haya tomado sobre tu vida todavía vuelve a ti, especialmente si actuaste en base a ella. Porque, como adulto, hay algunas cosas en relación con tu vida que no puedes desestimar como una táctica manipuladora de alguien sobre ti. Te digo, no se sostendrá en un tribunal. ¡Eres responsable de tu propia vida! En consecuencia, es sabio aprender a rendir cuentas de cada decisión, paso y acción que tomes.

En realidad, nadie puede hacer que hagas nada. No importa cuán autoritarios y controladores sean, tú eliges si quieres seguir esa línea o no. Tus acciones o inacciones siguen siendo tu responsabilidad, sin importar de quién fue la idea.

En lugar de distribuir tus problemas para que sean decididos por otras personas, puedes tomar el control de tu vida tomando tus propias decisiones por ti mismo. Pronto, comenzarás a sentir una satisfacción y confianza en tus juicios y sus posibles resultados. Necesitas acostumbrarte a poner algo de credibilidad en tu capacidad para manejar situaciones específicas. Nadie puede creer en ti como tú lo harás.

Si no quieres ser rehén de tu sobrepensamiento, entonces debes levantarte y hacer las cosas en tu vida. Solo estarás engañándote a ti mismo y perderás la oportunidad de crecimiento y desarrollo personal.

Afortunadamente, todo lo que necesitas para gestionar con éxito cada problema que encuentres en tu vida es confianza en tus habilidades.

Confía en que tienes la capacidad de enfrentar cualquier cosa que la vida te arroje con el enfoque adecuado. En el momento en que comienzas a creer en tus habilidades, comienzas a pensar demasiado menos y te encuentras siendo más decisivo.

Te daré la primicia sobre qué hacer para aprender a creer en tus habilidades:

- Intenta no sobreanalizar el resultado final de tu juicio. El mundo, en general, es variable y los seres humanos son difíciles de predecir; por lo tanto, sería absurdo pensar que puedes estimar fácilmente las consecuencias inminentes. Como resultado, podemos decir que la toma de decisiones es casi siempre un tiro en la oscuridad. Sin embargo, confiar en ti mismo y en tu capacidad para tomar buenas decisiones sigue siendo muy beneficioso, ten en cuenta que no puedes controlar el resultado final de tus decisiones. En términos simples, sobrepensar es inútil.

- Intenta no hacer las cosas por impulso. Las personas tienden a ser impulsivas instantáneamente porque consideran que pensar en el probable resultado final es una tarea ardua. Por lo tanto, les resulta difícil pasar por el proceso de deliberación. Tomar una decisión impulsiva no es una idea terrible, de hecho, sobre la indecisión, es una idea increíble. Sin embargo, con la experiencia pasada de malos juicios, tomarse un poco de tiempo para reflexionar sobre tu decisión es sabia.

- Enfrenta tus miedos. Las personas que no confían en sí mismas suelen ser las que buscan rutas que parecen simples. Como resultado de esta falta de fe, les da miedo fracasar y, en consecuencia, toman malas decisiones. Al tomar decisiones, intenta elegir la opción que más miedo te dé porque ese es tu camino más probable hacia el crecimiento.

- Crea un equilibrio entre prestar atención a tu sentido de razonamiento y confiar en tu intuición. Tu mejor oportunidad de que la mayoría de tus decisiones sean acertadas es aprender a alcanzar un equilibrio entre la razón y los sentimientos intuitivos. Prestar atención solo al sentido y la lógica podría persuadirte a optar por la opción más prudente en lugar de seguir tu intuición. Incluso puedes decirte que necesitas esperar más información en ese área antes de tomar cualquier decisión, ¡y esto puede resultar en no tomar ninguna decisión en absoluto! Por el contrario, seguir tu intuición puede llevarte a tomar decisiones imprudentes. Por lo tanto, prestar atención a tu ser completo es crucial para tomar la decisión correcta, especialmente en lo que respecta a decisiones importantes. Como dicen, "no olvides llevar tu cerebro contigo mientras escuchas a tu corazón."

- Enfócate más en tus buenas decisiones pasadas y en los escenarios que las rodean. Pregúntate cómo te sentiste al tomar esa decisión durante y después de haberla tomado y qué hiciste para llegar a ese veredicto. Considera qué la hizo una buena elección en comparación con cuál fue la otra opción. Reflexionar sobre tus buenas decisiones pasadas te ayudará a construir confianza en tus habilidades para tomar decisiones, sabiendo ahora que efectivamente tienes estas capacidades. Posteriormente, podrás descubrir fácilmente el plan de acción más adecuado para tu proceso de toma de decisiones. Personalmente, he descubierto que una señal de que estoy tomando una buena decisión es cuando no tengo dudas al tomarla. Cuando confío en mi decisión es cuando me siento más organizado y sereno.

- Toma la decisión que te ofrezca la mayor cantidad de alternativas. A todos les gustan las elecciones con muchas opciones para elegir. Sin embargo, hay elecciones que te restringen a un conjunto de opciones no diverso que solo será una carga para ti más tarde. Realmente no tienes que pasar por el estrés, así que asegúrate de optar por la opción que, al final, será la elección más rentable, por difícil que sea elegir. Deja que tu anticipación de las consecuencias de tus habilidades supere ese miedo al fracaso.

- Detente por un momento cuando te enfrentas a una decisión difícil y pregúntate: "¿qué pasaría si un milagro ocurriera de la nada y toda mi vida cambiara positivamente?" Esto puede aliviar la carga de los "y si" y ayudarte a ver la posibilidad de buenos resultados, por lo tanto, llevándote hacia la mejor elección.

La racionalidad nos persuade a tomarnos nuestro tiempo y obtener más información antes de considerar que estamos listos para tomar una decisión. Esto suele ser el resultado de nuestra tendencia a sobrepensar las cosas y temer hacer las elecciones equivocadas. Puede dejarnos en un aprieto y con una falta de disposición para tomar cualquier acción. Debes saber que la indecisión en sí misma ya es una decisión tomada, por lo que es esencial simplemente lanzarse con un poco de racionalidad y un poco de agallas para equilibrar. En el momento en que te vuelvas más atento a esa voz interior que aparece de vez en cuando para decirte lo que realmente deseas, el sentido y la racionalidad pueden actuar de tal manera que te beneficie a largo plazo.

No tengas miedo de cometer errores y fallos porque la verdad es que muchas veces, el miedo produce los mejores resultados especialmente cuando eliges la opción que más te asusta. Hay una alta probabilidad de hacer la elección correcta que buscas cuando es realmente difícil. A pesar de que la vida es impredecible, debes al menos tener la dignidad suficiente para ser el propio tomador de decisiones.

Conéctate con tus neuronas naturales, confía en tus instintos, sigue tus corazonadas.

Capítulo 18: Deja de esperar el momento perfecto.

Estás condenado a seguir dando vueltas en un ciclo sombrío de negatividad si te dejas llevar por el sobrepensar. Es deprimente y sin sentido seguir anclado en los mismos pensamientos. Ni siquiera mejora, ya que el sobrepensar puede influenciarte negativamente emocional y mentalmente. Lamentablemente, varias personas están atrapadas en tal idealismo que han perdido completamente el contacto con la realidad.

Pensar en exceso te da una apariencia de necesidad de perfección, pero en realidad solo te hace dudar en asuntos importantes.

Por ejemplo, en lugar de simplemente iniciar tu negocio, el sobrepensar te pondrá en pausa mientras inventas eventos irreales en tu cabeza con preguntas como ¿y si no tengo suficientes fondos para empezar? ¿Y si se acaba el tiempo antes de que pueda comenzar adecuadamente? ¿Y si nadie quiere ser mi cliente? Antes de que te des cuenta, comienzas a cuestionar tu preparación.

Al final del día, puedes darte cuenta de que nunca comenzaste el negocio.

Sin embargo, ¿cuán seguros estamos de que el futuro será más brillante? ¿Dónde está la prueba? ¿Podemos realmente depender de nuestra esperanza en el futuro?

En este momento, esta misma experiencia presente es lo que es cierto, ¡nada más! La única certeza es el presente. Seamos realistas, la probabilidad de obtener satisfacción de un momento futuro impredecible es bastante baja, especialmente si hasta ahora no has tenido un momento satisfactorio que realmente saciara tus deseos insaciables incluso después de tu gran anticipación hacia él. Tanto por la prueba de un futuro más brillante.

Nos ocupamos demasiado del pasado y del futuro desconocido que aún está por llegar. Cuando nuestra esperanza en el futuro de riqueza y bienestar nos falla, entonces nos volvemos hacia el pasado con sentimientos sobre cómo eran las cosas antes.

En nuestras mentes, es un lugar eufórico, en algún lugar con valor, un futuro más brillante, en cualquier lugar menos donde estamos en ese momento y de alguna manera, tenemos fe en este lugar que nos hemos dicho que nos traerá plenitud y dirección.

Sin embargo, esta utopía es solo un producto de nuestra imaginación.

En realidad, las decepciones y contratiempos son lo que realmente sigue. Con el tiempo, a medida que la vida nos demuestra que no puede ofrecer nuestra dicha ilusoria de una utopía que, para ser honesto, está siendo promovida por todo tipo de medios, nos volvemos inquietos.

Cada día, nos sentimos más y más insatisfechos con la vida a medida que ganamos y adquirimos más, sin embargo, nuestros verdaderos deseos no se cumplen. Pronto comenzamos a sentirnos más melancólicos y desanimados, inquietos y aprensivos, como si hubiera una tensión sobre nosotros y, posteriormente, comenzamos a actuar irracionalmente porque sentimos que el universo nos ha fallado. Esto no ayuda a nuestras amistades y relaciones con las personas que nos rodean. La mayoría de las veces, un hombre deprimido pierde la conexión con todo lo que es real.

Es una tortura mental seguir manteniendo tu vida como rehenes en anticipación de un momento surrealista en el que deseas estar en cualquier lugar menos donde estás en este momento o ser cualquiera menos quien eres actualmente. Parece que estamos atrapados en fantasías que hemos creado, todas las cuales dependen de esa singular esperanza de que hay algo que podemos y debemos hacer para sentir satisfacción en la vida.

¿Qué tal si hacemos una pausa de todo y consideramos que podemos encontrar felicidad total y completa en el presente?

Puedo garantizar una cosa; si estás dispuesto a detenerte con la rapacidad, entonces comenzarás a darte cuenta de que el aquí y ahora es justo donde necesitas estar para finalmente sentir satisfacción.

La verdad es que, a pesar de las pruebas que enfrentas en la vida todos los días, cada momento es precioso y es como debe ser. Necesitas comenzar a ver la vida tal como es.

La vida es una ephemeridad integral y cada segundo, cada instante no es más que un fragmento de ella. El tiempo verdaderamente no espera a nadie y la naturaleza no se preocupa por ello. Todo lo que tenemos son cadenas de segundos espléndidos y experiencias que conforman nuestra entidad. Debes darte cuenta de que solo puedes vivir una vez, así que estos instantes compartidos no pueden ser otra cosa que simples momentos, así que vive en ellos, sé consciente de ellos.

Para aquellos que aún no están lo suficientemente inspirados para dejar de lado la innecesaria cavilación sobre lo que el futuro realmente depara o no, ¿necesito recordarles que llegará un día en el que simplemente no tendrán la capacidad de preocuparse? Acepten o no, la dura verdad es que la muerte probablemente los arrebatará antes de que esa ilusión que han creado tan perfectamente se materialice.

Nunca podrás recuperar esos segundos que lamentaste o evadiste. ¡Ese tiempo se ha ido para siempre! Aprecia cada instante, aprovecha el día, regálate un poco de amor, demuestra amor a las personas que te rodean, y ama la tierra, al fin y al cabo es tu planeta.

Haz un esfuerzo por encontrar satisfacción y felicidad en cada momento, especialmente en el aquí y ahora, no los dejes simplemente de lado. Cómo reacciones a este momento presente influirá en gran medida en el siguiente momento y en los momentos subsiguientes. Esto tiene un efecto en cuántas oportunidades tienes en la vida y cuánto patrimonio amasarás en última instancia.

Por lo tanto, vive en el momento, ya sea que estés disfrutando o no disfrutando cada segundo, vive en cada momento en lugar de desear que algo espectacular te suceda.

Si sigues esperando a que algo específico suceda para ser feliz, es posible que nunca puedas llenar el vacío de insatisfacción que has cavado en tu propio corazón. Si nada nuevo ha podido satisfacerte por mucho tiempo, entonces sabes que hablo la verdad. Después de un tiempo, ese nuevo producto ya no te satisface, ni tampoco ese logro o nueva cita. Aún te sientes vacío e insatisfecho. Pronto te encuentras en un bucle al establecer otro nuevo objetivo y terminas sintiéndote exactamente igual.

Necesitas comenzar a decirte que la satisfacción y la alegría no te están esperando en algún futuro lejano ni te han pasado por alto. Están justo al alcance de tu mano en el aquí y el ahora, en cada momento que pasa. Es hora de vivir en el momento y apreciar la belleza en cada segundo, es hora de comenzar a vivir plenamente. ¡Esto es! ¡Ya está sucediendo, toma lo que es tuyo!

No hay momento más perfecto que este aquí, ahora mismo. No hay un momento absoluto. Este está yendo justo como debería. Vívelo ahora.

Capítulo 19: Deja de preparar tu día para el estrés y la sobrepensación.

Escapar completamente de días abrumadores y excesivamente estresantes no es posible, pero puedes reducir la cantidad de estos días al mes o anualmente, comenzando bien tu día y no preparándote para un estrés irrelevante, agonía y sobrepensamiento.

Tres puntos que ayudarán con esto son:

Empieza bien. La manera en que comienzas tu día, la mayoría de las veces, establece el ritmo con el que transcurrirá tu día. Un día difícil será el resultado de una mañana estresante. Recibir malas noticias en tu camino al trabajo te hará tener pensamientos negativos todo el día.

Mientras tanto, si lees un artículo de motivación durante el desayuno, hacer un poco de ejercicio y luego comenzar tu día con tu tarea más crucial crea un gran estado de ánimo para tu día y asegura que te sientas optimista todo el día.

Enfócate en una tarea a la vez y toma descansos regulares. Esto ayuda a mantener un enfoque agudo durante todo el día y a realizar las tareas más cruciales. Y al mismo tiempo, crea espacio para la relajación y el rejuvenecimiento, para que no te sientas vacío.

Este tipo de actitud relajada con un enfoque agudo hará que pienses con claridad y precisión, evitará el espacio mental cansado y sobrepensante.

Minimiza tu entrada diaria. El exceso de noticias, revisar continuamente tu bandeja de entrada y cuentas de redes sociales, o el progreso de tu blog o sitio web causa una entrada excesiva y congestiona tu cabeza a medida que avanza el día.

Por lo tanto, es más difícil contemplar fácilmente y con claridad, no será difícil recaer en el conocido comportamiento de sobrepensar.

Gestiona tus picos. Inmediatamente que aprendas a localizar tareas importantes, puedes planificar cómo lograr el máximo rendimiento. Esta es la parte donde reunimos nuestra fuerza innata.

Somos muy conscientes de que una vez que el trabajo avanza de manera constante, las distracciones se disipan, nuestra concentración está en su punto máximo y nuestro trabajo nos deja asombrados; esto es perfecto. Ciertamente no podemos descuidar las tareas vitales (a veces repetitivas) que sirven como mantenimiento para nuestras empresas, pero podemos darnos cuenta de cuándo estamos funcionando en tiempo utilizado en contraposición al tiempo no utilizado.

Si estamos concentrados y luchando con tareas cruciales en nuestras horas máximas, querramos trabajar más tiempo y sentirnos menos cansados a medida que pasa el tiempo. Reducir nuestro tiempo no utilizado también puede maximizar nuestra fuerza y motivación y ayudar a nuestra concentración en un pensamiento positivo crucial en lugar de un pensamiento negativo innecesario. Inmediatamente que hayas identificado tus períodos óptimos, estás listo para aprovechar estas valiosas horas.

Comienza bien. Realiza una sola tarea y toma descansos regulares. Minimiza tu entrada diaria.

Capítulo 20: Aceptando Todo lo que Sucede.

Esto se obtiene de una de las lecciones de la filosofía estoica. El enfoque de esto es que debemos aceptar lo que ocurra, que puede ser tanto malo como bueno, y creer que sucede para el bien mayor, incluso si en este momento no parece así.

La mayoría de las veces, el exceso de pensamiento ocurre como resultado de pensar en cosas que ocurrieron en el pasado. Comenzamos a imaginar cómo habrían sido las circunstancias si las cosas no hubieran ocurrido de la manera en que lo hicieron. La depresión a menudo ocurre a medida que continuamos reproduciendo y sobreanalizando las situaciones en nuestras mentes.

Los problemas del hombre son el resultado de sus pensamientos que él mismo crea. El significado de una cosa se obtiene del significado que tú le das. Tu cerebro le da significado a los eventos de la vida para poder entender lo que está sucediendo.

El significado que asignas a tus experiencias cambiará continuamente tus sentimientos; además, la calidad de tu vida se obtiene de las emociones que sientes.

El significado que asignas a una situación puede estar equivocado si se ve a través de una lente distorsionada. Como ejemplo, una falta de confianza será la base que asignes a todas las relaciones futuras si te engañaron en una relación pasada. Esta es solo una parte de la imagen y no puede ser categorizada como incorrecta o correcta.

Tu felicidad depende de que mires hacia atrás en los eventos que han ocurrido, aceptes lo que es y dejes ir lo que no puedes controlar.

La forma en que pensamos es lo que nos impide alcanzar la felicidad, no las casas de lujo, una cuenta bancaria llena de dinero o coches lujosos. Aunque estas cosas son buenas para tener, tienden a desgastarse con el tiempo y se vuelven sin significado si no puedes sentir satisfacción y paz por dentro.

La sobrepensar no te ayuda a mejorar, ni te permite experimentar la belleza de la vida. De hecho, es seguro que comenzarás a llevar emociones tóxicas contigo.

Como enseñan los principios estoicos, preocuparse no tiene efecto en los eventos que ya han ocurrido, ya que no se pueden cambiar.

Acepta y cree que lo que sucedió lo hizo para tu bien mayor en lugar de culparte por lo que había ocurrido.

Maneras de Dejar Ir los Dolores del Pasado

Crear espacio para la felicidad y la nueva alegría en tu vida es la única forma en que puedes aceptarlas. No hay forma de que puedas permitir que algo nuevo entre en tu corazón si ya está lleno de dolor y sufrimiento.

1. Toma la decisión de dejarlo ir. Las cosas no desaparecen por

sí solas. Necesitas estar comprometido a dejarlas ir. El autosabotaje puede aparecer, impidiéndote avanzar si no decides conscientemente dejar ir el dolor del pasado.

Necesitas ser capaz de entender que es tu elección dejarlo ir cuando decides hacerlo conscientemente. Deja de pensar en el dolor del pasado. Deja de revivir los recuerdos, preocupándote por los eventos en tu cabeza, cada vez que recuerdas a la otra persona (después de que hayas superado el segundo paso a continuación). Esto empodera a la mayoría de las personas a medida que se dan cuenta de que tienen la capacidad de seguir sintiendo el dolor o vivir una vida libre del dolor.

2. Expresa tu dolor y responsabilidad. Da voz al dolor que sentiste por el daño, ya sea directamente a la otra persona involucrada, o a través de sacarlo de tu sistema (escribiendo en un diario, desahogándote con un amigo, o incluso escribiéndolo en una carta que nunca entregarás a la otra persona involucrada). Asegúrate de sacarlo de tu sistema. Esto te ayudará a saber exactamente qué te causó sentirte herido.

Vivimos en un mundo de grises, aunque a veces parece que vivimos en un mundo en blanco y negro. Sin embargo, la cantidad de responsabilidad del dolor que sentiste puede no ser la misma, podrías ser parcialmente responsable de ello. ¿Qué otra opción o paso podrías haber tomado? ¿Estabas participando activamente en tu propia vida o eras simplemente una víctima? ¿Permitirás que tu dolor defina quién eres? ¿O te convertirás en alguien más complejo y con más profundidad que eso?

3. Deja de hacerte la víctima. Aunque se siente bien ser una víctima, similar a pertenecer a un equipo ganador contra todas las demás personas. Pero, ¿sabes qué? Al mundo simplemente no le importa, así que necesitas replantearte las cosas. Es cierto, eres único. Es cierto, tus sentimientos cuentan. Pero no confundas "tus sentimientos cuentan" con "tus sentimientos

por encima de todas las cosas y nada más importa." Esta cosa llamada vida es un montón de cosas como compleja, desordenada e entrelazada y tus emociones son solo una parte de ello.

En todos los pasos de tu vida, tienes la opción de seguir permitiendo que las acciones de otra persona te hagan sentir bien o mal. ¿Por qué permitirás que alguien que te ha lastimado en el pasado siga teniendo el poder de lastimarte en el presente?

Los problemas en una relación no se pueden solucionar continuando con la rumia o el sobreanálisis. Nunca. No en toda la historia de este mundo. ¿Por qué entonces elegirás pensar y gastar tanta energía en la persona que sentiste que te hirió?

4. Enfócate en el presente — el aquí y ahora — y la alegría. Es hora de soltar. Deja de pensar en tu pasado y déjalo ir. Deja de retratar una imagen donde tú eres el protagonista y siempre la víctima de las dolorosas acciones de la otra persona. No puedes cambiar lo que ha sucedido en el pasado, solo puedes asegurarte de que hoy será el mejor día de tu vida.

Cuando te concentras en el presente, no tienes tiempo para pensar en el pasado. Siempre que recuerdes eventos pasados (como ocurrirá de vez en cuando), permítelo solo por un breve período de tiempo. Luego, devuélvete al presente suavemente. La mayoría de las personas son capaces de hacer esto con la ayuda de una señal consciente, como decirse a sí mismas "está bien. Eso ocurrió en el pasado y ahora me estoy concentrando en mi felicidad."

No olvides que no habrá espacio para cosas positivas si continuamos llenando nuestras vidas y cerebros con sentimientos heridos. Tendrás que elegir entre seguir sintiendo el dolor o permitir que la alegría entre en tu vida.

5. Perdónales a ellos y a ti mismo. Esencialmente, todos tienen derecho a nuestro perdón, aunque es posible que no podamos olvidar sus malas conductas. La mayoría de las veces, no podemos superar nuestra terquedad y dolor y no podemos imaginar conceder el perdón. Perdonar no significa "concuerdo contigo en lo que has hecho", en cambio, significa "te perdono a pesar de no estar de acuerdo con tus acciones."

El perdón no significa ser débil. En realidad, retrata "soy una buena persona, tú también eres una buena persona, tus acciones me han causado dolor, pero deseo seguir con mi vida y permitir que la alegría entre en ella y no puedo hacer eso hasta que suelte esto."

El perdón es un método para dejar ir algo de una manera tangible. También es un medio para sentir empatía por la otra persona y tratar de ponerte en los zapatos de la otra persona.

¿Cómo vivirás contigo mismo en la felicidad y la paz del futuro, si no eres capaz de perdonarte?

La clave para disfrutar de la felicidad y detener el sobrepensar es la aceptación.

Capítulo 21: Da lo Mejor de Ti y Olvida el Resto.

Es bastante típico que te sientas inadecuado para poder manejar ciertos casos cuando surge la necesidad. Es humano preocuparse por tu capacidad para realmente abordar el problema de manera adecuada. Puedes decir que no tienes suficiente dinero, o recursos, o suficiente determinación, no suficiente compromiso, no suficiente fuerza, o inteligencia para ello.

A veces, todo parece suceder de una vez y no puedes mantenerte al día y caes en otra ronda de sobrepensar, lo que irónicamente solo hará que la situación empeore en lugar de ayudarte a manejarla, a pesar de que puede que incluso estés preparado para ello. El sobrepensar nos desgasta debido a todas las expectativas que nos imponemos y la necesidad continua de perfección.

¿Alguna vez has considerado que simplemente dar lo mejor de ti es suficiente y que no tienes que preocuparte por las cosas que están fuera de tu control? Está bien ser diferente, ser peculiar. No tiene que parecerse a la vida de otra persona. Tienes derecho a tener una historia completamente diferente que contar.

Preocúpate más por ofrecer tu mejor esfuerzo en lugar de angustiarte por lo que pueda ser el resultado. Ante algunas situaciones, las cosas que están fuera de tu control pueden muy bien ser los factores determinantes del resultado final. Por esta razón, angustiarte no te servirá de nada, así que simplemente da lo mejor que tengas para ofrecer y deja que todo descanse.

Te garantizo que no tienes que hacer nada extra, tu mejor esfuerzo es tu mejor esfuerzo y siempre valdrá la pena de una forma u otra. Esfuérzate por dar lo mejor de ti porque, piénsalo bien, tu mejor esfuerzo es todo lo que puedes hacer respecto a ese asunto. Para algunos consejos sobre cómo seguir dando lo mejor de ti para una mejor efectividad:

- Derrama tanto amor sobre ti mismo. Amarte a ti mismo es, honestamente, la clave de la vida misma. De ese pozo profundo de amor por ti mismo, la inspiración para dar lo mejor de ti sin importar qué puede surgir verdaderamente. Te vuelves más amable, más benevolente, afectuoso, motivado y cada otra cualidad que siempre has deseado para ti mismo cuando comienzas a amarte.

- Deja de buscar fallos y de ser idealista. Es bueno establecer altos estándares para nosotros mismos hasta que empezamos a caer en la depresión porque resultan ser inalcanzables. Sé que dicen que apunte a las estrellas y si cae al menos caerá entre las nubes, pero no te dispares en la pierna por ello. Establece una meta, pon tu mejor esfuerzo, pero no te abuses porque no resulte exactamente como quieres. Confía en el proceso y ten fe en el universo. ¡No, el universo no está en contra de ti!

- Sé consciente de tu entorno. La mejor manera de ser lo mejor que puedes ser es estar atento y consciente de las cosas que suceden a tu alrededor. Además, ten cuidado con tus reacciones ante cada ocurrencia. Considera tus próximas acciones, si es lo que deberías estar haciendo y si te beneficiará a largo plazo. Pregúntate si lo que estás haciendo en este mismo momento te ayudará a llegar a donde quieres estar en la vida. No necesitas un entrenador de vida cuando puedes responder a estas preguntas a diario.

- Sé organizado pero también sé flexible. Como se mencionó anteriormente, aclara tus deseos y tus necesidades y especifica qué te trae alegría. La certeza ayuda a la fluidez en la vida. Asegúrate de no sobrepensarlo, déjalo fluir.

- No olvides que la vida es un proceso. No trates de apresurarte en la vida. Llegarás a tu destino, solo aprecia el proceso, incluyendo las pruebas y las victorias. Vive en el presente y aprecia cada momento y cada respiración que tomas.

- No lo pienses demasiado. Suelta el miedo a fallar cuando ya has dejado el resto. Los pensamientos negativos permanecen más tiempo y son dolorosos. Solo te harán sobrepensar eventos pasados y el futuro desconocido. Más que nada, sabes que la mayoría de las historias que tejes en tu cabeza son falsas y sin fundamento. ¡Déjalas ir!

- **No estoy diciendo que será fácil despejar tu mente todo el tiempo, pero nunca dejes que la negatividad se enraíce en tu mente. Puedes elegir no reaccionar de la manera que ella quiere, dejándola moverse sobre ti, lenta pero seguramente. Sí, puedes elegir no dejarte afectar por esos pensamientos. ¡Déjalos ir! Cuando te cueste borrarlos, teje una historia basada en hechos en tu mente para reemplazar las falacias que la negatividad presenta.**

- Deja de ser crítico. Cuando tienes algo que decir sobre básicamente todo lo que sucede a tu alrededor, obtienes la no deseada oportunidad de sobreanalizar y pensarlo demasiado. Reduce tus opiniones y tu actitud crítica. Esto te ayuda a realmente dejar ir lo que no puedes controlar una vez que has hecho tu mejor esfuerzo. No tienes que formar una opinión sobre ese incidente que no es realmente de tu incumbencia, o sobre esa persona. Estarás gastando energía mental útil y solo te agotarás. Puedes darle un poco de espacio a tu mente cuando ignores la tentación de opinar o juzgar cosas triviales.

No tiene que ser difícil.

Las personas tienden a pensar que si algo no es difícil o doloroso, entonces no es lo real. Todo puede ser fácil dependiendo de cómo lo veamos o lo abordemos. Permite que la naturaleza te moldee y te forme. Sométete al cambio y al amor. Permítete ser amado por completo y recupera tu vida de las garras del miedo.

Aprende a amar. Estúdialo a fondo. Dedica tiempo a comprenderlo. Deja que el amor te encuentre, te prepare y te moldee en una persona que nunca ha conocido fragmentos, en alguien cuya única memoria es una de plenitud. Por eso vives y respiras. Este es el núcleo de la vida; el amor. Todo lo demás es solo una adición. Cree en ti mismo y sé inquisitivo. ¡Toma el control de tu vida por completo!

No te apures, tómate tu tiempo. Gana algunos, pierde otros, levántate, cae, pero levántate de nuevo... y no olvides reír con fuerza y llorar con fuerza también. Canta, haz música con tu corazón. Harmoniza con las melodías de aquellos que pueden escuchar tu canción. Sé todo esto con fe y gracia.

Hay tanto que hacer y en qué pensar, solo haz lo que puedas hacer y deja el resto.

Capítulo 22: No te presiones para manejarlo.

Sin saberlo, muchos de nosotros nos imponemos un estrés adicional cuando ya enfrentamos estrés a diario.

La presión excesiva, acumulada con el tiempo, la mayoría de las veces provocará una detonación. Por supuesto, no detonarás realmente, pero tendrás un colapso emocional, una explosiva pelea con alguien querido para ti, o te volverás depresivo cuando estés bajo presión autoimpuesta o presión social.

Evita ponerte bajo presión excesiva si quieres prevenir dilemas físicos y psicológicos. Aunque hablar es fácil, puedes estar decidido a dejar ir algunas situaciones. Ten en cuenta que no puedes transformarte de repente, pero al conocerte a ti mismo bien, puedes aprender a intentar no ser siempre perfecto.

Saber cuándo eres la causa de presión innecesaria es el primer paso para reducir la presión sobre ti mismo. No te castigues por este comportamiento general, más bien descubre cosas que puedes hacer para dejar de dañarte y conviértete en tu compañero más poderoso para eliminar el estrés.

Ahora, ¿cómo podemos encontrar y liberar puntos de presión? Te exijo que:

- Identifica tus "puntos de presión". Preguntas como,

- "¿Cómo me he estado presionando en diferentes aspectos de mi vida (mi vida amorosa específicamente)?" ayudarán mucho.

- También pregúntate esto: ¿Cuál es el efecto de mis puntos de presión en mis interacciones con las personas y en mi vida en general?

- Ahora intenta identificar el origen de los puntos de presión. La pregunta es: ¿De dónde proviene esta presión? Sé exhaustivo y, francamente, sincero contigo mismo.

Estos son algunos de los mejores métodos para maximizar tu vida y reducir el estrés autoinfligido como resultado del sobrepensar.

Comete errores, está bien. Aunque a nadie le gustan los errores, a menudo es algo que está destinado a suceder. ¿De qué otra manera se supone que debemos aprender?

Deja de darte principios poco prácticos. Todos cometemos errores y estos errores nos moldean en las personas que somos en este momento.

No tengas miedo de deshonrarte o arruinar las cosas. Sin errores, no conoceremos las cosas que son adecuadas para nosotros y las que no lo son. Extrañamente, los errores son eventualmente positivos.

Aprovecha las oportunidades, comete errores, descompón las cosas. Cuando finalmente superes el sobresalto, la experiencia y el conocimiento adquiridos te harán sentir feliz.

Piensa como un realista optimista en lugar de un pesimista. Muchas personas tienen miedo de pensar positivamente, lo comparan con un juego mental en el que ignoras cuestiones relevantes o consejos beneficiosos que la vida ofrece y terminas cometiendo errores que causarán estrés adicional.

Un método optimista que puedes utilizar es el pensamiento positivo, es una forma de pensar que te permite concentrarte en los logros que aumentan tu autoestima y te permiten dar lo mejor de ti en el futuro.

Deja de compararte con los demás. No hay otra persona como tú. Esto debería darte placer. Deja de medirte contra otras personas, particularmente en relación con estándares poco prácticos. No hay otra persona como tú ni como la persona contra la que te estás midiendo.

Reconoce quién eres y ¡muestra tu esencia! El hecho de que no te parezcas a otra persona no debería hacerte sentir inferior. Medirte constantemente en comparación con los demás te obliga a concentrarte solo en lo desfavorable.

Agradece tus características especiales. Son específicas solo para ti. Agradece cómo te han tratado. Concéntrate en las cosas increíbles sobre ti. Cuando eres capaz de apreciarte adecuadamente, ser optimista se vuelve fácil y puedes deshacerte de los pensamientos pesimistas que intentan entrar en tu mente.

Una de las cosas más difíciles que podemos hacer es olvidar. Pero si puedes olvidar las cosas que te agobian, volverse optimista en la vida se logra fácilmente. Llevar a cabo estos procesos ayudará a eliminar la presión y te permitirá vivir libre y ser feliz.

Date cuenta de que nada es tan importante. ¿Es esa presentación de PowerPoint para tu jefe o preparar las invitaciones para el cumpleaños de tu primer hijo? En el gran esquema de las cosas, nada es lo suficientemente relevante como para que te agotes, te molestes o te entristezcas.

Nada vale la pena perder el descanso de la noche. No te preocupes tanto que te enfermes. Más bien, inhala, exhala, y luego obtén respuestas a las preguntas expresadas anteriormente. Esto ayudará a poner las cosas en orden.

No te presiones demasiado. Nada debería tomarse demasiado en serio.

Capítulo 23: Diario para sacar los pensamientos de tu cabeza.

Hay varias razones por las que llevar un diario es una herramienta de gestión del pensamiento altamente recomendada. Muchos tipos de investigación han demostrado la efectividad de llevar un diario para la felicidad, la salud y la gestión del estrés. Es una técnica simple y placentera. Hay diferentes medios para llevar un diario, y todos tienen la oportunidad de beneficiarse de ello. El hábito de llevar un diario debería añadirse a tu vida; puedes hacerlo diariamente, semanalmente o tanto como necesites en caso de que el estrés se vuelva demasiado intenso.

Una forma en que el journaling detiene el sobrepensamiento es ayudándote a procesar tus pensamientos. Esto se debe a que el sobrepensamiento puede causar rumiación y estrés mental si no se controla; aunque algunas razones para tu sobrepensamiento pueden reducirse a través de un poco de examen enfocado. El journaling puede ser una gran manera de revisar y trasladar pensamientos de rumiaciones y pensamientos ansiosos a pensamientos orientados a la acción y empoderadores.

Cómo Empezar

Puedes sacarte de un área de estrés y sentirte aliviado en unos minutos siguiendo el plan a continuación. ¿Estás listo? ¡Consigue un bolígrafo o abre un documento y vamos!

Comienza escribiendo en un diario de 5 a 15 minutos. Anota tus pensamientos y aquellas cosas que te están perturbando:

- Escribe tus preocupaciones y continúa haciéndolo hasta que sientas que has puesto las cosas que necesitaban ser dichas sin caer en la rumiación. Podrías desear usar un diario, una computadora o incluso papel y lápiz. Si haces uso de papel, procura dejar una línea o dos por cada línea utilizada, ya que esto será útil más tarde.

- Explica qué está sucediendo en ese momento y los eventos que actualmente están causando dificultades. No olvides que, con el exceso de pensamiento, no siempre lo que está ocurriendo en el presente causa estrés, sino tus preocupaciones sobre lo que puede suceder en el futuro. Si esto es así para ti, está bien; puedes dejar de lado lo que está ocurriendo actualmente e indicar que la única parte que realmente es estresante es lo que ocurrirá a continuación. (Esto puede, de hecho, llevar a un alivio del estrés en sí).

- A continuación, escribe tus miedos y preocupaciones y ponlos en orden cronológico desde el más antiguo hasta el más reciente. Esto significa que comienzas con una de las cosas que te están causando estrés en el presente y piensas en lo que puede llevar a eso. Luego anota tus miedos sobre lo que ocurrirá después.
- Escribe sobre su efecto en ti.

Una vez que tus pensamientos estén en orden, busca qué puedes hacer para reducir parte de la ansiedad y el estrés interior.

Escribiendo un diario para mejorar tu estado de ánimo

Poner tus miedos y preocupaciones en papel ayuda mucho a sacar esos pensamientos de tu cabeza y ponerlos a la vista. A continuación, lee de nuevo y reflexiona sobre lo que has escrito.

El examen de tu distorsión cognitiva te ayuda a ver el beneficio de cambiar el hábito de patrones de pensamiento que inducen estrés.

- Una vez que hayas observado lo que te preocupa en este momento, examina tus otras opciones. ¿Es posible que haya cambios ahora mismo? ¿Hay cosas que puedas hacer para cambiar los eventos o tus pensamientos sobre los problemas?

- Cuando escribas lo que temes que suceda a continuación, piensa lógicamente y trata de argumentar contigo mismo. Escribe cualquier cosa que se ponga en duda si realmente es una preocupación o no. ¿Qué tan probable es que esto ocurra y cómo sabes que ocurrirá? ¿Qué tan seguro estás? Si tus preocupaciones realmente ocurren, ¿es posible que no sea tan negativo como esperabas que fuera? ¿Es posible que se vuelva neutral o incluso un evento positivo? ¿Es posible que puedas usar tus circunstancias para obtener un mejor resultado para ti, aprovechando las cosas que tienes a tu disposición y los posibles cambios que pueden ocurrir? ¿Qué mejor cambio puedes traer?

Ahora entiendes. Enfrentar tus miedos generalmente te ayuda a aliviar la ansiedad. Comienzas a ver que es poco probable que las cosas ocurran una vez que piensas que son malas o no tan malas como crees que pueden ser.

- Por cada preocupación o miedo que tengas, procura escribir al menos una o dos maneras en las que puedas verlo de una manera diferente. Crea una historia completamente nueva para ti, un nuevo conjunto de posibles ocurrencias, y escríbelo en papel junto a tus miedos en los que estás pensando.
- El examen de tu distorsión cognitiva también puede ayudarte a ver el beneficio de cambiar el hábito de patrones de pensamiento que inducen estrés.

Puede ser muy útil procesar lo que sientes por escrito. Escríbelo, prepárate para lo peor y espera lo mejor.

Capítulo 24: Cambia de canal.

Nunca dejes que te aburra la vida, siempre mantente ocupado con cualquier cosa que te interese. Participa en cualquier actividad que te emocione y que también pueda distraer tu mente de las preocupaciones. Todos enfrentamos diferentes desafíos en la vida, pero no debemos concentrarnos en ellos. Sin embargo, una mente ociosa no tiene otra opción que preocuparse y sobrepensar sobre los problemas que rodean la vida. Cuanto menos ocupado estés, más tiempo tendrás para preocuparte. Por lo tanto, es muy necesario que encuentres alguna forma de distracción, algo que pueda ocupar tu mente y aliviar las ansiedades.

Nota que la mayor parte del tiempo cuando estás participando en cualquier cosa que te da alegría, tu mente parece estar libre de pensamientos y simplemente disfrutando el momento y es en este momento cuando puedes decir "Pasé un buen rato". Cuando estás ocupado viviendo cada segundo de tu vida haciendo esto (involucrándote en cada actividad que te emociona); tiendes a olvidar tus preocupaciones, aliviando así tu mente del estrés.

Distráete con actividades como deportes, jardinería, ver una película, incluso conversar con tus seres queridos. Cualquiera que sea la elección para distraerte, debe ser algo que amas y que sea capaz de desviar tu atención de las ansiedades. Tu distracción también debe ser algo que se pueda hacer regularmente. Si tienes muchas horas libres, incluso puedes considerar ofrecer servicio voluntario a niños, ancianos, e incluso animales. Ayudar a otras personas es otra forma de distraerte de tus propios problemas y concentrarte en los demás. También te ayuda a sentirte útil, en lugar de preocuparte por cosas sobre las que no tienes control.

Encontrar una distracción es como tratar de sanar un corazón roto. Es una forma de ayudarte a superar el dolor y el sufrimiento, te ayuda a reconsiderar los hechos y apreciar más la vida. Las distracciones son como buenos amigos que constantemente nos ayudan a encontrarnos cuando estamos perdidos.

Esta habilidad (habilidad de distracción) se utiliza a menudo en el campo médico para calmar a los pacientes y distraerlos del dolor o de cualquier otra forma de malestar. Esto demuestra que esta habilidad o arte es muy necesario en todos los campos de la vida. El objetivo de distraernos es darnos la oportunidad de experimentar otras cosas por las que podemos estar agradecidos. Nos abre los ojos para ver el mundo que nos rodea y apreciarlo.

Una vez que comiences a involucrarte más con la vida, sin crear ningún espacio para sentimientos de ansiedad y preocupaciones, notarás la mentalidad positiva que viene con la paz interior.

Hay una infinidad de listas de distracciones en las que puedes participar, pero algunas se enumeran a continuación;
- El hábito de escuchar música relajante
- Consigue una mascota con la que puedas acurrucarte.
- Tomando té o disfrutando de tu mejor refrigerio

- Optar por largas caminatas
- Ejercicio
- Participa en deportes
- Lee un libro
- Puedes escribir
- Quédate quieto un rato o toma una siesta.
- Limpiar la casa
- Sal a comprar, a reunirte con amigos o simplemente a pasear.
- Dibujar
- Recitar rimas o el abecedario

Cualquiera que sea lo que hagas, simplemente consigue un pasatiempo. Distráete para salir del ciclo.

Capítulo 25: Tómate un descanso.

Puedes ser arrastrado por problemas cuando simplemente estás tratando de concentrarte en el trabajo actual o solo quieres divertirte.

Cuando se experimenta una situación que está fuera de su control, buscar una actividad positiva en la que participar es una opción saludable. Busca una distracción, algo que traiga placer o consuelo, o que te haga sentir mejor.

Relajarse en la naturaleza es refrescante, calmante y un gran alivio del estrés y la preocupación. Cada vez que te sientas abrumado por pensamientos desbordantes en tu mente, sal a dar un paseo por la playa, junto al río o en el parque.

El objetivo es conectarte contigo mismo. Concéntrate en los sonidos, vistas y olores de tu entorno. Tomar un descanso alejará tu mente de tus preocupaciones, te calmara y te reconfortará.

Descanso para Resultados

Crear tiempo para descansos física y mentalmente refrescantes es fácil. Busca una actividad que disfrutes. Selecciona entre estas opciones para probar durante tu próximo descanso.

Estiramiento. Si eres como muchas personas que están sentadas frente a una computadora o en un escritorio durante mucho tiempo, levántate de tu silla al menos una vez cada hora para moverte y estirar las piernas y los brazos. Además, apartar la vista de la pantalla regularmente hace que tus ojos se cansen menos.

Caminar. Los movimientos de caminar aceleran la circulación, lo que te hace más activo y reduce la tensión en tus músculos. Además, un cambio de entorno puede darte una nueva solución o perspectiva sobre un problema persistente.

Respiración. Inhalar despacio y profundamente por la nariz y exhalar por la boca es una forma de ejercicio para controlar la respiración. Este es un gran método para refrescar la mente, aliviar la tensión y mejorar la alerta. Puedes practicar estos ejercicios de respiración acostado o sentado en una silla. Para obtener resultados efectivos, intenta hacer hasta 8 repeticiones dos o tres veces al día.

Ejercicio. Siempre que puedas, da un paseo en bicicleta o camina durante 20 minutos. Períodos cortos de ejercicio aumentan tu frecuencia cardíaca y mejoran la circulación, te hacen más alerta, mantienen tu peso bajo control, mejoran tu apetito y te hacen sentir menos cansado.

Visualización. Una estrategia para obtener los efectos positivos de un entorno sereno cuando no puedes estar presente allí, en realidad, es a través de la Visualización. Por ejemplo, si estás teniendo un mal día en el trabajo, puedes acostarte o sentarte en una silla durante algunos minutos e imaginar estar en un lugar de vacaciones favorito o sentado en una acogedora bañera de hidromasaje que está haciendo que todo el estrés se disuelva. Visualiza tantos detalles emocionantes como puedas: olores, sonidos y vistas. Esto transmite impulsos a tu cerebro, diciéndole que se relaje.

Lee un libro. Una pequeña distracción es todo lo que se necesita para escapar del confinamiento. Olvídate de Internet y lee un libro. Sumérgete en una historia romántica o lee algo que te lleve a un lugar y tiempo diferentes. Si es imposible quitarte tus preocupaciones, aléjate de ellas.

Ayuda a otra persona. Deja de ser egoísta. Piensa en otras personas. Conviértete en un voluntario local, dona a una buena causa, haz sándwiches para las personas sin hogar en tu área. La forma más fácil de dejar de pensar en ti mismo es pensar en otra persona.

Muchas de esas cosas que nos agobiarán y nos harán perder el sueño se pueden solucionar con algunas horas de disfrute, placer o distracción, en lugar de otro día estresante lleno de preocupación y ansiedad.

Al adoptar estas estrategias, sigue las indicaciones de tu cuerpo y no dejes que una rutina estricta dicte tus descansos. Cuando tus descansos se convierten en otra tarea en tu lista de cosas por hacer, será difícil obtener los beneficios deseados. Así que, tómate ese descanso cuando más lo desees.

Tu estado de ánimo, junto con tu perspectiva, mejorará. Todo, incluidos los desafíos imposibles en la vida, parece ser más fácil cuando te tomas un descanso de todo el estrés. Un poco de espacio para respirar puede conservar tu perspectiva y ayudarte a explorar otras opciones para un cambio positivo.

Consolida todos tus problemas en lugar de dejarlos interrumpir tu vida diaria.

Capítulo 26: Hacer ejercicio.

Tu salud, así como tus actividades diarias, pueden verse negativamente afectadas por el exceso de pensamiento. Como ya sabes, el proceso de sobrepensar es tedioso, consume una mayor parte de tu tiempo y te impide participar en actividades provechosas.

Tienes la tendencia a considerar cada situación como demasiado compleja y tu cerebro se estresa por sobreanalizar. Por lo tanto, es muy difícil desplegar tus habilidades de resolución de problemas y análisis. La mayoría de las veces, estás molesto y decepcionado contigo mismo. Eventualmente, esto resulta en ansiedad y depresión. Las pequeñas cosas empiezan a aterrorizart o irritarte, incluso podrías llorar. Además, hay una aceleración en el proceso de envejecimiento, hay un cambio en tu patrón de sueño y podrías experimentar un trastorno alimentario.

No solo el ejercicio ayuda a limitar el exceso de pensamientos, sino que también reduce el estrés interno y la ansiedad.

Como sabemos, no hay forma de apagar tu cerebro si no quieres pensar. El proceso es difícil, pero es inofensivo intentarlo y también puedes mejorar la calidad de tu vida mientras lo haces.

Se necesita una gran concentración mental para participar en un entrenamiento intenso, esto implica que toda tu concentración estará en el ejercicio, en lugar de en las múltiples imágenes que corren por tu mente.

Además, se liberan endorfinas en tu cerebro cuando haces ejercicio, lo que conduce a una sensación general de bienestar y positividad. Esto reduce el riesgo de pensar en pensamientos perturbadores o negativos.

Cómo el ejercicio promueve el bienestar positivo

Las personas que se sienten mentalmente sanas también pueden mejorar su salud haciendo ejercicio. Se ha descubierto que participar en actividad física estimula un sueño de calidad, mejora el estado de ánimo y aumenta los niveles de energía.

Los beneficios de la actividad física para la salud mental son numerosos, incluyen:

Las hormonas del estrés se reducen al hacer ejercicio. Las hormonas del estrés, como el cortisol, se reducen cuando haces ejercicio. Las endorfinas, tu hormona de la positividad, también se liberan cuando haces ejercicio y esto ayuda a mejorar tu estado de ánimo.

La actividad física desvía tu atención de las emociones y pensamientos negativos. La actividad física te distrae de tu problema, canaliza tu mente hacia tu actividad presente o te lleva a un estado de calma.

El ejercicio aumenta la confianza. Hacer ejercicio ayuda a tonificar tus músculos, perder peso y lograr una sonrisa saludable y radiante. Podrías experimentar una leve pero significativa mejora en tu estado de ánimo, tu ropa te queda mejor y emanas un aura de confianza renovada.

El ejercicio puede ser una excelente fuente de apoyo social. Hay beneficios comprobados del apoyo social y muchas actividades físicas también pueden considerarse actividades sociales. Por lo tanto, no importa si juegas softball en una liga o te conviertes en miembro de una clase de ejercicio, el entrenamiento en grupo puede ofrecer los beneficios adicionales de aliviar el estrés.

La mejora de la salud física equivale a la mejora de la salud mental. Aunque el estrés provoca enfermedades, la enfermedad también puede provocar estrés. Mejorar tu bienestar general y longevidad a través del ejercicio puede prevenir mucho estrés a corto plazo, al aumentar tu inmunidad a la gripe, resfriados y otras enfermedades menores. Y a largo plazo, mejorando tu salud durante mucho tiempo, ayudándote a aprovechar al máximo la vida.

El ejercicio te protege del estrés. Puede haber una relación entre la actividad física y una respuesta fisiológica reducida al estrés. En términos más simples, el estrés tiene un efecto reducido en las personas que hacen ejercicio activamente. Además de otros beneficios, el ejercicio puede hacerte inmune al estrés potencial y puede ayudarte a manejar el estrés en el presente.

Tipos de ejercicios para superar el exceso de pensamiento

Estos tres ejercicios te ayudarán a vencer la práctica de sobreanalizar y sobrepensar. Adhiérete a este increíble patrón y transforma tu vida.

Experimenta con el yoga. Una excelente manera de reducir la presión en tu cerebro y aliviar el estrés es practicando yoga. El yoga ayuda a canalizar tu atención y concentración de cosas insignificantes a tu respiración y cuerpo al entrar en un estado de meditación.

Experimenta con la Postura Fácil en Yoga. Contrario a lo que el nombre implica, no es fácil. Te sientas con los huesos de la cadera aplastados contra el suelo y extiendes tu columna vertebral. Relaja tus hombros y afloja tu rostro a un estado de tranquilidad. Deja caer tus brazos sobre tus rodillas y respira profundamente durante al menos un minuto. Esto eliminará toda tu preocupación y estrés mental.

'Rodillas al Pecho' es otro gran ejercicio. Lo único que debes hacer es acostarte y abrazar tus rodillas cerca de tu pecho. Realiza movimientos de mecerte de lado y respira profundamente durante un mínimo de 40 segundos.

Ejercicios cardiovasculares rutinarios. Este es un gran método de relajación. Las endorfinas son analgésicos naturales que se liberan durante períodos prolongados de aumento de la frecuencia cardíaca. No solo el ejercicio regular disminuye el nivel de estrés en tu cuerpo, sino que también puede ayudar con la pérdida de peso, aumentando tu confianza. Si eres principiante, prueba estos ejercicios relativamente simples.

Comienza dando un paseo por las colinas. Puedes incluir pesas de tobillo o usar correas para las muñecas o mancuernas para aumentar tu frecuencia cardíaca. De lo contrario, usa una caminadora; pon tu música favorita para evitar que tu cerebro se distraiga con cosas insignificantes. Andar en bicicleta es otra gran opción si no disfrutas caminar.

Usar las escaleras es otra opción. Corre o camina en las escaleras, dos a la vez durante unos 10-15 segundos, de lo contrario, experimenta con el Stairmaster en el gimnasio.

Participa en la relajación progresiva de los músculos. Este es un proceso en dos etapas. Primero, contraes y luego relajas varios músculos de tu cuerpo. Esto ayuda a neutralizar el estrés y los músculos tensos en tu cuerpo. Un cuerpo relajado equivale a una mente relajada. Ten en cuenta preguntar a tu médico sobre cualquier historial de dolor de espalda o muscular antes de hacer esto para que puedas evitar la exacerbación de una lesión subyacente.

Puedes comenzar con tu pie derecho. Aprieta con fuerza durante 10 segundos, luego deja que se relaje. Haz esto también con tu pie izquierdo y asciende de la misma manera. Recuerda respirar hondo y despacio durante todo el proceso.

El estrés se reduce al participar en actividades físicas rutinarias.

Capítulo 27: Consigue un pasatiempo.

Hacer algo que amamos nos brinda felicidad y mejora nuestras vidas. Este es un buen método para dejar el hábito de sobrepensar. Ten una escapada artística constante que ames. Cualquier cosa productiva como programar, diseñar gráficos, música, dibujo y pintura, participar en un deporte, y otros.

El mejor método para comenzar otro pasatiempo es intentar algo diferente. Hay actividades increíbles y divertidas en todo el mundo en las que podemos sumergirnos y convertir en nuestras. Ofrece algo interesante que hacer mientras estamos libres y nos brinda la libertad de adquirir habilidades adicionales. Tu pasatiempo puede ser jugar videojuegos.

Todos somos específicos y diferentes, por lo tanto, nuestros pasatiempos y pasiones son distintos. Y en cuanto encontramos un pasatiempo que amamos y que realmente nos interesa, nos quedamos pegados a él. Se convierte en un aspecto integral de nuestras vidas y nos fascina personalmente. Si tus pensamientos se vuelven abrumadores, realiza tu pasatiempo y sumérgete en él. Aférrate a ello hasta que te sientas revitalizado.

Hay numerosas razones por las que todos deberíamos elegir un pasatiempo, pero estos son algunos beneficios importantes:

- Te hace más interesante. Tener pasatiempos te abre a encuentros diversos, así que tendrás muchas historias que contar. Son especialistas en ese campo, así que pueden dar conferencias a cualquiera que tenga curiosidad sobre sus temas.

- Ayuda a aliviar el estrés al mantenerte comprometido en algo que disfrutas. Los pasatiempos son salidas para escapar del estrés de la vida diaria. Te permiten descansar y encontrar alegría en actividades que no están relacionadas con el trabajo o con otras obligaciones.

- Los pasatiempos te ayudan a volverte más paciente. Para adquirir un nuevo pasatiempo, tienes que estar tranquilo para aprender a hacer algo que nunca has hecho antes. Es probable que haya un período de aprendizaje y se requerirá paciencia para perfeccionar tus habilidades.

- Tener un pasatiempo puede ayudar a tu vida social y crear un vínculo con los demás. Un pasatiempo es una actividad que disfrutas constantemente con otros. Si eres parte de un club, participas en una liga, o simplemente ayudas a otros con el resultado de tu trabajo, un pasatiempo es una excelente manera de conocer y conectar con personas que son apasionadas por las mismas cosas que a ti te apasionan.

- Ayuda a desarrollar nuevas habilidades: Dedicar y ofrecer tu tiempo a un pasatiempo te lleva a construir nuevas habilidades. Continúas mejorando en un pasatiempo a medida que aumenta el tiempo que le dedicas.

- Ayuda a prevenir malos hábitos y el desperdicio de tiempo: El dicho "las manos ociosas son el taller del diablo" nunca pasa de moda. Tener buenos pasatiempos para hacer durante tu tiempo libre asegura que no gastes ese tiempo libre en actividades negativas o inútiles.

- Aumenta tu confianza y autoestima: Las probabilidades son que disfrutar de una actividad generalmente garantiza que serás bueno en ella. Sobresalir en cualquier actividad te ayuda a desarrollar orgullo por tus logros y a aumentar tu confianza.

- Aumenta tu conocimiento: Desarrollar tu afición no solo garantiza la adquisición de nuevas habilidades, sino que también asegura que adquieras nuevos conocimientos.

- Te desafía: Al participar en un nuevo pasatiempo, comienzas a involucrarte en actividades que son nuevas y desafiantes. Si no es un desafío para ti, tu pasatiempo será menos placentero y puede que no lo encuentres atractivo.

- Los pasatiempos ayudan a reducir o erradicar el aburrimiento: Los pasatiempos aseguran que tengas algo que hacer en tu tiempo libre. También aseguran que tengas algo que te emocione y algo que esperar.

- Enriquece tu vida y te da una perspectiva diferente sobre las cosas: es cierto que tendrás acceso a nuevas ideas sin importar el pasatiempo que elijas. Los pasatiempos también te ayudan a crecer de varias maneras, incluyendo ofrecerte nuevas formas de ver la vida y darte nuevas opiniones.

Tu enfoque se desplaza de la sobrepensación hacia la actividad presente cuando te involucras en tu pasatiempo. Esto ayuda a mostrar tu creatividad y mejora tu coordinación y función cognitiva.

Capítulo 28: No seas demasiado duro contigo mismo.

A menudo, piensas demasiado como resultado de ser muy duro contigo mismo. Tu deseo de fortuna es tanto que te revuelcas en la angustia si tus planes no se concretan. Aún estás enojado contigo mismo por tu reciente fracaso.

Dado que todos deseamos un mejor mañana, tendemos a preocuparnos y pensar demasiado en cómo será nuestro mañana. Te preocupa perder tu empleo, que tu empresa se hunda, que un divorcio sea inminente, y muchas otras cosas.

¡Detente! Porque estar molesto no cambiará nada.

En un sentido real, arruina tu momento presente. Acepta el hecho de que no puedes hacer nada acerca de tu mañana y deja de preocuparte por ello.

Si a menudo eres demasiado duro contigo mismo, eliminar tu comportamiento de sobrepensar se convierte en un problema. En realidad, la vida nunca sale como se planea.

A veces, las cosas no saldrán bien y no hay nada de malo en eso. Prepárate para dejar ir la culpa cuando las cosas no salgan como se planeó. A menudo, no eres la causa.

¿Por qué preocuparse por una situación sobre la que no puedes hacer nada?

Inmediatamente, cuando dejes de ser duro contigo mismo, el fracaso no te dará miedo, lo que llevará a pensar menos.

Reconoce que tu mañana sucederá como estaba destinado y dirige tu fuerza hacia actividades que te brindarán placer y satisfacción.

Cómo dejar de ser demasiado duro contigo mismo

Es crucial ser tolerante y apreciarte a ti mismo para dejar de ser duro contigo mismo. En lugar de desperdiciar tiempo en la culpa personal, enséñate a hacer la vida mejor para ti.

- Ten expectativas realistas. Solo eres humano, así que entiende que no hay nada de malo en cometer errores. No hay persona perfecta y la vida no es perfecta. Cometer errores te ayudará a adquirir conocimiento y desarrollarte, y lo que deseas de la vida no es a menudo lo que obtienes. Acepta el curso de tu vida, dedícate a adquirir conocimiento y a mejorar como persona. Concéntrate solo en las cosas que realmente puedes influir.

- Busca las lecciones en todo. En lugar de castigarte cuando cometes un error, acepta lo incorrecto y busca la moral en ello. Está bien ser criticado, pero asegúrate de que los críticos sean útiles y tengan una importancia relativa. Tener baja autoestima está estrechamente relacionado con ser demasiado duro contigo mismo. Determínate a no ser duro contigo mismo. Pregúntate qué puedes hacer mejor en el futuro basado en lo que has aprendido. Ve estos encuentros como una oportunidad para avanzar.

- Desafía a tu crítico interno negativo. Las cosas que dices y piensas son importantes y ser pesimista desfigurará tu existencia.

- Cuestionarte repetidamente no te aportará nada. Deja de vivir en tus errores. Esto es un mal uso de la fuerza, es inútil y te mantiene estancado. Lucha contra el pesimismo y concéntrate en el progreso.

- Enfócate en lo positivo. Hay "bueno" en todas partes, pero lo más probable es que no lo notes si eres duro contigo mismo. Busca deliberadamente lo positivo. Cuestiona las cosas que hiciste bien, lo que aprecias de ti y de tu existencia. Tener un diario y escribirlo es útil.

- Pon las cosas en perspectiva. ¿Son los errores que cometiste y tu vida tan trágicos como imaginas? ¿Dentro de unos 10 años, seguirá siendo importante? Puedes hablar con una persona de confianza sobre ello.

- Usa afirmaciones. Por ejemplo "Puede que no sea el mejor, pero estoy obteniendo conocimiento y progresando" o "lo que hice entonces fue lo mejor que supe hacer."

- Trátate a ti mismo como a un mejor amigo. Acepta tus defectos, trátate con ternura y báñate en amor. Permítete hacer cosas nuevas, cometer errores, resolver problemas y avanzar. Valórate y conoce tu verdadero valor.

El progreso se detiene cuando eres demasiado duro contigo mismo. Pero puedes dejar de ser duro contigo mismo. Requiere determinación y fuerza, pero vale la pena. Si tienes algún problema o piensas que siempre estás estancado, no dudes en pedir ayuda. Deja de ser duro contigo mismo, cultiva la autoconfianza y construye el tipo de vida que deseas.

No tienes que estar a cargo. Acepta que no puedes hacer nada sobre el mañana y que no tienes poder sobre todo.

Deja de ser un idealista

Capítulo 29: Duerme Mucho y de Buena Calidad.

Al mantener una actitud beneficiosa y no dejarse llevar por una mentalidad adversa, el sueño es un factor mayormente olvidado. Cuando no obtienes un sueño adecuado, eres propenso a sentirte molesto y tener pensamientos negativos, no meditas con la claridad habitual, y te dejas llevar por los diversos pensamientos que giran en tu mente mientras sobrepiensas.

Para adquirir y retener conocimiento, ser innovador, se requiere de un cerebro brillante y atento. Por el contrario, se cometen más errores y hay una reducción en la creatividad en nuestras actividades cuando no se duerme lo suficiente.

Un sueño adecuado asegura que tengamos el estado mental correcto para obtener información en nuestras actividades diarias. Además, se requiere un sueño adecuado para refinar y memorizar esa información a lo largo de un período prolongado de tiempo. El sueño provoca alteraciones en el cerebro que consolidan la red de refuerzo del pensamiento entre las células cerebrales y envían información a través de los hemisferios del cerebro.

Beneficios de Dormir

- Agudiza tu atención. Habrás observado que es difícil concentrarse en las cosas cuando tienes demasiados pensamientos girando en tu cabeza. Es difícil aprender muchas cosas nuevas cuando sobrepiensas. Si estás adecuadamente relajado, tendrás más claridad y un enfoque agudo.

- El sueño mejora tu salud mental. Acuéstate a una hora adecuada para tu salud intelectual. El sueño reduce los signos de depresión. La falta de sueño puede causar ansiedad y aumentar el estrés. Cuando estás demasiado tenso para dormir, puedes levantarte de la cama, intentar meditar o escribir en un diario para ayudar a preparar tu mente para dormir.

- Mejora tu memoria. Hacer una memoria tiene tres fases. La fase uno es la adquisición, aquí es donde traes hechos a tu mente. La fase dos es la consolidación; aquí, la información se solidifica. Por último, el recuerdo - y es exactamente lo que piensas, podemos regresar a la información guardada. Las fases uno y tres ocurren durante nuestras horas de vigilia y la fase dos ocurre durante nuestras horas de sueño. Durante el sueño, el cerebro consolida y organiza nuestros pensamientos, esto ayuda en recordar conocimientos adquiridos previamente.

- Reduce tu estrés. Cuando no duermes lo suficiente, ¿has observado cómo cosas poco importantes te preocupan? Pensar demasiado hace que estés malhumorado y reacciones de manera adversa a inconvenientes e interferencias insignificantes. Dormir ayuda a disminuir el estrés.

- Ayuda en la toma de decisiones. Tu sueño afecta tus decisiones. Tener un tiempo de pensamiento inerte, como el sueño, ayuda a tomar buenas decisiones. ¿Conoces a alguien que quiera tomar una decisión que cambie su vida cansado?

- Te ayuda a concentrarte en tus tareas. Si no estás durmiendo bien por ti mismo, duerme bien por tus obligaciones. La investigación nos dice que dormir te ayudará a mantenerte consciente y atento durante todo el día, permitiendo que tu horario funcione mejor de lo que lo haría si no durmieras. Las siestas cortas también pueden agudizar tu concentración. Adquirir conocimientos y habilidades tácticas se mejora con el sueño.

- El sueño limpia físicamente tu mente. Así como limpias la basura en tu hogar, deja que el sueño saque la basura de tu cabeza. Las toxinas que se acumulan con el tiempo son eliminadas por el cerebro cuando duermes. Probablemente por eso te sientes muy bien cuando te levantas de un gran sueño.

Cómo aprovechar al máximo tu sueño

- Aprende cuánto tiempo tardas en quedarte dormido. Si deseas dormir durante un período de tiempo definido, realmente debes considerar la cantidad de tiempo que utilizas para quedarte dormido. Una aplicación móvil de seguimiento del sueño puede ayudar con esto. Una vez que hayas estimado esto, tenlo en cuenta al pensar en tu tiempo de sueño.

- Mantén la calma. Entrar en un dormitorio acogedor está bien al principio. Sin embargo, me di cuenta de que duermo más cómodamente, en paz y con menos pesadillas en una habitación fría.

- Mantén los tapones para los oídos cerca. Si eres como yo, te despiertas al menor ruido, entonces los tapones para los oídos comunes son lo mejor. Estos materiales de bajo costo han ayudado a mi buen descanso nocturno y me han ayudado a dormir, incluso si hay gatos ruidosos, personas que roncan y cualquier otra interrupción.

- No intentes forzarte a dormir. No te metas en la cama y te obligues a dormir, cuando no te sientes somnoliento. Por experiencia, hacer esto me lleva a dar vueltas en la cama durante más de una hora. Lo mejor que se puede hacer en una situación así es relajarse durante unos 20-30 minutos en el sofá, leyendo o haciendo cualquier cosa que consideres adecuada. Hacer esto hace que me duerma mucho más rápidamente y, eventualmente, obtenga un sueño adecuado.

- No duermas demasiado. Lo que inicialmente me hizo odiar las siestas fue dormir por un tiempo incorrecto. Lo que está mal con esto es que puede provocarte pereza del sueño: la sensación de aturdimiento y de estar más débil de lo que estabas antes de dormir.

Como el flujo sanguíneo y la temperatura del cerebro son más bajos durante el sueño, despertarse inesperadamente y un aumento en el nivel de función cerebral es desconcertante.

Dormir más de 90 minutos no es útil porque empezarás otro ciclo de sueño. Además, dormir una siesta al final del día consistirá en un exceso de sueño de ondas lentas.

Restringe tu función de repetición a 15 minutos. 30 minutos pueden causar inercia del sueño, o ralentización de la corteza prefrontal del cerebro que se encarga del juicio. Reiniciar esto lleva aproximadamente 30 minutos.

El acuerdo general común a todos los estudios que investigué es optar por una siesta corta de 15 a 20 minutos, posiblemente tomando un poco de café de antemano, para levantarse con más energía (pero me sorprendería si logras hacerlo), o dormir durante un ciclo completo de sueño de 90 minutos y estar despierto antes del comienzo del siguiente ciclo.

- Elige el momento adecuado del día. Dormitar cuando tus niveles de energía están habitualmente bajos puede ayudar a prevenir la sensación de la temida hora ilimitada cuando el día continúa lentamente mientras luchas contra la somnolencia. Para aquellos que trabajan en el habitual horario de 9 a 5, este momento es normalmente después del almuerzo: debido al ciclo innato de nuestro ritmo circadiano, estamos cansados dos veces en 24 horas. La mitad de la noche es uno de los picos de somnolencia y el otro, unas 12 horas más tarde, es justo a media tarde.

Si no dormiste adecuadamente la noche anterior, el descenso en los pensamientos se sentirá con más fuerza, así que querrás dormir una siesta más. En lugar de combatir esta sensación con café y bebidas energéticas, puedes dormir una siesta corta para refrescar tu cerebro antes de enfrentarte a la tarde.

- Práctica. Para mejorar la siesta, la práctica es importante. Encontrar lo que es específico para ti puede llevar tiempo, así que sigue probando diferentes momentos del día, diferentes duraciones de la siesta y diferentes métodos para despertarte.

Asegúrate de que tu entorno para dormir tenga poca luz. Ten una manta a la mano para mantenerte abrigado mientras duermes.

Consigue un sueño de calidad adecuado. Mantenlo fresco. Ten los tapones para los oídos cerca. No te fuerces a dormir.

Conclusión.

Tienes que entrenarte para dejar de sobrepensar y hacer un esfuerzo consciente para practicar esto diariamente para que se convierta en un hábito. Controlar tus sentimientos y pensamientos requiere una práctica seria y compromiso.

Por sí solos, tus pensamientos pueden divagar aleatoriamente de una idea a otra, pueden recorrer el camino de la memoria, perseguir pensamientos salvajes o despertar ideas amargas, resentimiento y ira. Alternativamente, tu mente puede sumergirse en un mar de ensueños y un mundo de fantasía; si no se tiene cuidado, tu vida puede quedar controlada por esos pensamientos aleatorios, de tal manera que cada decisión o acción que tomes se vuelva impredecible. Tales pensamientos intrusivos que puedes experimentar durante el día son evidencia de que la mayoría de las funciones de la mente probablemente están más allá del control consciente. Además, nuestros pensamientos pueden sentir tan poderosos y reales que pueden afectar la forma en que percibimos el mundo exterior.

Tómate un momento para descartar la suposición de que tus pensamientos espontáneos son irrelevantes y totalmente inofensivos. En verdad, tales pensamientos pueden ser irrelevantes en ese momento, pueden ser el producto de recuerdos o emociones pasadas, pero en el momento presente, podrían no reflejar la realidad.

La mayoría de nuestros pensamientos están bajo el control de nuestra mente subconsciente y nuestra mente subconsciente nunca nos otorgará un control total sobre nuestros pensamientos. Sin embargo, aún tienes la capacidad de controlar algunos de tus pensamientos. Además, puedes cambiar algunos de tus hábitos y cómo reaccionas a ellos para ganar más control sobre tus emociones.

A medida que has recorrido este libro, has encontrado una variada selección de ideas y herramientas que pueden ayudarte a despejar tu mente para que puedas silenciar todas las voces negativas en tu cabeza, reducir el estrés y tener más tranquilidad mental.

Hacer esfuerzos conscientes para evitar el sobrepensar es un curso de acción gratificante que impactará significativamente la calidad de tu vida. Al pasar menos tiempo lidiando con pensamientos intrusivos y negativos "en tu mente", tendrás más tiempo para disfrutar del momento presente y de cada otro momento.

www.ingramcontent.com/pod-product-compliance
Lightning Source LLC
Chambersburg PA
CBHW051523020426
42333CB00016B/1755